车流运行动态特性及其控制

曲大义　杨　建
张晓靖　杨万三　著

科学出版社

北　京

内 容 简 介

本书从车流运行动态特性及其控制角度展示交通流理论及其控制优化方法，系统地阐述了车流分子动力学特性及模型、车辆运行行为模型、车辆运行安全特性、车流运行时空关联特征、车流运行稳定性分析、车流有序运行控制优化策略及其技术案例设计与交通仿真分析。本书所建立的模型和技术案例相对应，具有较强的实用性。

本书可作为高等院校交通工程、交通运输、系统工程、自动化控制、车辆工程及相关领域研究的科研人员和工程技术人员参考，也可作为高等院校本科生和研究生的参考教材。

图书在版编目(CIP)数据

车流运行动态特性及其控制/曲大义等著. —北京:科学出版社,2016.6
ISBN 978-7-03-048702-5

Ⅰ.①车… Ⅱ.①曲… Ⅲ.①交通流—研究 Ⅳ.①U491.1

中国版本图书馆 CIP 数据核字(2016)第 129519 号

责任编辑:杨向萍 张晓娟 / 责任校对:郭瑞芝
责任印制:张 倩 / 封面设计:左 讯

科学出版社 出版
北京东黄城根北街 16 号
邮政编码:100717
http://www.sciencep.com

文林印务有限公司印刷
科学出版社发行 各地新华书店经销

*

2016 年 6 月第 一 版 开本:720×1000 1/16
2016 年 6 月第一次印刷 印张:16 1/4
字数:328 000
定价:98.00 元
(如有印装质量问题,我社负责调换)

前　　言

随着我国国民经济的快速发展和汽车保有量的迅速增长,交通问题越来越受到社会各界的广泛关注。如何实现交通系统的通畅、安全、节能减排、低碳、公平性和高服务水平,是交通工程领域科技工作者关注的重点。为了解决这些问题,有关学者、工程技术人员和交通管理者借助科学的方法和手段对交通系统进行描述、分析和优化,以期发现交通运行规律并对其进行系统设计与优化提升。

行驶车辆动态交互行为的分子动力学特性以及在时空域上的车流波动特性既有渐变,又有突变。某个或某些子系统的突变可能导致各子系统合作关系的变化,从而整体上表现出一些独特的、新的性质,呈现出宏观的形态、特性、行为、功能等。例如,路网车流在一定的范围内是一个渐变过程,随着车流的增加,系统仍能维持正常运转,但当交通流量达到某一个临界值时,随机扰动就可能产生由点到线,由线到面的交通状态突变,最终导致城市系统局部瘫痪。本书通过研究微观车辆运动的分子力学特性和宏观车流的波动特性及其稳态响应机理,归纳总结车流有序运行的变化规律,并结合工程技术案例,提出管控优化方法。

本书是作者及研究团队近五年在车流运行动态特性及其控制方面学术成果的结晶,主要包括车流分子动力学特性及其模型、车辆运行行为模型、车辆运行安全特性、车流运行时空特征、车流运行稳定性分析、车流有序运行控制优化策略及其技术案例与系统仿真分析,同时包含了在交通流理论和交通控制优化研究方向的理论方法和技术应用。撰写中尽力突出本书的系统性、创新性和前瞻性。

在本书的撰写过程中,研究团队的研究生蔡国良、杨建、郝亮、卞晓华、杨万三、王海鹏、郭涛、郝杰、陈文娇、王兹林、曹俊业、万孟飞、李娟、王进展、许翔华等参与了本书有关的研究工作,在此表示感谢。特别感谢张晓靖女士和陈文娇同学对全书的统稿和整理工作。笔者衷心感谢科学出版社张晓娟女士和胡志强先生为本书的编辑出版付出的辛勤劳动。

本书的出版得到国家自然科学基金(51178231)、国家科技支撑计划(2009BAG13A03)和亚洲开发银行技术援助项目(TA-NO. 7308－PRC)的资助。书中科研成果的技术案例和方法应用得到国家智能交通系统工程技术研究中心和青岛海信网络科技股份有限公司等单位的大力支持,在此一并表示感谢。

交通领域的定量分析方法涉及多学科、多领域的相关知识,新理论、新技术和新方法不断涌现与发展,由于笔者水平有限,尽管倍加努力,书中难免存在不足之处,恳请各位专家学者和读者批评指正。

曲大义

2015 年 12 月于青岛

目　　录

第1章 绪　　论

1.1　研究目的与意义

1.1.1　问题的提出

国民经济的快速发展使城市化进程明显加快,城市人口规模和城市空间规模成倍扩大,城市交通需求也呈现加速增长的趋势,交通压力问题已经成为城市进一步发展的瓶颈。路口交通拥挤和缺乏有效的交通组织使车辆通过效率偏低,增加了燃油消耗率,不利于低碳减排的环保要求。研究交通自适应控制策略是缓解交通压力、提高通行效率的有效途径。城市干道和交叉口作为城市交通的重点,是研究和实施自适应控制的首要目标。

鉴于当前日益加剧的城市交通拥挤和环境污染,为解决日益繁重的交通压力,许多国家都开发了交通信号控制系统,如英国的 SCOOT(split cycle offset optimization technique)、澳大利亚的 SCATS(Sydney co-ordinated adaptive traffic system)、日本的 KATNET 等。我国的信号控制系统起步较晚,近几年也有不少公司或科研单位从事交通控制系统的开发或研究,如海信的 HICON 系统、大为科技 DW-UTC2000 等。但我国的交通信号控制水平与国外相比还比较低,竞争力偏弱,尤其是控制系统的关键技术和先进算法还不完善。SCOOT 已经开发了基于小步调优化的实时自适应控制技术,SCATS 也开发了基于方案优选的实时自适应控制技术。但各个企业从公司利益角度出发将其关键技术列为商业机密,限制了技术流通和商业开发。国外对控制系统技术专利的保密,使技术引进和维护都需要较大的投资,且系统二次开发困难。因此,有些城市受投资能力的限制,无力承担引进费用,而有些则在引进系统后无法进行很好的维护,使系统资源有所浪费。

选取干道与支路交叉口为对象研究单点自适应控制策略,目标在于畅通干道直行车流和疏导支路排队车流;实现自适应控制的基本方法是压缩或延长相位时间和调整相序。车辆之间的跟驰现象与分子之间的力学关系很相似,基于这种相似性提出分子跟驰理论。应用图示和数学演算方法建立分子跟驰模型方程和流量密度方程,并予以数学论证。应用分子跟驰理论研究基础绿的计算方法、车队检测方法、路口排队统计方法和排队消散方法。综合考虑各个相位车流在时间上的匹配关系,重塑各种相序方案,使干道直行达到绿波效果。依照控制策略逻辑框架,给出了交叉口支路方向和干道方向自适应控制策略的算法,为信号机控制程序的制定提供基础。应用路口实地调查数据对分子跟驰模型进行验证,应用Synchro 和 Vissim 交通仿真软件对单点自适应控制策略进行仿真分析。单点自适应控制策略的设计,优化了单点交通控制体系,同时为线协调控制提供理论参考。

目前,国内交通学界对交叉口自适应控制仅考虑到单个交叉口的交通特性,多采取固定配时的方式,不能做到与相邻交叉口相互协调,更难做到线路和区域上的绿波协调控制。基于绿波协同控制的思想,研究干线、匝道和交叉口自适应控制方法和策略,统筹考虑周边交叉口交通流的运行情况对本路口的影响,使本路口的控制策略与上下游路口相互协同,以期最终达到绿波协同控制的效果。

作者提出"车流运行特性及其控制",研究车流运行状态的实时动态判别方法,探讨各子系统之间的耦合关系、各子系统内部要素的协同机理以及引发系统失稳的相关因素,从而发现交通问题的症结,寻找处于支配地位的变量,研究车流有序运行的优化方法。为了把握系统的变化规律,从而进一步为宏观决策提供理论依据,就是要将城市交通流的跟驰理论和动态流特性分析方法应用于交通信号控制系统,包括跟驰-换道模型、交通流三参数(速度-流量-密度)动态模型、排队模型等,以此建立交通信号自适应控制方法,实现道路交通自适应控制的目标。

1.1.2 研究目的与意义

1. 为交通仿真提供理论方法支撑

电子科技的迅速发展促进了交通仿真的与时俱进。对交通复杂现象模拟分析的技术方法就是交通仿真的一种,是计算机技术在交通领域的具体应用,也是智能交通的重要组成部分,它能够模拟绝大多数的交通状态。交通仿真时刻记录交通流的时空演化过程,对交通系统组成元素和交通特征深入分析,其研究结果可为交通管控和城市规划提供方案支持。交通现场调查费用大且受时间、天气等限制,而交通仿真与之不同,可反复操作并可模拟不同状况下的交通流状态,既经济又方便。

利用车辆行为模型是交通仿真的一个重要方面,仿真的真实性取决于这些模型。因此,只有不断地对车辆行为模型进行优化改进,交通仿真才可以更加真实和有效地模拟交通状态,才能进一步提高仿真软件的准确性和真实性。

2. 为道路交通安全提供理论依据

道路交通安全一直是学者研究的重点,而分析车流运行特性是此领域的基础与核心。交通事故的发生大多数是由于驾驶员对周围场景做出错误判断与操纵失误导致的,所以,积极探索驾驶员对交通场景的认知规律,获取假定交通场景下驾驶员正常的反应时间及习惯的应对措施,基于此在合理的位置设置适当的交通基础设施(如减速带、限速和警示标志等),以此来提高道路行驶的安全性。本书侧重分析宏观交通流的运行特征,研究不同密度下的道路服务水平,据此来评价交通管理与控制措施的实施对交通流状态的影响作用。

3. 为交通管理与控制提供技术支持

实际的交通场景通过一些方法(如技术、法规等措施)对道路上的运行车辆进行指引、组织和限制的措施称为交通管理,主要手段包括交通标志、标线的设置,专用道、单向车道的划分等。交通控制是通过设置交通信号灯对道路上不同方向的车流进行分流,以满足驾驶员的驾驶需求,这样可以充分利用各方向的道路资源,从而保障交通安全和畅通。

交通管理与控制方案制定的必要前提和基础就是对车辆行为的研究和建模。驾驶员在跟驰过程中选择的车头时距以及实施换道/超车的次数等均会对道路通行能力产生影响,只有深入研究车辆运行特征才能制定相对有效和准确的解决方案。此外,在行驶过程中,车辆的客观运行特征(如转弯半径、制动加速度等)也会对道路交叉口通行能力产生影响。全面了解这些行为运行特性不但可制定出有利于提高道路通行效率的交通管控方案,还可以兼顾驾驶员的行驶舒适性,真正实现个体与系统的资源分配平衡。

4. 为辅助驾驶系统的建立提供理论依据

近年来,智能辅助驾驶系统大大降低了交通事故的发生率,它能够辨识交通场景内其他客体对行车安全可能造成的影响并及时做出警告,在一些突发的紧急情况下,辅助系统的作用尤为明显,它会主动地干预操作来保证行驶安全。目前,许多驾驶辅助系统已经得到广泛应用及推广,如自适应巡航系统(adaptive cruise control,ACC)、车道偏离警示系统(lane departure warning system,LDWS)、泊车入位辅助系统(parking distance control,PDC)等。技术的快速发展必然会推动辅助系统的不断升级,功用也会多样化,进一步减轻驾驶员的操作负担,更重要的是,当驾驶员操作失误时,辅助系统会主动干预和操作避免事故发生,有利于提高交通运行效率和保障道路交通安全。在驾驶辅助系统中,车辆行为模型是其理论基础和核心技术,且车辆运行的相关研究能够为智能控制提供依据,更好地为辅助系统服务。

1.2　国内外研究现状

1.2.1　车流跟驰特性研究现状

1. 国外跟驰理论研究现状

车辆跟驰行驶安全研究主要集中在跟车安全间距的建模,这类模型是从制动过程来分析车辆间的动态关系,利用经典运动学理论,计算出一个特定的安全跟车距离:假设前导车突然执行一个跟随车驾驶员意识不到的动作,而前后车的间距又小于计算出的安全跟车距离,这时就可能会发生碰撞。这类模型最早由Kometoni等[1]提出,又称为追尾模型,数学表达式为

$$\Delta x(t-T) = \alpha v_{n-1}^2 + \beta_1 v_n^2(t) + \beta v^2(t) + b_0 \tag{1.1}$$

式中,α、β_1、β、b_0分别为待定的参数。

其根据所建立的模型在不同的速度下做实验,发现其参数值变化较大,且与实际情况存在较大误差。

在此之后,交通学者对车辆跟驰的安全距离模型研究越来越深入和复杂。匹兹堡大学Bullen[2]提出Pitt跟驰模型的思想:仿真过程中跟随车与前导车始终保持一定的间距,数学表达式为

$$G(t) \geqslant L + kv_n(t) + 10 + bk[v_{n-1}(t) - v_n(t)] \tag{1.2}$$

式中,L为车长,m;k为驾驶员敏感系数;b为待定系数;10为附加缓冲距离,m。

后来Wicks等[3]提出的INTRAS是在Pitt模型上做了一些改动,简化为

$$G(t) \geqslant L + kv_n(t) + 10 \tag{1.3}$$

由于安全距离模型计算简单且实用,其主要应用在微观交通仿真软件上,如COR-SIM(美国联邦公路管理局资助开发的仿真软件)[4],其综合考虑到NETSIM模型(用于城市道路仿真)和FRESIM模型(用于高速公路仿真)。FRESIM和INTRAS跟驰模型思想基本相同,只是参数稍有变化。NETSIM采用的安全距离跟驰模型的基本思想是:仿真时刻从t持续到$t+T$,前导车(第$n-1$辆车)从$x_{n-1}(t)$行驶到$x_{n-1}(t+T)$时,跟驰车(第n辆车)从$x_n(t)$行驶到$x_n(t+T)$。此时$x_n(t+T)$需满足:即便前导车从$t+T$时刻以最大减速度制动,也可以及时减速来避免碰撞。

Benekohal等[5]考虑驾驶员的启动延误、反应时间的产生、期望速度以及不同密度下最大加/减速度的差异等因素,结合INTRAS模型和NETSIM模型的思想,提出了CARSIM跟驰模型,之后他们采用收集到的数据对CARSIM模型进行标定,实验表明,该安全距离模型能够很好地描述驾驶员操作车辆的行为。

1981年,Gipps[6]提出了著名的Gipps安全距离模型,此模型综合分析先前几

个研究中忽略的次要因素,对车辆跟驰安全距离模型实现了较大的突破。此后,安全距离模型在计算机仿真中得到广泛的应用。

$$v_n(t+\tau) \leqslant b_n\tau + \sqrt{b_n^2\tau^2 - b_n\{2[y_{n-1}(t)-s_{n-1}-y_n(t)] - v_n(t)\tau - [v_{n-1}(t)]^2/\hat{b}\}}$$

$$(1.4)$$

式中,$v_n(t+\tau)$ 为跟随车在时间 $t+\tau$ 的速度;b_n 为跟随车的减速度;τ 为反应时间;$y_{n-1}(t)$ 为前导车在 t 时刻的位置;s_{n-1} 为前导车车长,m;$\hat{b}$ 为跟随车感知前导车的减速度,为简单起见,本书假设其值与 b_{n-1} 相同,b_{n-1} 是前导车的减速度。

Gipps 在模型中对相关参数没有用实测数据进行标定,而是通过假定一系列服从正态分布的参数值来模拟车辆跟驰,以再现实际的交通现象。但是驾驶员在实际交通中观察的不止一辆前导车,还需关注前方交通流运行状态以及交通管控信息,驾驶员根据这些信息及时做出响应。因此,实际交通中很少会用这种挡墙式制动,因为按照此模型计算出的通行能力远小于实际的交通流量。

一些学者从驾驶员的生理-心理行为角度研究车辆安全跟驰。比较著名的是 Wiedemann[7] 在 1974 年提出的生理-心理跟驰模型,而此模型也成为著名微观交通仿真软件 Vissim 的核心。该模型的主要思想是:跟驰车的驾驶员发现其与前导车车间距小于心理安全距离时,跟驰车就开始减速,由于跟随车无法准确地判断前导车的速度,跟驰车速度会在一段时间内一直小于前导车,等到两车的车间距达到另一个心理安全距离时,跟驰车才开始缓慢加速,如此形成一个加速、减速、再加速的循环过程。

国际交通安全领域经常利用碰撞时间(time to collision,TTC)[8] 来描述行车安全及控制碰撞,这是一种对交通冲突技术的研究。经多年的探索,此技术已趋于成熟完善。TTC 指两车若保持目前的速度和运动轨迹时,距离事故发生的时间。由于车辆是以一定的距离跟驰的,可以用时间间隔(time gap,TG)来描述。一般来说,时间间隔最好为 2s,且不应该小于 1.2s。TTC 取决于前车发生碰撞时的较低速度,如图 1.1 所示。

Vander Hosrt 根据 TTC 的长短来划分冲突的严重性,当 TTC≤1.5s 时,交通冲突为严重冲突,之后学者将冲突技术系统化、程序化,并将其广泛地应用于实际道路交通安全改造。

20 世纪 90 年代以后,人工智能领域的各种方法开始在车辆行驶安全研究领域得以应用。其中,模糊论和人工神经网络[9] 应用得最多。模型中使用模糊推理的优点主要是,可直接用人类的语言来描述跟驰驾驶规则以及一些难以用精确数学表达的驾驶员行为安全特性。由于方法相对简单和实用,人工智能类模型研究越来越受交通学者的青睐。

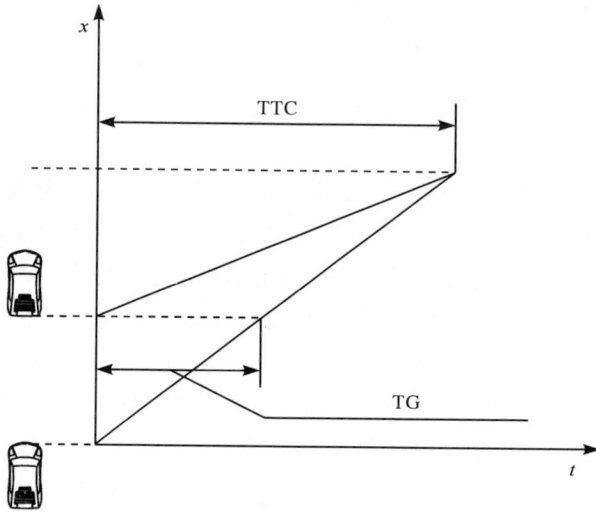

图 1.1　TTC 的定义

2. 国内跟驰理论研究现状

　　蒋镢等在 1983 年翻译的《交通流理论》可以说是开拓了国内交通学者研究车辆跟驰理论之路,所以国内在跟驰理论研究方面起步相对较晚,但在 20 世纪 90 年代以后发展较快,尤其针对我国特有的一些交通现象进行理论研究,提出了一些能够解决现实交通问题的跟驰模型[10]。而国内对车辆安全跟驰的研究集中在安全距离模型上。

　　喻丹等[11]根据现有跟驰模型把期望车头时距视为常量,提出了一种动态期望车头时距跟驰模型,用韦布尔分布拟合车头时距,使其成为随跟驰车辆性能差异和驾驶员自身差异而变化的动态变量。

　　卢文玉等[12]认为高速公路上前后车的相对速度对临界安全距离存在影响,根据道路上车辆制动过程以及最大减速度的变化,合理设定了驾驶员的反应时间、制动协调时间及减速度增长时间,从而建立高速公路临界安全车距模型。

1.2.2　车辆换道研究分析

　　车辆换道是车辆之间最基本且具有挑战性的操纵,是交通领域研究重要的组成部分。不同领域的专家学者运用各自的理论方法,试图从自己的理论视角来诠释车辆的换道行为。与国内外对跟驰行为的研究相比,对换道行为的研究起步较晚,且大都是在跟驰行为研究的基础上发展起来的。目前,国内外对换道行为的研究主要集中在以下三个方面:换道行为特性分析;换道模型研究;换道行为对车流特性影响。

1. 换道行为特性分析

换道行为特性分析侧重于微观驾驶行为的表达与微观数据的标定。通过对影响车辆换道的因素进行分析,建立适当的模型来诠释车辆换道行为与因素变量之间的变化规律,使之能够较为准确地反映现实的交通流状况。

1）基于决策理论的车辆换道行为

国外学者 Ahmed 等[13,14]基于离散选择框架建立概率选择模型来描述换道决策过程,解释了换道过程中驾驶员换道策略及操纵的连续性;国内学者刘小明等[15]利用动态重复博弈原理对每个阶段的车辆博弈过程以及车辆行为策略进行描述;彭金栓等[16]基于有限零和灰色博弈理论对车辆换道决策进行分析,为车辆换道过程中交通冲突的行程机制和路权分配提供相应的理论支持。

2）考虑驾驶员特性角度

2002 年,多伦多州立大学的 Jerry 等[17]在对驾驶员的心理特性分析的基础上,将其分为易怒和普通两种类型进行定量描述,为进一步探究驾驶员心理特性与车辆换道之间的关系奠定理论基础。华雪东等[18]在建立双车道元胞自动机模型的基础上,针对驾驶员驾驶过程中不同决策行为的不同心理,研究分析了考虑驾驶心理的城市道路交通流特性。

3）考虑交通环境角度

Dario 等[19]在高速公路多车道环境模拟器研究基础上,深入研究了换道行为与视点变化特性,但是对不同的道路因素与换道行为的研究并没有深入;国内李迎峰等[20]结合蒙特卡罗仿真和快车道行驶环境对当前车辆的影响分析,提出一种新的换道随机决策模型,在不同流量条件下对模型仿真值与实测值进行显著性差异分析以验证模型的有效性。

2. 换道模型研究

换道模型引入描述实际交通流基本特性的一些本质的因素,建立其微观换道模型。模型的理论分析和计算机仿真,不仅能够对模型进行深入的理解,还能保证更好地理解观察到的实际交通流复杂现象。

1）间隙接受模型

Kita[21]利用 logit 模型评价高速路车辆汇入的间隙接受模型,发现可利用间隙的长度、换道车相对主线车辆的速度和离加速车道终点的距离对换道有着至关重要的影响。

国内学者孙剑等[22]利用间隙理论对车辆自由换道和协作换道的前后关键距离进行建模,分析不同类型的换道协商机制;贾洪飞等[23]在合流区换道过程中引入相互协作机制,考虑驾驶特征差异对驾驶行为的影响,建立车道变换间隙接受模型。

2)安全距离模型

安全距离模型以换道过程中换道车与周围车辆不发生碰撞为临界条件,基于牛顿运动学公式建立车辆换道的最小安全距离模型,因其形式简单而被广泛应用。

南加州大学的 Jula 等[24]运用先进的道路运输运行仿真平台,深入分析了车辆换道操作和并道操作,并研究出了在车辆执行时不发生碰撞的安全距离模型。在此基础上,国内王荣本等[25]通过分析换道时车辆间的运动关系,以最小安全距离作为安全换道指标,对车辆安全换道进行分析;王崇伦等[26]提出一种新的考虑换道约束空间,基于不同速度和不同司机类型的最小安全距离模型,仿真分析表明,与传统模型比较,该模型在相同情形下的换道约束空间具有更高的安全性和灵活性。

3)元胞自动机模型

在元胞自动机模型中,时间和空间一样,都是离散的,具有良好的并行性,满足城市交通系统大规模仿真模拟所需要的计算速度快的要求。元胞自动机的换道模型是在元胞自动机交通流模型的基础上制定换道规则。Chowdhury 等[27]引入了更为符合现实交通流状况的双车道换道规则而提出了 STCA 模型,该模型与 NS 模型的不同点是加入了对换道规则的讨论。

国内学者彭麟等[28]基于 NS 模型改进了 STCA 模型,于 2003 年提出了一种新的高速公路双车道自动机模型。吴大艳等[29]将 Chowdhury 提出的 STCA 模型拓展到三车道的应用环境上,在此基础对相应的交通流特性进行了详细研究。魏丽英等[30]对交叉口上游车辆换道行为进行分析,以元胞自动机理论为基础建立了进口道附近路段的综合换道模型。

4)人工智能类模型

在实际交通场景中,驾驶员决策机制受周围多种因素的影响及制约,一般的数学模型难以描述其复杂特性,而人工智能的理论方法恰巧能够解决这一问题。

随着对换道模型研究的不断推进,神经网络与模糊推理及其相结合体也相继拓展到换道模型的研究中。国外学者 Brackstone 等[31]利用模糊推理系统的方法建立了微观机动车的微观仿真模型;国内学者王晓原等[32]设计构建了微观交通流仿真换道模型,该模型设计采用了模糊推断的语言规则和基于模糊逻辑的车道变换算法。

5)智能驾驶模型

随着科技的不断创新,智能交通技术的应用范围也不断地拓宽、延伸。为保障车辆运行安全,将智能交通技术应用于车辆驾驶行为中,可以有效提高车辆运行效率及安全性。国内陈斌[33]为更加真实地反映车辆的换道行为,将 Agent 理论与换道行为相结合,建立了基于多智能主体系统的车道变换模型框架。王家凡等[34]结合多智能体系统,通过引入能够反映司机类型的冒险系数,建立了强制换道模型和选择性换道模型。

此外,作为当前智能交通领域的研究热点之一,车路协同技术的应用可谓是驾驶辅助系统的一次革新,而驾驶辅助系统的目的就在于为驾驶员提供实时的车辆及交通状况信息,从而提高车辆的运行安全,避免或减少交通事故的发生。杨晓光等[35]基于车车通信技术对换道超车辅助系统进行设计,并通过实地测试分析了换道超车过程中时间和速度、转速之间的相互关系,结果表明,系统是可行的且能够提高车辆的运行速度。但应用此系统的前提是车辆必须安装相应的支持无线通信的设备,其普适性不强,有待进一步的技术完善。

3. 换道行为对车流特性影响

车辆换道行为因与周围环境交通因素之间的交互作用对交通流产生了一系列的影响,宏观体现在速度及交通流的波动性上。特别是在交通拥堵条件下,车辆的这些波动特性主要是由于换道行为导致而非跟驰行为造成。

2001 年,希腊学者 Ioannis 等[36]从宏观方面对车辆换道行为进行研究,但是却没有涉及对换道原因和影响因素的分析。相较于国外的研究发展,国内对此方面的研究较少。徐慧智等[37]通过对调查数据进行数理统计,揭示了换道行为与交通流运行速度之间的关系,并引入速度判断因子的概念,基于调查数据对其值进行标定。张发等[38]基于车辆行驶有限状态自动机框架,通过对不同交通条件下的换道行为进行研究,得出换道行为对交通流宏观特性的影响与车辆差异性质以及交通流密度有密切关系的结论。

4. 换道行为研究评述

车辆换道行为是换道行为主体——驾驶员、交通环境等多种因素集中影响下的复杂行为过程。通过上述研究现状总结分析可知,国内外学者对车辆换道行为特性及其模型的研究已经取得很大进展,但是尚未成熟。对换道行为多是研究强制换道行为和自由换道行为,对车辆换道过程中,目标车辆与交通场景中周围车辆之间的交互行为研究较少,而在实际交通场景中,执行换道的参与者之间存在协商作用机制,但目前对换道行为研究未涉及这一点。此外,对换道行为的研究多集中于微观方面,关于车辆换道微观特性对宏观交通条件影响分析较少,尽管对其进行定性分析,但是缺乏严密的理论支撑。国外的换道模型大多是在当地交通调查数据的基础上建立起来的,而国内交通状况与国外存在较大的差异,尤其是我国城市交通具有混合交通特性[39]。按部就班地将外国的研究成果应用于国内交通状况的研究肯定是行不通的。考虑到国内混合交通特点，应该建立符合我国典型混合交通特性的普适性换道模型，为车辆行为模型的研究及车辆驾驶辅助系统的发展提供理论依据。

1.2.3　车流运行控制研究

早期的交通控制系统以英国 TRANSYT（traffic network study tool）、SCOOT 和澳大利亚 SCATS 三大系统为代表。TRANSYT 系统为固定式协调控制系统，该系统根据交通流特性设计多种信号配时方案，并将其固定于系统中[40]。系统投入运行后按照既定程序自动调用协调方案。由于信号配时方案脱机运行，在交通需求发生较大变化时，原有方案不能更好地适应交通状态，因此，易老化是该系统的一大缺点。

SCOOT 即"绿信比-信号周期-相位差优化技术"，是一种对道路网交通信号实行协调控制的自适应控制系统。由英国交通与道路研究所于 1973 年开始研究开发，1979 年正式投入使用。

SCOOT 借鉴 TRANSYT 系统的思想进行改进研发，对配时参数的优化采取连续微量调整方式，避免了固定信号配时系统由于方案更迭引起的短时交通紊乱，且配时方案能实时满足交通需求。SCOOT 不是方案实时生成系统，而是在线实时模拟系统，通过模拟小步距调整配时参数，并不是真正意义上的实时方案生成系统。SCOOT 是通过连续检测道路网络中交叉口所有进口道交通需求来优化每个交叉口的配时方案，使交叉口的延误和停车次数最小的动态、实时、在线信号控制系统。

SCATS 是一种实时自适应控制系统，由澳大利亚开发。20 世纪 70 年代开始研究，80 年代出投入使用。SCATS 为方案选择式的自适应控制系统，该系统预存多种信号配时方案，每个信号周期根据实时交通状况进行参数选择，为了保证系统过渡的平稳性，在信号方案改变过程中采取逐步过渡方式，该系统能够较好地适应时段交通需求的变化。但 SCATS 无明确的评价指标，以"综合流量"，"饱和度"来优选方案；SCOOT 主要是基于上游检测器的模型算法，实际上是通过模型预测到达停车线的流率，而 SCATS 则基于下游停车线处的检测器，是一种基于类饱和度概念的自适应模型[41]。

SCATS 缺乏车流行驶连续的实时反馈信息，对相位差掌握的可靠性下降，不能准确获得短时流量参数。另外，其检测器靠近停车线，无法获得排队长度信息，难以适时消散排队。SCOOT 和 SCATS 都是自适应交通控制系统，但都忽略了交叉口的个性，而通常以区域特性制定交叉口配时参数，忽略了信号相位设置的重要性，一直将重点放在配时上。

近年来，日本金山、美国 McCain 和西班牙 SANCO 等交通控制系统纷纷投入使用,这些控制系统均在三大控制系统基础上做了一定改进,但并未跳出三大控制系统的圈子。

国外控制系统的不足,引起国内相关研究机构和企业的高度重视。自 20 世纪 80 年代后期,国内开始投资研发交通控制信号系统,主要代表有:青岛海信网络科技有限公司、上海交通大学高新技术公司、无锡锡山大为科技、南京莱斯公司(28 电子研究所)等。这些系统的研发使得我国在交通控制系统方面具有了一定的自主知识产权,并取得了一定的社会经济效益。

在研究城市交通控制系统方面,我国同国外相比起步较晚,北京市在 20 世纪 70 年代后期开始采用 DJS-130 型计算机对干线协调控制进行研究。20 世纪 80 年代以来,研究工作者积极学习并引进国外先进技术,以城市中心区交通为核心,不断改善交通信号控制系统,开发具有我国交通特色的城市交通信号控制系统。

我国自主研制开发的第一个实时自适应交通信号控制系统是南京 NATS 城市交通信号控制系统,适合我国交叉口间距悬殊、路网密度低的混合交通流道路环境。该系统具备定时控制、实时自适应优化和联机线控三种主要控制方式,采用设置中心控制级、区域控制级以及交叉口控制级三级分布式递阶控制结构。基于车辆检测器实时检测到的机动车和非机动车信息,系统优化软件运用交通模型预测各交叉口进口道车辆到达及排队情况,计算和调整饱和度,建立以减少车辆停车次数和延误时间为主要目标的数学函数,并结合实际道路交通特点,按小步距逐步寻优的原则,优化周期、绿信比和相位差等控制参数。

青岛海信 HiCON 交通信号控制系统是一套包括中央控制服务器、通信服务器到区域控制服务器和交叉口信号控制机的整套解决方案。交叉口信号控制机将采集到的交通流量、时间占有率和速度等实时交通状况信息传达至控制中心,控制中心进行一系列的运算,做出决策,实时调整优化配时参数,以减少行驶车辆的等待时间,提高运行效率。控制系统根据不同的交通流量来实现不同的协调控制目标,例如,高峰时段以最大路网通行能力为目标,平峰时段以最小车辆延误为目标,低峰时段以最少车辆停车次数为目标。此外,海信 HiCON 交通信号控制系统还可实现特定警备勤务车辆优先通行[42]。

深圳市的 SMOOTH 交通信号控制系统采用了分布式控制模式,即"中央控制管理系统-信号控制级-车辆检测器"控制模式。控制系统根据道路不同负荷情况,将交通状态划分为闲散、自由、受控、拥挤、堵塞和队列六种状态。单点交叉口在多段定时控制、全感应控制、半感应控制和行人感应控制的基础上,基于多目标决策控制策略,对道路交通状态进行识别,实现动态优化功能;中央控制系统通过匹配各交叉口的控制周期要求,生成子区共用周期并动态决策相位差参数,尽可能实现单向或双向绿波最大带宽,进而协调控制多相位条件下控制子区。

此外,吉林大学杨兆升教授团队深入研究了多源交通决策信息融合与交通状态判别技术、大范围战略交通控制系统框架结构和大范围战略交通控制模型及算法,构建了适合我国城市道路的新一代智能交通控制系统(novel intelligent traffic control system,NITCS)[43,44]。该系统为满足特大城市路网控制结点实施统一协调优化控制的需求,将大范围战略协调控制级作为中央协调优化中心,采用分层动态递阶协调和大系统智能控制的思想,实现大范围的宽稳态协调控制。同济大学杨晓光教授团队面向智能交通系统研发了适合我国城市交通特点的实时自适应交通控制与管理系统(Tong Ji advance traffic control and management system,TJATCMS)[45,46]。该系统采用脱线计算与实时计算相结合的优化方法,研究了单点实时自适应控制算法、人均延误和停车次数最小化算法、总延误和停车次数最小化算法、连续流与间断流协调控制算法以及最大绿波带等,满足了混合交通流控制、公交优先控制、间断交通流与连续交通流真核控制、行人过街智能化控制和单点及区域信号协调控制等要求。

1.2.4　国内外研究现状评述

国内外对车流运行动态特性研究集中在跟驰行为和换道行为及其安全特性分析,这些模型的建立对道路交通安全的研究奠定了基础,但仍有一些不足。此外,根据车流的运行特性研究车流运行控制策略,从而为解决城市交通拥堵问题提供技术支持。

跟驰行为方面:主要通过描述同车道上前导车与跟随车之间纵向速度-距离来逐步深入。车辆可否安全跟驰取决于以下几个因素:前后车间距、前后车的速度、后车的期望速度以及交通流状态等。但大多数模型假定车辆只受同车道前导车的影响,没有考虑相邻车道的车辆,且认为车辆都行驶在道路中心线上,但实际交通环境下,车辆会偏离中心线行驶,如何描述在这种情况下跟驰行驶安全特性也是非常有必要的。

换道行为方面:许多换道模型假定在正常情况下,考虑目标车道前后间隙是否满足换道要求,如若满足则执行换道行为,反之则不执行。也就说若前后间隙不符合换道要求,换道行为就不会发生,但这与复杂交通环境(如交通拥堵)下的实际交通不相符。实际交通场景中车辆间可进行沟通和交流,在潜在的后车协助下来完成换道,目前所建立的换道模型很少考虑到这一点,仅考虑临侧间隙,忽略其他间隙的存在,车辆完全可以加速至前方间隙或减速至后方间隙,以完成换道。

车辆行驶安全研究主要集中在跟驰安全和换道安全两方面。现有模型很少将这两种行为结合在一起,考虑两者的相关性,换道决策对加速度行为会产生影响,同时,加速度行为也会反作用于换道决策,所以,如何描述车辆跟驰与换道之间的动态转换关系值得深入探索。

车流运行控制方面,普遍存在以下问题:

(1) 系统不完善。大部分交通控制系统尚不完全具备自适应控制功能,不能很好地满足我国城市规模变化较快引起的交通需求变化,且这些系统均基于自身开发的交通信号控制机进行研发,使得系统可移植性大大降低,系统功能也不够完善,其稳定性也有待于进一步检验。

(2) 投资开发能力差。国内研发交通控制系统的公司规模不大,投资能力较差,且交通控制算法的研发人员尚缺,严重影响了企业的发展速度和交通控制系统的研发质量。国内外在城市交通控制系统研究方面大多以节点或局部区域为优化对象,以交叉口所有进口道交通流的运行效率最大化为优化目标,对路网结构本身考虑欠缺,尤其是交通流运行效率受强关联性路段的影响,致使车辆间歇性停车现象严重,甚至导致节点或局部区域的瓶颈状态,制约着交通控制系统的实际控制效果。

因此,探索路段未饱和及饱和状态下的识别和消散方法,研究以减少车辆停车次数,缩短车辆旅行时间,提高道路服务水平为目标的干线动态协调控制优化方法,对指导城市道路交通流的组织与控制以及应急事件的处理均具有重要的理论意义和应用价值。

1.3 研究目标与主要成果

1.3.1 研究目标

选择"道路运行车辆之间的跟驰现象"这一交通特性问题,从分子动力学角度进行系统分析,并阐述分子跟驰理论;研究车辆跟驰的需求安全距离,建立需求安全距离的应用模型;应用数学物理方法,建立单车道车辆跟驰模型;研究车辆行驶中的变道机理,建立跟驰车辆的变道模型;研究变道模型和分子跟驰模型的交叉影响,建立综合驾驶行为影响下的多车道分子跟驰模型。在上述研究基础上,建立基于分子动力学的交通流速度-流量-密度模型,完善交通流跟驰理论,为我国道路交通安全评价、仿真分析、车辆自动驾驶和自适应控制提供更坚实的理论基础和方法依据。

立足于城市快速路进出匝道分合流区这一特定区域,研究车辆运行的交互行为及其动态博弈特性,定性和定量分析"交叉跟驰行为"模型和"尝试性"换道行为的动态重复博弈换道模型,统计分析不同交通流状态下"交叉跟驰行为"和"换道行为"的时空分布特征,剖析车辆交互行为之间的关联性和异样性;研究影响车辆行驶决策行为的特性因素,建立纳什均衡策略行为下的行驶车辆汇入-让步概率模型;科学解析城市快速路分合流区的车流运行特性,定量分析车辆交互行为带来的干扰及其产生的车流波动现象、速度离散现象和交通冲突产生机理及其规律;揭示车辆运行特性对交通流的影响机理,建立事故风险概率模型;运用 VIS-SIM 进行系统仿真和效果评价。在上述研究基础上,建立快速路交通系统规划、设计和有效安全控制的理论方法,为城市快速路交通系统安全评价、仿真分析、车辆自动驾驶和匝道控制提供坚实的理论基础和方法依据。

1.3.2　主要研究成果

(1) 从车辆跟驰的安全角度出发,基于驾驶员心理特性、行为特征及其交通特性分析,调查研究车辆的跟驰行为,建立不同驾驶行为下的需求安全距离定量模型。

(2) 从分子动力学的角度,揭示车辆跟驰行为的实质,建立单车道分子跟驰模型和流量-密度模型。

(3) 基于分子动力学特性,分析车辆变道机理,研究车辆变道行为与各向需求安全距离之间的随机关系,建立跟驰车辆的变道模型。

(4) 在单车道车辆跟驰运行中加入车辆变道突发行为,集成跟驰及变道行为,建立综合驾驶行为影响下的多车道分子跟驰行为模型,进而建立交通流速度-流量-密度模型,揭示道路交通流运行中的科学规律。

(5) 从交通扰动的产生机理及诱因、发展过程和传播速度入手,科学解析交通流的扰动波,建立更为符合交通实际的交通流特性模型。

(6) 运用稳定性理论、心理场理论和数学物理方法对稳态流进行特性分析,并建立基于动态耦合特性的稳态流模型。

(7) 从博弈论角度研究车辆运行的交互行为及其动态特性,定性和定量分析"交叉跟驰行为"模型和"尝试性"换道行为的动态重复博弈换道模型,并建立行驶车辆汇入-让步概率模型。

(8) 针对不同交通流状态下"交叉跟驰行为"和"换道行为"的时空分布特征,提取影响车辆行驶决策行为的特性因素,剖析车辆交互行为之间的关联性和异样性。

1.4　本　章　小　结

本章首先对国内外的交通控制系统研究发展现状进行阐述,以主干道上居多的干道与支路交叉口为对象研究单点自适应控制策略;而为更深层次地探究车流运行规律,以分析车流微观动态特性为插入点,对车辆运行过程中跟驰行为及换道行为进行分析,总结其国内外发展现状,在此基础上展开对车流运行特性及模型的研究。

参 考 文 献

［1］ Kometoni E,Sasaki T. On the stability of traffic flow［J］. Journal of Operations Research Japan,1958,2(1):11—26.

［2］ Bullen A G R. Development of compact microsimulation for analyzing freeway operations and design［J］. Transportation Research Record,1982,841:15—18.

［3］ Wicks D A,Andrews B J. Development and testing of INTRAS,A microscopic freeway simulation model［R］. U. S Department of Transportation Report,Washington,USA,1980.

［4］ Department of Transportation Federal Highway Administration. CORSIM User Manual (Version 1. 01)［M］. Washington:Federal Highway Administration,1996.

［5］ Benekohal R F,Treiterer J. CARSIM:Car-following model for simulation of traffic in normal and stop-and-go conditions［J］. Transportation Research Record,1988,1194:99—111.

［6］ Gipps P G. A behavioural car following model for computer simulation［J］. Transportation Research(B),1981,15(2):105—111.

［7］ Wiedemann R. Simulation of road traffic in traffic flow［R］. Karlsruhe:University of Karlsruhe(TH),1974.

［8］ Hogema J,Van R. Driver behavior under adverse visibility conditions［C］//Proceeding of the First World Congress on Application of Transport Telematics and Intelligent Vehicle-Highway Systems,Paris,France,1994,1623—1636.

［9］ Kikuchi,Chakroborty. Car following model based on a fuzzy inference system［J］. Transportation Research Record,1992,1365:82—91.

［10］ 张智勇,荣建,任福田. 跟车模型研究综述［J］. 公路交通科技,2004,21(8):111—112.

［11］ 喻丹,吴义虎,何霞,等. 一种基于动态期望车头时距的跟驰模型［J］. 长沙理工大学学报,2007,4(4)26—28.

［12］ 卢文玉,毛建国,李忠. 车辆高速驾驶临界安全距离［J］. 重庆理工大学学报(自然科学),2010,24(9):14—18.

［13］ Ahmed K I,Ben-Akiva M,Koutsopoulos H N,et al. Models of freeway lane changing and gap acceptance behavior［C］//Proceedings of the 13th International Symposium on the Theory of Traffic Flow and Transportation. Oxford:Elsevier Science Ltd,1996.

［14］ Ahmed K I. Modeling drivers'acceleration and lane changing behavior［D］. Cambridge:Massachusetts Institute of Technology,1999.

［15］ 刘小明,郑淑晖,蒋新春. 基于动态重复博弈的车辆换道模型［J］. 公路交通科技,2008,25(6):120—125.

［16］ 彭金栓,付锐,郭应时,等. 基于有限零和和灰色博弈的车道变换决策分析［J］. 科技导报,2011,29(3):52—56.

［17］ Jerry L D,David M D,Rebekah S L,et al. A comparison of high and low anger drivers［J］. Behavior Reach and Therapy,2003,(41):701—718.

[18] 华雪东,王炜,王昊. 考虑驾驶心理的城市双车道交通流元胞自动机模型[J]. 物理学报, 2011,60(8):1—8.

[19] Dario D S,Andrew L. The time course of a lane change:Driver control and eye movement behavior[J]. Transportation Research(F),2002:123—132.

[20] 李迎峰,史忠科,周致纳. 微观交通仿真中随机决策换道行为研究[J]. 系统仿真学报, 2008,20(16):4273—4277.

[21] Kita H. Effect of merging lane length on the merging behavior at expressway on-ramp[C] // Proceedings of 12th International Symposium on the Theory of Traffic Flow and Transportation,1993:37—51.

[22] 孙剑,李克平,杨晓光. 拥挤交通流交织区车道变换行为仿真[J]. 系统仿真学报,2009, 21(13):4174—4178.

[23] 贾洪飞,谭云龙,李强,等. 考虑驾驶员特征的快速路合流区间隙接受模型构建[J]. 吉林大学学报(工学版),2015,45(1):55—61.

[24] Jula H,Kosmatopoulos E,Ioannou P. Collision avoidance analysis for lane changing and merging[J]. IEEE Transactions on Vehicular Technology,2000,49(6):2295—2308.

[25] 王荣本,游峰,崔高健,等. 车辆安全换道分析[J]. 吉林大学学报(工学版),2005,35(2): 179—182.

[26] 王崇伦,李振龙,陈阳舟,等. 考虑换道约束空间的车辆换道模型研究[J]. 公路交通科技, 2012,29(1):121—127.

[27] Chowdhury D,Wolf D E,Schreckenberg M. Particle hopping models for two-lane traffic with two kinds of vehicles:Effects of lane-changing rules[J]. Physics A:Statistical Mechanics and its Applications,1997,235(3):417—439.

[28] 彭麟,谭惠丽,孔令江,等. 开放性边界条件下双车道元胞自动机交通流模型耦合效应研究 [J]. 物理学报,2003,52(12):3007—3013.

[29] 吴大艳,谭惠丽,孔令江,等. 三车道元胞自动机交通流模型的研究[J]. 系统工程学报, 2004,20(4):393—397.

[30] 魏丽英,吴荣华,王志龙,等. 基于混合交通流的车辆换道行为[J]. 吉林大学学报(工学 版),2014,44(5):1321—1326.

[31] Brackstone M,Mcdonald D M. Car-following:A historical review[J]. Transportation Research(F),1999,2(4):181—196.

[32] 王晓原,孟昭为,宿宝臣. 微观仿真车道变换模型研究[J]. 山东理工大学学报,2004, 18(1):1—5.

[33] 陈斌. 基于多智能主体系统的车道变换模型[J]. 中国公路学报,2005,18(3):104—108.

[34] 王家凡,罗大庸. 交通流微观仿真中的换道模型[J]. 系统工程,2004,2(3):92—95.

[35] 杨晓光,黄罗毅,王吟松,等. 基于车车通信的换道超车辅助系统设计与实现[J]. 公路交通 科技,2012,29(11):120—124.

[36] Ioannis G,Mstthew G. K. An international comparative study of self-report drive behavior [J]. Transportation Research(F),2002:243—246.

[37] 徐智慧,程国柱,裴玉龙.车道变换行为对交通流运行速度影响的研究[J].中国科技论文在线,2010,5(10):754-762.

[38] 张发,宣慧玉,赵巧霞.换道行为对交通流宏观特性的影响[J].系统工程学报,2009,24(6):754-758.

[39] 曲大义,管德永,刘志刚,等.中国城市混合交通流特性研究[J].青岛理工大学学报,2007,28(3):81-86.

[40] 李群祖,夏清国,巴明春等.城市交通信号控制系统现状与发展[J].科学技术与工程,2009,9(24):7436-7448.

[41] 徐俊斌.城市智能交通控制的研究[D].广州:华南理工大学,2005.

[42] 朱中,管德永.海信 HiCON 交通信号控制系统[J].中国交通信息产业,2004,(10):52-55.

[43] 杨兆升.城市道路交通系统智能协同理论与实施方法[M].北京:中国铁道出版社,2009.

[44] 卢守峰,刘喜敏,杨兆升.考虑诱导一致性的交通流协同管理模型研究[J].武汉理工大学学报(交通科学与工程版),2008,(02):251-254.

[45] 杨晓光,曾松,杭明升.中国城市道路交通实时自适应控制与管理系统研究[J].交通运输工程学报,2001,(02):74-77.

[46] 杨晓光.面向中国城市的先进的交通控制与管理系统研究[J].交通运输系统工程与信息,2004,(02):79-83.

第 2 章 车流分子跟驰特性及其模型

道路上行驶车辆之间的关系和分子与分子之间的关系有相似的特征。分子之间存在引力和斥力的合力,使分子不能靠近也不容易远离。现实表现是在一定温度下不容易压缩气体,也不容易使之膨胀。

2.1 分子力学模型

分子间存在的分子力是指分子之间存在的吸引或排斥的相互作用力,是固体、液体和封闭气体呈现诸多不同物理性质的主要原因。例如,描述气体的压强、体积和温度之间的相互关系,必须考虑分子间引力和斥力效应;在足够低的温度下增加压强,分子之间的引力将使气体液化,分子间的斥力将阻止分子的进一步接近,致使液体具有不可压缩性;近邻和远邻分子之间的分子力,决定晶体中分子的排列顺序,是造成固体弹性的原因等[1]。

气体分子是由电子、质子等组成的复杂带电系统,实验证明,当分子间距较大时,存在微弱的引力。随着间距的减小,引力逐渐加强,但当两分子靠近到 $r=r_0$ (称为平衡距离)以内时,相互间产生强烈的斥力作用而离开。分子间的引力和斥力总是同时存在,并且都随分子间距离的增大而减小,只不过减小的规律不同,斥力减小得快。

两分子间相互作用合力的经典经验公式为

$$f = \frac{\lambda}{r^5} - \frac{\mu}{r^2} \tag{2.1}$$

式中,λ 和 μ 是大于零的衡量;r 是两个分子中心距离;$\frac{\lambda}{r^5}$ 是斥力;$-\frac{\mu}{r^2}$ 是引力;当合力 $f=0$ 时,平衡距离 $r_0 = \left(\frac{\mu}{\lambda}\right)^{\frac{1}{2-5}}$。

图 2.1 中,虚线表示引力和斥力随距离变化的情况,实线表示合力随距离变化的情况。当 $r>r_0$ 时,虽然引力和斥力都随着距离的增加而减小,但斥力减小得更快,因而分子间的作用力表现为引力 $f<0$;当 $r<r_0$ 时,虽然引力和斥力都随着距离的减小而增加,但斥力增加得更快,因而分子间的作用力表现为斥力 $f>0$。分子间彼此趋近到分子的直径 d 时,分子将在强大的斥力作用下被排斥开,类似小球间"弹性碰撞"过程。d 的平均值称为分子有效直径,数量级约为 $10^{-10}\,\mathrm{m}$。

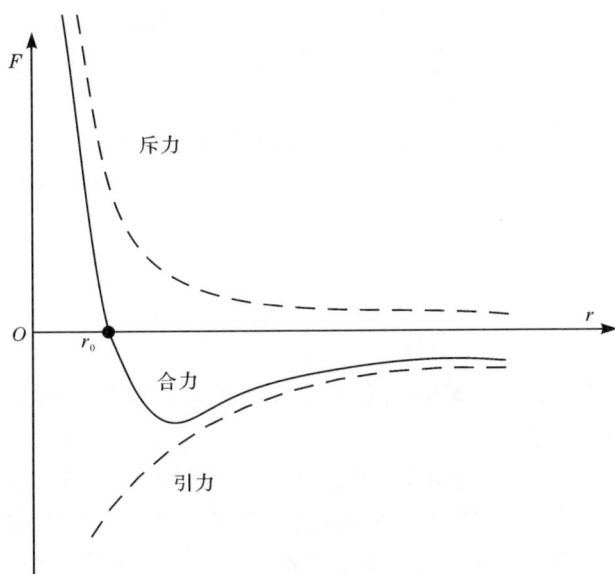

图 2.1　分子间力曲线图

2.2　分子跟驰理论

如果从飞机上看某些高速公路,我们会很自然地把来来往往的车流想象成河流或某种连续的流体。正是由于这种相似性,经常使用流量、密度、速度等流体力学的术语来描述交通流的特性。但是像自来水管中的水流和燃气管道中的气流等人为流体,是由人通过机械装置提供给流体运动的动力,使流体流动起来的。微化到一个个分子,我们会发现,前面的分子好像是被后面的分子推着往前运动。从整体效果上看,流体是被从后面推着往前运动的。但是,马路上的车辆是在自己发动机动力作用下驱动车辆主动向前运动的。从整体上看,车流是被前面的车拉着向前运动,就像江河里自由流淌的水,是在自身重力作用下顺势而下。车流运动的不平稳性会使车流中的速度产生变化,这种速度的变化如同江河里激起的浪花。

在交通流中,为了规避事故危险,跟随车辆会极力维持与前导车的距离,在一定速度下很难压缩整个运行的车队。当整个车队的速度为零时,即车队在进口停车等待,车间距离很小,貌似车队在"低温"下被"压缩"了。在高温下可通过增加压强压缩气体,但是高压使气体分子活动得更加剧烈,增加了分子碰撞的概率。这如同在车队高速行驶时,强行缩短每辆车与前车的间距,同样会增加每辆车与前车碰撞的概率[2~4]。

假设把交通流看做自由流淌的气流(为了更形象地表示车辆运行状态,以气体流为例,气体也可以在自身重力下自由流淌),每一辆车都看成是气体分子。车辆速度等同于分子对温度反应的剧烈程度。

跟驰车辆在车队中表现出类似于分子的性质称为车辆的分子跟驰特性,研究车辆分子跟驰特性的理论称之为分子跟驰理论。跟驰车辆分子跟驰特性主要有以下两种。

(1)"低温"可"压缩"性。

车辆在低速运行下,可缩短与同一车道前后车之间的距离,使车队的路段密度增大,像是压缩了一样。速度越低,允许车辆间存在的距离越小,车队路段密度越大。车队可压缩的极限是车辆速度为零的阻塞状态,车间距可为零。

(2)"高温"可"膨胀"性。

车辆在高速运行下,为避免发生交通事故的危险需要保持与同一车道前导车较远的距离。速度越高,车辆间的距离越大,车队的路段密度就越小。车队就像随着速度的升高膨胀了一样。当车速非常高时,车队的膨胀变化将不会很明显。

研究发现,跟驰车辆的速度-车头间距[5]可表示为

$$s = l + \beta V + \alpha V^2 \tag{2.2}$$

式中,l 为车辆长度,m;β 为反应时间,s;α 为跟驰车辆最大减速度二倍的倒数,经验值可取 $0.023s^2/m$。

速度-车间距[6]表示为

$$X_n = s - l = \beta V + \alpha V^2 \tag{2.3}$$

式中,X_n 是需求安全距离,指车辆在一定速度下行驶,驾驶员需要的从开始反应到车辆制动停止的最小安全制动距离。

车辆在跟随行驶时,跟随车辆不会长时间拖后于前导车,但出于安全考虑,跟随车辆也不会距离前导车很近。跟随车辆寻求的合适距离就是选择安全距离 X_c,是驾驶员在跟随前车行驶时寻求的自我感觉,即在前车紧急制动时,跟随车辆在避免与前车发生碰撞条件下与前导车最短安全距离。选择安全距离要符合以下特征:

(1)选择安全距离是跟随车辆车头到前导车辆车尾的距离。

(2)选择安全距离发生在跟随行驶状态下,是跟随车相对于前导车而言的,是在约束条件下实际可行的制动距离。

(3)选择安全距离是跟随车的被动属性,受到前导车的制约。

需求安全距离和选择安全距离的不同主要体现在以下几个方面:

(1)需求安全距离是针对一辆车而言的,是一辆车的独立行为特征;选择安全距离是针对一组车而言,是跟随车相对于前导车的状态量。

(2)需求安全距离是跟随车的主动属性,完全由自身决定;选择安全距离是跟

随车的被动属性,要依附于前导车,受前导车制约。

(3) 需求安全距离是即时状态参量,是由自身即时速度决定的;选择安全距离是后状态参量,是与前导车比较后的结果。

在停车线前停车等待的车辆速度为零,即 $V_F = V_L = 0$ 时,驻车间距不会是 0,通常不会偏离平均驻车间距 $\overline{X}_s$ 很多。假设停车时选择安全距离取值 $\overline{X}_s$,式(2.3)可写为

$$X_c = \begin{cases} \overline{X}_s, & V_F = V_L = 0 \\ \beta V_L + \alpha V_L^2, & V_L \neq 0 \end{cases} \tag{2.4}$$

车队中的每一辆车都是独立的,都有自己的需求安全距离。但其相对于后车来说是前导车,相对于前车来说又是跟随车。所以,车队中每辆车都具有自身的需求安全距离,又要遵从选择安全距离的要求。

需求安全距离的方向与车辆运行方向一致,同时又对后续车辆产生影响[7]。如图 2.2 所示,在同一车道上行驶的三辆车,假设所有车的制动效能都是一样的,即车辆的制动距离只与自身的车速有关。

以跟随车 1 为例,一定速度下在其前后均有一定的需求安全距离,既不在紧急情况下碰到前车,又不允许后面车辆碰到自己。其对前车的需求安全距离最远端称为需求前沿,对后车要求的需求安全距离最远端称为要求后沿。对同一辆车而言,需求前沿是车辆主动控制的,要求后沿则是车辆寄希望于后续车辆保持的距离,是被动得到的,在数值上需求前沿等于要求后沿。

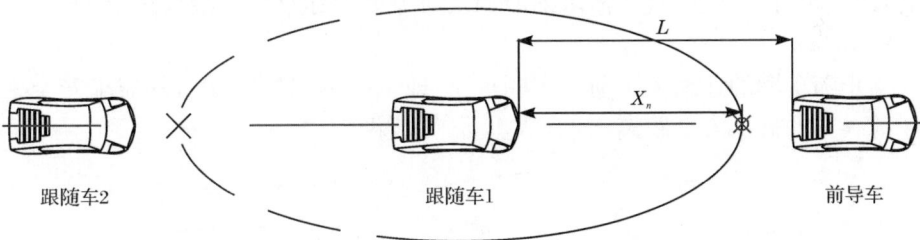

图 2.2　车辆需求安全距离图

╳. 要求后沿;⊠. 需求前沿

引入距离需求饱和系数 C,即跟随车辆需求安全距离与实际车间距 L 的比。

$$C = \frac{X_n}{L} \tag{2.5}$$

对跟驰选择安全距离,分以下三种情况。

式(2.4)两边对 V 在 $(0, +\infty)$ 上求导,得

$$\dot{X}_c = \beta + 2\alpha V \tag{2.6}$$

$\dot{X}_c>0$，可见 $X_c=\beta V+\alpha V^2$ 在$(0,+\infty)$上是单调递增的。

1）$v_F<v_L$

当跟随车辆的速度小于前导车速时，即 $v_F<v_L$，跟随车的需求安全距离小于前导车的需求安全距离 $X_{Fn}<X_{Ln}$，如图 2.3 所示。

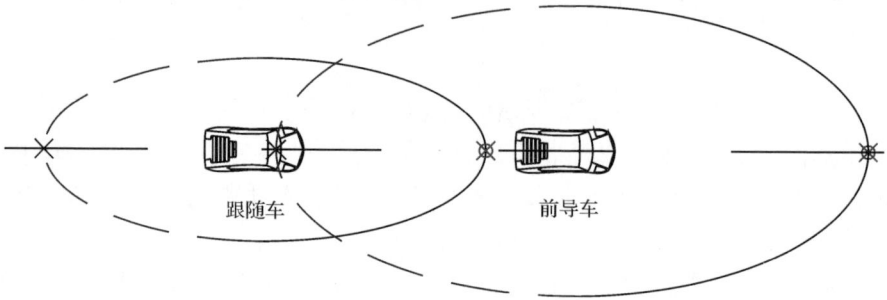

图 2.3　$X_{Fn}<X_{Ln}$

由图 2.3 可知，跟随车的需求前沿还没有触及前导车，即 $C<1$。跟随车与前导车之间的距离足够让跟随车紧急制动停车。前导车的要求后沿已经触及跟随车，但不会对跟随车的安全制动产生影响。此时，选择安全距离 $X_c=X_{Ln}=\beta V_L+\alpha V_L^2$，要大于跟随车的需求安全距离。$C<1$ 时，跟随车辆维持现有速度就可以有较大的安全空间，这样跟随车与前导车会越拉越远，对跟随车来说是不经济的。此时，跟随车可以加速，直到需求前沿触及前导车，保持 $C=1$ 继续跟驰。

2）$v_F>v_L$

当跟随车辆的速度大于前导车辆车速，即 $v_F>v_L$ 时，跟随车的需求安全距离大于前导车的需求安全距离 $X_{Fn}>X_{Ln}$，$C>1$，如图 2.4 所示。

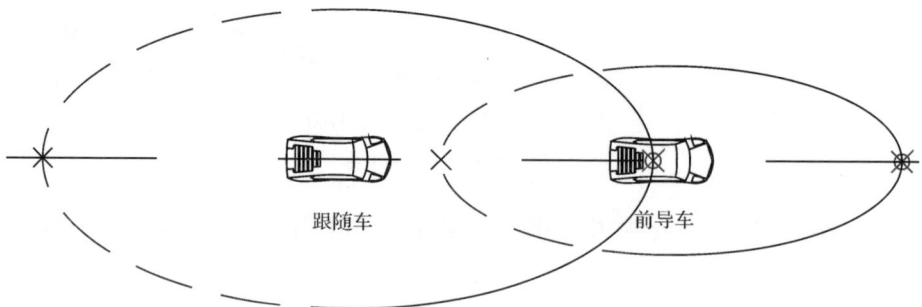

图 2.4　$X_{Fn}>X_{Ln}$

由图 2.4 可知，跟随车辆的需求前沿已经越过前导车，即 $C>1$。所以跟随车辆与前导车辆之间的距离不足以让跟随车辆紧急制动停车，这对跟随车辆来说是非常危险的。此时,跟随车因受前导车的限制而不能实现需求安全距离,其可实现或可选择的安全距离只有前导车的需求安全距离,即跟随车的选择安全距离取前导车的需求安全距离 $X_c = X_{Ln} = \beta V_L + \alpha V_L^2$。$C > 1$ 时,跟随车辆在前导车不足以提供安全距离的情况下,驾驶员会自动降低车速,规避行驶风险,寻求前导车的要求后沿,在要求后沿附近保持与前导车同样的车速继续跟随行驶。此时 $X_{Fn} = X_{Ln}$,即跟随车需求前沿正好触及前导车,$C = 1$。

　　3）$v_F = v_L$

　　当跟随车辆的速度等于前导车辆车速 $v_F = v_L$ 时,跟随车的需求安全距离等于前导车 $X_{Fn} = X_{Ln}$,$C = 1$,如图 2.5 所示。

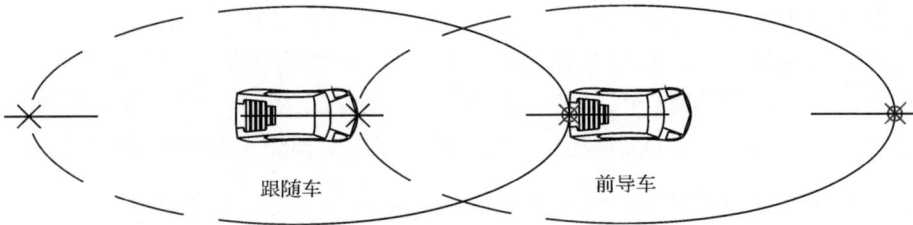

图 2.5　$X_{Fn} = X_{Ln}$

　　由图 2.5 可知,跟随车辆需求前沿正好落在前导车尾部,此时 $C = 1$。前导车的要求后沿正好落在跟随车的车头边缘。跟随车与前导车之间的距离正好可以使跟随车在紧急情况下安全制动。此时的选择安全距离 $X_c = X_{Ln} = X_{FL} = \beta V_L + \alpha V_L^2$,这种状态既不至于使跟随车拖后,又规避了事故危险,跟随车辆可以保持这样的状态安全而有效地跟驰下去。我们称这种保持 $C = 1$ 的安全有效状态为跟驰平衡状态,简称平衡状态。因为跟驰中跟随车不可能长时间的快于前导车,显然平衡状态时,跟随车以与前导车相同的速度快速安全地跟进是最有效率的跟驰状态。

　　由上述分析可知,选择安全距离是跟随车辆在不平衡状态下调整自己的一个目标,跟随车在调整中总是寻求前导车的要求后沿,保持与前导车相同的车速,既不拖后,又保证行驶安全。总之,选择安全距离是改变跟随车辆运动状态的原因。选择安全距离选择的是前导车的需求安全距离,寻求的是前导车的要求后沿,追求的是 $C = 1$ 的平衡状态。

　　跟驰行驶的理想状态是平衡状态,但实际上,道路交通的状况是非常复杂的。不同路段、不同时段的交通状况差异很大,即便是同一路段,不同时间的差异也很大。这主要是由于驾驶员心理素质、驾驶技术和性格脾气等存在差异。整体的交通环境和车辆运动性能对跟驰状态也有影响。因此,车队中的跟随车辆就会出现离前导车较近或是离前导车较远的现象。为了更确切地描述车队中车辆间距的这种不均衡,引入失误系数 ϕ 和预测系数 φ。

失误系数是驾驶员在怠于驾驶或过多地考虑安全因素而采取消极跟进的情况时,前导车的距离与其需求安全距离之比:$\phi = \dfrac{L}{X_n}$,显然 $\phi = \dfrac{1}{C}$。驾驶员怠于驾驶或过多考虑安全因素驾驶会拉大与前导车的距离,此时的两车间距 L 要大于跟随车需求安全距离 X_n,所以 $\phi \geqslant 1$。预测系数是指在跟随车能对车队运行状态进行良好判断且预测前导车不会出现突然制动的情况下,采取积极跟进的车间距与其需求安全距离的比:$\varphi = \dfrac{L}{X_n}$,显然 $\varphi = \dfrac{1}{C}$。驾驶员对车队运行状态的良好预测,会让驾驶员觉得即使跟得再近点也不会发生危险,此时的两车间距 L 要小于跟随车需求安全距离 X_n,所以 $\varphi \leqslant 1$。

实际车间距 $X = \phi\varphi X_n$。显而易见,以需求安全距离为界,驾驶员要么采取消极跟进,要么采取积极跟进。ϕ 的取值范围是 $L \geqslant X_n$,在 $L < X_n$ 上失误系数无作为,取值 $\phi = 1$。φ 的取值范围是 $L < X_n$,在 $L \geqslant X_n$ 上预测系数无作为,取值 $\varphi = 1$。在 L 的整个变化范围里 $\phi\varphi = \dfrac{1}{C}$,所以,$X = \phi\varphi X_n = \dfrac{X_n}{C}$,曲线关系如图 2.6 所示。

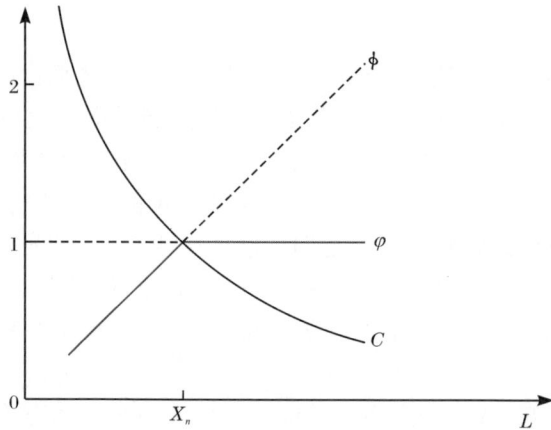

图 2.6 跟驰系数曲线图

2.3 速度跟驰模型

将基于跟驰速度变化建立的跟驰模型称为速度跟驰模型。单车道车辆跟驰的理论认为,车头间距在 100m 以内时,车辆间存在相互影响。分析跟随行驶车辆驾驶员的反应,可将反应过程归结为以下三个阶段:

(1)感知阶段。驾驶员通过视觉搜集相关信息,包括前导车的速度、加速度、车间距离和相对速度等。

（2）决策阶段。驾驶员对所获得的信息进行分析，决定驾驶策略。

（3）控制阶段。驾驶员根据自己的决策，前导车和道路的状况，对车辆进行控制。

2.3.1　线性跟驰模型的建立

跟驰模型实际上是关于反应之于刺激的关系，用方程表示为

$$反应＝\lambda \cdot 刺激 \tag{2.7}$$

式中，λ 是驾驶员对刺激的反应系数，表示对刺激的反应强烈程度，称为灵敏度或灵敏系数。

驾驶员接受到的刺激是指前导车的加速或减速行为，及随之产生的两车间的速度差或车间距离的变化；驾驶员对刺激的反应是指根据前导车所做的加速或减速运动而对跟随车采取的相应操纵及其结果。线性跟驰模型主要是在对驾驶员的反应特性分析的基础上，考虑前后车速的关系，经过简化得到的[8~10]。

线性跟驰模型相对比较简单，图 2.7 为建立线性跟驰模型的示意图。

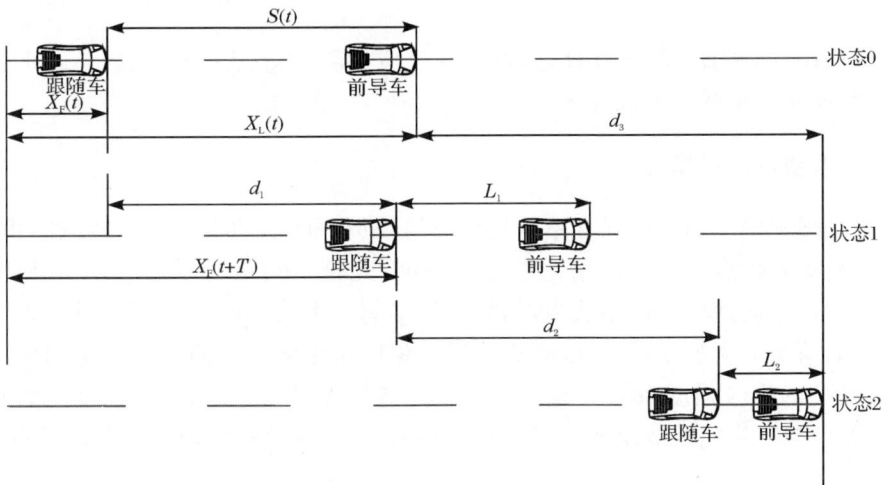

图 2.7　线性跟驰示意图

如图 2.7 所示，线性跟驰模型以紧急制动为例，截取跟随行驶三个时刻状态。

（1）状态 0。跟随车跟随前导车行驶，前导车开始以一定的减速度做减速制动。$X_L(t)$ 表示前导车在 0 状态时距离基准点的距离；$X_F(t)$ 表示跟随车在 0 状态距离基准点的距离；$S(t)$ 表示状态 0 时（t 时刻）两车的车头间距。

（2）状态 1。跟随车在经过反应时间 T 后开始制动，状态 1 是制动开始时刻，前车保持减速运动。d_1 表示反应时间 T 内跟随车行驶的距离；$X_F(t+T)$ 表示在

状态 1($t+T$ 时刻)时跟随车距基准点的距离；L_1 表示状态 1 时两车的车头间距。

(3) 状态 2。前导车和跟随车先后制动停止，两车最终的车头间距为 L_2。d_2 表示跟随车的制动距离；d_3 表示前导车的制动距离。

从图 2.7 中可以得到

$$S(t)=X_L(t)-X_F(t)=d_1+d_2+L_2-d_3 \tag{2.8}$$

$$d_1=V_F(t)T=V_F(t+T)T=\dot{X}_F(t+T)T \tag{2.9}$$

假设两车的制动距离相等($d_2=d_3$)，可得

$$S(t)=X_L(t)-X_F(t)=d_1+L_2 \tag{2.10}$$

由式(2.9)和式(2.10)可得

$$X_L(t)-X_F(t)=\dot{X}_F(t+T)T+L_2 \tag{2.11}$$

式(2.11)两边对时间求导，得

$$\dot{X}_L(t)-\dot{X}_F(t)=\ddot{X}_F(t+T)T \tag{2.12}$$

即

$$\ddot{X}_F(t+T)=\lambda\left[\dot{X}_L(t)-\dot{X}_F(t)\right] \tag{2.13}$$

其中，$\lambda=T^{-1}$。

与式(2.7)相比，式(2.13)是对刺激-反应方程的近似表示：刺激为两车的相对速度；反应为跟随车的加速度。

2.3.2　非线性跟驰模型

线性跟驰模型的反应强度系数只反应驾驶员对前后两车速度差的敏感程度，而假定与车间距离无关。对给定的相对速度，无论车间距离多大，其反应强度都是一样的。非线性跟驰模型认为，驾驶员在车间距离较小的情况下相对于车间距离较大的情况更为紧张，对速度变化的反应强度也更大。因而对于给定的相对速度，驾驶员的反应强度系数应该随车间距的减少而增大，认为反应强度系数并非常量，而是与车头间距成反比。考虑到这一因素，非线性跟驰理论提出以下模型。

1. 反比于车头间距模型

这种模型认为反应强度系数 λ 与车头间距成反比，有

$$\lambda=\frac{\lambda_1}{S(t)}=\frac{\lambda_1}{X_L(t)-X_F(t)} \tag{2.14}$$

式中，λ_1 是新的参数。

将式(2.14)代入式(2.13)，得

$$\ddot{X}_{F1}=\frac{\lambda_1}{X_L(t)-X_F(t)}\left[\dot{X}_L(t)-\dot{X}_F(t)\right] \tag{2.15}$$

2. 正比于速度的车头间距倒数模型

正比于速度的车头间距倒数模型认为,反应强度系数 λ 不仅与车头间距成反比,还表现在当跟随车辆高速行驶时要比低速行驶时驾驶员对前导车速度的变化更敏感。为此提出反应强度系数正比于跟随车车速,对反应强度系数做如下修改:

$$\lambda = \frac{\lambda_2 \; \dot{X}_F(t+T)}{S(t)} = \frac{\lambda_2 \; \dot{X}_F(t+T)}{X_L(t) - X_F(t)} \tag{2.16}$$

式中,λ_2 是新的参数。

将式(2.16)代入式(2.13),得

$$\ddot{X}_F(t+T) = \frac{\lambda_2 \; \dot{X}_F(t+T)}{[X_L(t) - X_F(t)]^2} [\dot{X}_L(t) - \dot{X}_F(t)] \tag{2.17}$$

3. Green Shields 模型

Green Shields 速度-密度模型为

$$u = u_f \left(1 - \frac{k}{k_j}\right) \tag{2.18}$$

式中,u_f 为自由流车速;k_j 为阻塞密度;k 为交通流密度。

假设路段上有 N 辆车,行驶中的交通流密度为

$$k = \frac{N}{NS(t)} \tag{2.19}$$

阻塞时的交通流密度为

$$k_j = \frac{N}{NL_2} \tag{2.20}$$

则有

$$\frac{k}{k_j} = \frac{L_2}{S(t)} \tag{2.21}$$

将式(2.21)代入式(2.18)中,得

$$u = u_f \left[1 - \frac{L_2}{S(t)}\right] \tag{2.22}$$

将式(2.22)两边对时间 t 求导,得

$$\dot{u} = u_f \left[\frac{u_f L_2}{S(t)^2}\right] \dot{S}(t) \tag{2.23}$$

对跟随车引入反应时间后,有

$$u = \dot{X}_F(t+T) \tag{2.24}$$

将式(2.24)和式(2.10)代入式(2.23),得

$$\ddot{X}_{\mathrm{F}}(t+T)=\frac{u_{\mathrm{f}}L_{2}}{\left[X_{\mathrm{L}}(t)-X_{\mathrm{F}}(t)\right]^{2}}\left[\dot{X}_{\mathrm{L}}(t)-\dot{X}_{\mathrm{F}}(t)\right] \tag{2.25}$$

Green Shields 模型的反应强度系数为

$$\lambda=\frac{u_{\mathrm{f}}L_{2}}{\left[X_{\mathrm{L}}(t)-X_{\mathrm{F}}(t)\right]^{2}} \tag{2.26}$$

2.3.3　速度模型的统一形式

无论是线性跟驰模型还是非线性跟驰模型,其所表示的都是对速度变化的反应,只不过所考虑的反应强度系数不同罢了。上述模型都可以用一个通式表示:

$$\ddot{X}_{\mathrm{L}}(t+T)=\lambda\left[\dot{X}_{\mathrm{L}}(t)-\dot{X}_{\mathrm{F}}(t)\right] \tag{2.27}$$

式中,反应强度系数 λ 有几种形式,分别是:常量,$\lambda=\dfrac{1}{T}$;反比于车头间距,$\lambda=\dfrac{\lambda_{1}}{S}$;

正比于车速反比于车头间距,$\lambda=\dfrac{\lambda_{2}u}{S^{2}}$;反比于车头间距的平方,$\lambda=\dfrac{u_{\mathrm{f}}L_{2}}{S^{2}}$。

1956 年 Gazis 等提出了以下一般性跟驰模型:

$$\ddot{X}_{\mathrm{F}}(t+T)=a\,\dot{X}_{\mathrm{F}}^{l}(t+T)\frac{\dot{X}_{\mathrm{L}}(t)-\dot{X}_{\mathrm{F}}(t)}{\left[X_{\mathrm{L}}(t)-X_{\mathrm{F}}(t)\right]^{m}} \tag{2.28}$$

式中,a 为实验确定的常数;指数 l,m 为大于等于零的数。

线性跟驰模型和非线性跟驰模型,都是基于前导车和跟驰车的速度差而建立的,故线性跟驰模型和在其基础上演变而来的非线性跟驰模型均为速度跟驰模型。

通过式(2.28)得到流量-密度的关系式,并由方程 $q_{n}=\dfrac{q}{q_{\max}}$,$k_{n}=\dfrac{k}{k_{\mathrm{j}}}$ 进行标准化,可以得到不同的 l、m 所对应的流量-密度关系曲线,如图 2.8 和图 2.9 所示[12]。

线性跟驰模型和在其基础上演变而来的非线性跟驰模型对一些问题的描述还是比较贴切的,但是有些情况是基于速度差的跟驰理论不能解释的。

当前导车与跟随车相距很远时(假设远远大于跟随车的需求安全距离 X_{n}),如果前导车突然制动减速,跟随车辆很可能不会随即制动减速,相反可能会加速追赶前导车。这是因为前导车与跟随车之间的距离很大,传递给跟随车驾驶员的信息是,距离过大,完全有缩短距离而不会危及到自身安全的空间。跟随车加速追赶前导车,直到跟随车在即时速度下的需求安全前沿触及到前导车时,驾驶员才会意识到如果继续缩短车距,在某些情况下可能来不及制动而危及自身安全。因此,驾驶员会自动调整车速,保持在前导车要求后沿附近与前导车等速行驶。

另一方面,当前导车与跟随车相距很近时(如小于需求安全距离 X_{n}),即便是

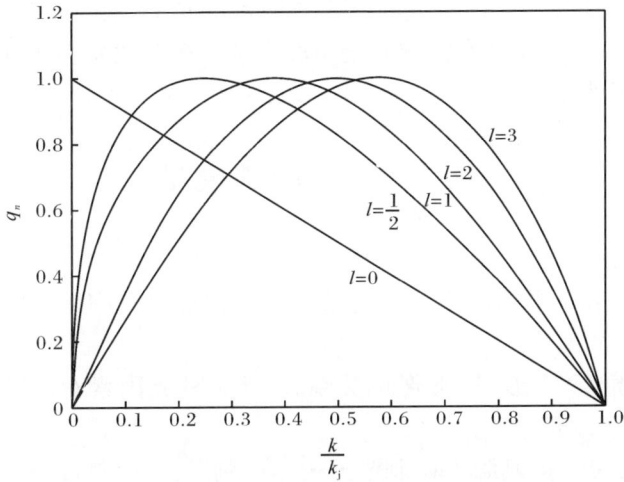

图 2.8 速度跟驰模型流量-密度曲线图($m=0$)

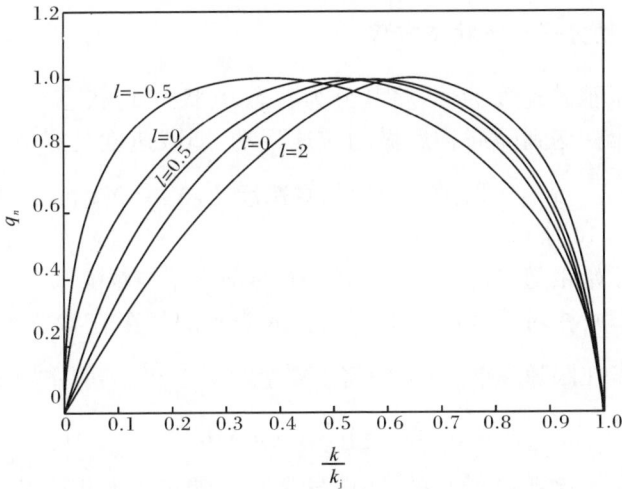

图 2.9 速度跟驰模型流量-密度曲线图($m=-1$)

在跟随车与前导车速度相等的情况下,跟随驾驶员也会觉得车距过小。在这种速度下,如果前导车快速制动,跟随车驾驶员将来不及采取有效制动措施而引发交通事故,这对跟随车是非常危险的。跟随车驾驶员通过观察判断会极力避免这种潜在的危险,自动降低车速拉开与前导车的距离,直到接近前导车的要求后沿再行加速,于前导车要求后沿附近保持与前导车相近的车速跟驰。尽管线性跟驰理论中也考虑了车距的影响,但只是表现在反应强度系数上。

显而易见,安全驾驶是驾驶员关心的基本因素,是车辆行驶的前提和条件。

行驶速度和行驶效率是驾驶员关心的主要因素。安全驾驶在车辆行驶中表现为不与前导车距离太近,保持在需求安全距离之外。行驶效率在车辆行驶中表现为不长时间拖后于前导车。

2.4　分子跟驰模型

道路上的跟驰车辆像分子一样既不会靠得很近,也不会拉得很远,由此得到分子跟驰模型。分子跟驰模型关注的重点是驾驶员对车间距和需求安全距离之差的反应。

分子跟驰模型遵从反应-刺激的关系式,认为外界因素对跟随车驾驶员的刺激是多方面的,表示为

$$反应 = \lambda_0 刺激 + \lambda_1 刺激 + \cdots + \lambda_n 刺激, \quad n = 1,2,3,\cdots \tag{2.29}$$

车辆跟驰的状态变化过程非常复杂,本书将跟驰状态变化过程分为四个状态,先建立分子跟驰模型的状态方程。

2.4.1　减速运动分子跟驰状态方程

以两车的跟驰减速度为例,将其分为状态 0、状态 1、状态 2 和状态 3 四个状态。假设前导车在遇到障碍物后做匀减速运动,即减速度是定值,在四个状态中都一样,$\ddot{X}_L = \ddot{X}_{L0} = \ddot{X}_{L1}$。跟随车也做匀减速运动,$\ddot{X}_F = \ddot{X}_{F2}$,$\ddot{X}_L$ 不一定等于 $\ddot{X}_F$。状态过程如图 2.10 所示。

状态 0 是原始跟随状态:L_0 表示状态 0 时前导车与跟随车之间的距离,X_{L0} 表示前导车在状态 0 相对于标准点的距离,X_{F0} 表示跟随车在状态 0 相对于标准点的距离。跟随车在跟随速度 $\dot{X}_F$ 下的需求安全距离为 X_{Fn},可用式(2.30)表示:

$$X_{Fn} = \beta \dot{X}_{F0} + \alpha \dot{X}_{F0}^2 \tag{2.30}$$

假设车辆是平衡跟随行驶的,即前导车与跟随车速度相同 $\dot{X}_{F0} = \dot{X}_{L0}$,车间距等于两车的需求安全距离,$L_0 = X_{L0} = X_{F0}$。从该时刻起,前导车开始以 $\ddot{X}_L$ 的减速度做匀减速运动,经 A 段时间后进入状态 1。

状态 1 是反应开始状态:前导车减速到 $\dot{X}_{L1}$,与跟随车的车间距离缩短至 L_1。驾驶员可辨识的距离变化在 12% 以上,假设此时距离缩短了 12%,即

$$L_1 = (1 - 12\%) X_{Fn} = 0.88 X_{Fn} \tag{2.31}$$

状态 2 是减速开始状态:经过 t 时间后,跟随车需求前沿已经超过了前导车,跟随车辆开始制动减速,此时两车间距为 L_2。经过 B 段时间后进入状态 3,前导车在 E 段时间后减速结束,匀速行驶。一般来讲,跟随车对前导车的反应总是滞

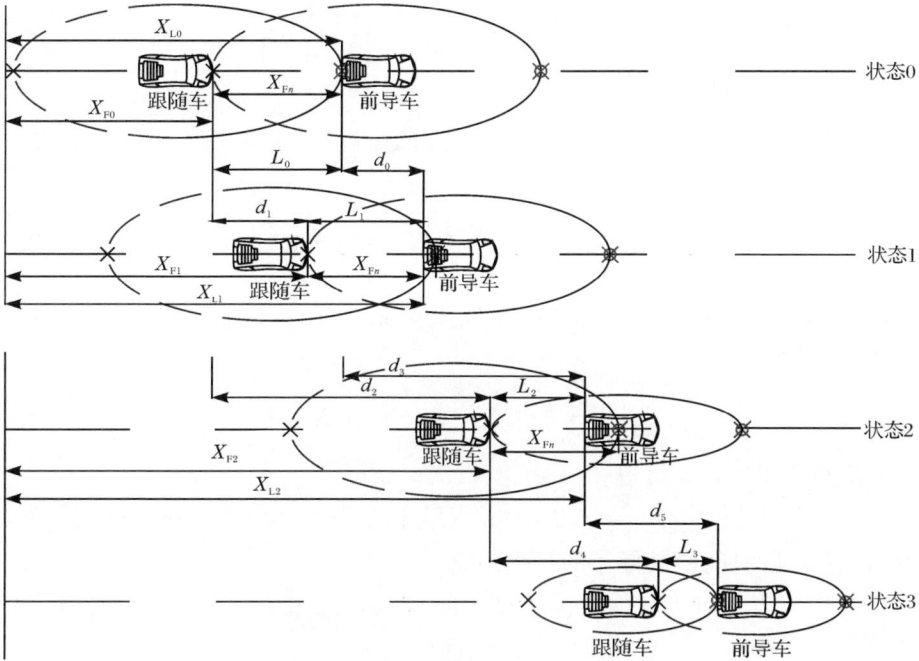

图 2.10　分子跟驰模型减速示意图

后的,即反应开始滞后,动作结束也是滞后的。E 总比 B 小,甚至可能是负值。在某些情况下,会出现 E 等于 B 的情况。

状态 3 是二次平衡状态:跟随车在经历 B 段时间减速后,结束减速,在前导车要求后沿附近保持与前导车相近的速度继续跟驰行驶。

由状态 0 和状态 1 可得

$$L_0 + d_0 = L_1 + d_1 \tag{2.32}$$

其中,d_0 是 A 段时间内前导车的行驶距离:

$$d_0 = A\dot{X}_{L0} + \frac{A^2}{2}\ddot{X}_L \tag{2.33}$$

d_1 是 A 段时间内跟随车的行驶距离:

$$d_1 = A\dot{X}_{F0} \tag{2.34}$$

将式(2.33)和式(2.34)代入式(2.32),可得

$$L_0 + A\dot{X}_{L0} + \frac{A^2}{2}\ddot{X}_L = L_1 + A\dot{X}_{F0} \tag{2.35}$$

由状态 0 和状态 2 可得

$$L_0 + d_3 = L_2 + d_2 \tag{2.36}$$

其中,d_3 是 $A + T$ 时间内前导车的行驶距离:

$$d_3 = (A+t)\dot{X}_{L0} + \frac{(A+t)^2}{2}\ddot{X}_L \tag{2.37}$$

d_2 是 $A+T$ 时间内跟随车的行驶距离：

$$d_2 = (A+t)\dot{X}_{F0} \tag{2.38}$$

将式(2.37)和式(2.38)代入式(2.36),可得

$$L_0 + (A+t)\dot{X}_{L0} + \frac{(A+t)^2}{2}\ddot{X}_L = L_2 + (A+t)\dot{X}_{F0} \tag{2.39}$$

将式(2.39)与式(2.35)相减,并代入关系式 $L_0 = X_{L0} = X_{F0}$、$\dot{X}_{F0} = \dot{X}_{L0}$ 和式(2.31),可得

$$\left(At + \frac{t^2}{2}\right)\ddot{X}_L = L_2 - 0.88X_{Fn} \tag{2.40}$$

由状态 2 和状态 3 可得

$$L_2 + d_5 = L_3 + d_4 \tag{2.41}$$

其中,d_5 是 B 段时间内前导车的行驶距离：

$$d_5 = E\dot{X}_{L2} + \frac{E^2}{2}\ddot{X}_L + (B-E)\dot{X}_{L3} \tag{2.42}$$

d_4 是 B 段时间内跟随车的行驶距离：

$$d_4 = B\dot{X}_{F2} + \frac{B^2}{2}\ddot{X}_F \tag{2.43}$$

将式(2.42)和式(2.43)代入式(2.41),可得

$$L_2 + E\dot{X}_{L2} + \frac{E^2}{2}\ddot{X}_L + (B-E)\dot{X}_{L3} = L_3 + B\dot{X}_{F2} + \frac{B^2}{2}\ddot{X}_F \tag{2.44}$$

由式(2.40)和式(2.44)可得

$$\ddot{X}_F = \frac{2}{B^2}\left[\frac{E^2}{2At+t^2}(L_2 - 0.88X_{Fn}) + E\dot{X}_{L2} - B\dot{X}_{F2} + (B-E)\dot{X}_{L3} + L_2 - L_3\right] \tag{2.45}$$

在 $E \leqslant B$ 的情况下,当跟随车还在减速时,前导车先减速结束进入 $\dot{X}_{L3}$ 状态,有

$$\dot{X}_{L3} = \dot{X}_{L2} + E\ddot{X}_L \tag{2.46}$$

将式(2.46)代入式(2.45),可得

$$\ddot{X}_F = \frac{2}{B^2}\left[\frac{2BE-E^2}{2At+t^2}(L_2 - 0.88X_{Fn}) + B(\dot{X}_{L2} - \dot{X}_{F2}) + L_2 - L_3\right] \tag{2.47}$$

设 $A = a_0 t$,$B = b_0 t$,$E = e_0 t$,并代入式(2.47),可得

$$\ddot{X}_F = \frac{2}{b_0^2 t^2}\frac{2b_0 e_0 - e_0^2}{2a_0 + 1}(L_2 - 0.88X_{Fn}) + \frac{2}{b_0 t}(\dot{X}_{L2} - \dot{X}_{F2}) + \frac{2}{b_0^2 t^2}(L_2 - L_3)$$

$$\tag{2.48}$$

2.4.2　加速运动分子跟驰状态方程

加速运动分子跟驰模型与减速运动相似,可将其分为状态 0、状态 1、状态 2 和状态 3 四个状态。假设前导车由于某种原因做匀加速运动,即加速度是定值,在四个状态中都一样,$\ddot{X}_L = \ddot{X}_{L0} = \ddot{X}_{L1}$。跟随车也做匀加速运动,$\ddot{X}_F = \ddot{X}_{F2}$,$\ddot{X}_L$ 不一定等于 $\ddot{X}_F$。

状态 0 即原始跟随状态:L_0、X_{L0} 和 X_{F0} 表示的意义同 2.4.1 节。跟随车在跟随速度 $\dot{X}_F$ 下的需求安全距离为 X_{Fn},其表达式同式(2.30)。

假设车辆是平衡跟随行驶的,即前导车与跟随车速度相同,$\dot{X}_{F0} = \dot{X}_{L0}$,车间距等于两车的需求安全距离,$L_0 = X_{L0} = X_{F0}$。从该时刻起,前导车开始以 $\ddot{X}_L$ 的加速度做匀加速运动,经 A 段时间后进入状态 1。

状态 1 是反应开始状态:前导车加速至 $\dot{X}_{L1}$,与跟随车的车间距离增加至 L_1。驾驶员可辨识的距离变化在 12% 以上,假设此时距离增加了 12%,即

$$L_1 = (1 + 12\%) X_{Fn} = 1.12 X_{Fn} \tag{2.49}$$

从该时刻起跟随车驾驶员开始反应。

状态 2 是加速开始状态:经过 t 时间后,跟随车需求前沿已经超过了前导车,跟随车辆开始加速,此时两车间距为 L_2。经过 B 段时间后进入状态 3,前导车在 E 段时间后加速结束,匀速行驶。一般来讲,跟随车对前导车的反应总是滞后的,即反应开始滞后,动作结束也是滞后的。E 总比 B 小,甚至可能是负值。在某些情况下,也存在 E 等于 B 的情况。

状态 3 是二次平衡状态:跟随车在经历 B 段时间加速后,结束加速,在前导车要求后沿附近保持与前导车相近的速度继续跟驰行驶。

加速运动的分子跟驰模型建立过程与减速运动类似,不再赘述,其最终表达式为

$$\ddot{X}_F = \frac{2}{b_0^2 t^2} \frac{2 b_0 e_0 - e_0^2}{2 a_0 + 1}(L_2 - 1.12 X_{Fn}) + \frac{2}{b_0 t}(\dot{X}_{L2} - \dot{X}_{F2}) + \frac{2}{b_0^2 t^2}(L_2 - L_3)$$

$$\tag{2.50}$$

加速状态过程如图 2.11 所示。

2.4.3　分子跟驰模型状态方程统一表达形式

对于跟驰行为,无论是加速运动还是减速运动,其行为变化都经过四个状态。综合式(2.48)和式(2.50),分子跟驰模型的统一表达形式写为

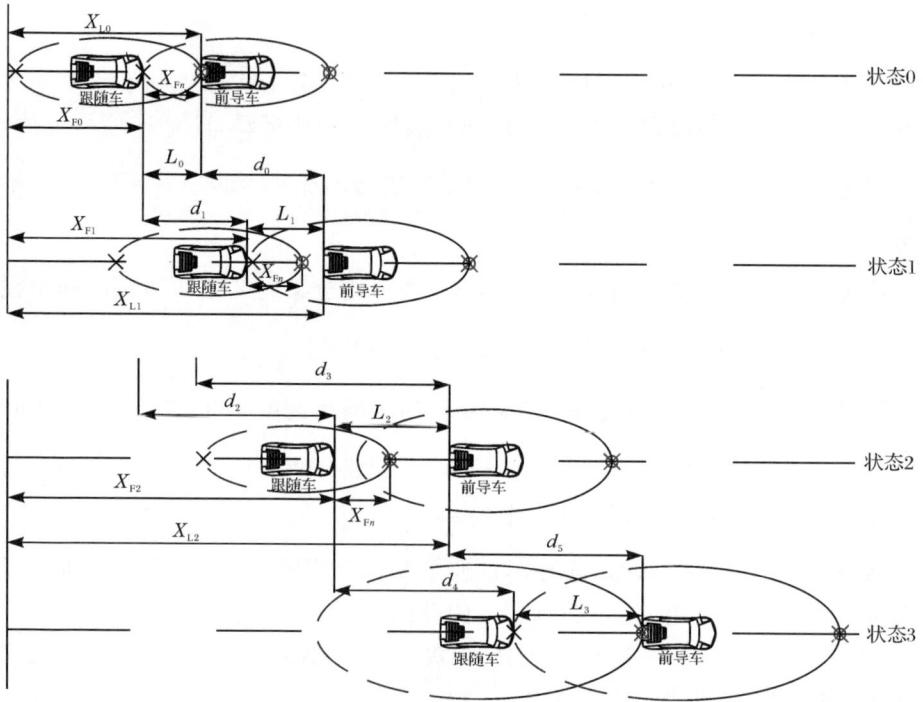

图 2.11　分子跟驰模型加速示意图

$$\ddot{X}_F = \frac{2}{b_0^2 t^2} \frac{2b_0 e_0 - e_0^2}{2a_0 + 1} \left[L_2 - (1 \pm 0.12) X_{Fn}\right] + \frac{2}{b_0 t} (\dot{X}_{L2} - \dot{X}_{F2}) + \frac{2}{b_0^2 t^2} (L_2 - L_3)$$

$$(2.51)$$

　　从式(2.51)中可以看出,单就车间距离变化看,车间距变化在12%以内时,跟随车无法辨识。当车距变化大于12%后,驾驶员才针对车间距做出反应。式(2.51)的描述符合驾驶员的交通特性,但过于繁琐。为简化方程,现忽略状态1。

　　如驾驶员的交通特性所介绍的,反应时间是指驾驶员感知信号,经过辨认、判断、采取动作并使动作发生效果所需要的时间,记为 T。本书在模型中的时间 t 是驾驶员经过对12%的车距变化辨认之后到跟随车开始制动的时间,是反应时间的一部分。也就是说,时间 t 和辨认时间 A 之和等于反应时间 T：

$$T = t + A \qquad\qquad (2.52)$$

即由状态0到状态2的时间为反应时间。

　　由状态0和状态2可得

$$L_0 + d_3 = L_2 + d_2 \qquad\qquad (2.53)$$

其中,d_3 是反应时间 T 内前导车的行驶距离：

$$d_3 = T\dot{X}_{L0} + \frac{T^2}{2}\ddot{X}_L \tag{2.54}$$

d_2 是反应时间 T 内跟随车的行驶距离：

$$d_2 = T\dot{X}_{F0} \tag{2.55}$$

将式(2.54)和式(2.55)代入式(2.53)，可得

$$L_0 + T\dot{X}_{L0} + \frac{T^2}{2}\ddot{X}_L = L_2 + T\dot{X}_{F0} \tag{2.56}$$

化简式(2.56)，可得

$$\frac{T^2}{2}\ddot{X}_L = L_2 - X_{Fn} \tag{2.57}$$

将式(2.57)代入式(2.44)，可得

$$\ddot{X}_F = \frac{2}{B^2}\left[\frac{E^2}{T^2}(L_2 - X_{Fn}) + E\dot{X}_{L2} - B\dot{X}_{F2} + (B-E)\dot{X}_{L3} + L_2 - L_3\right] \tag{2.58}$$

将式(2.46)代入式(2.58)，可得

$$\ddot{X}_F = \frac{2}{B^2}\left[\frac{2BE-E^2}{T^2}(L_2 - X_{Fn}) + B(\dot{X}_{L2} - \dot{X}_{F2}) + L_2 - L_3\right] \tag{2.59}$$

设 $B=bT$、$E=eT$，代入式(2.59)，可得

$$\ddot{X}_F = \frac{4be-2e^2}{b^2 T^2}(L_2 - X_{Fn}) + \frac{2}{bT}(\dot{X}_{L2} - \dot{X}_{F2}) + \frac{2}{b^2 T^2}(L_2 - L_3) \tag{2.60}$$

为了更好地描述驾驶员对刺激的反应，引入无量纲的 η、γ 和 ρ，对式(2.60)中后两项做如下变换，有

$$\frac{2}{b^2 T^2}\left[\eta(L_2 - X_{Fn}) + \gamma T(\dot{X}_{L2} - \dot{X}_{F2}) + \rho(L_3 - L_2)\right]$$

$$= \frac{2}{b^2 T^2}\left[(2be-e^2)(L_2 - X_{Fn}) + (bT\dot{X}_{L2} - bT\dot{X}_{F2}) + (L_2 - L_3)\right] \tag{2.61}$$

设 $L_2 - X_{Fn} = k(L_3 - L_2)$、$\dot{X}_{L2} = p\dot{X}_{F2}$［对于减速度，设 $T\dot{X}_{F2} = q(L_2 - L_3)$；对于加速度，设 $T\dot{X}_{F2} = q(L_3 - L_2)$］，$k$、$p$、$q$ 均大于 0 且小于等于 1，代入式(2.61)可得

$$[\eta k + \gamma q(1-p) + \rho](L_3 - L_2) = [k(2be-e^2) + bq(1-p) - 1](L_3 - L_2) \tag{2.62}$$

当驾驶员只考虑 $L_2 - X_{Fn}$ 因素时，$\gamma \to 0$、$\rho \to 0$，则有

$$\eta_{max} k = k(2be-e^2) + bq(1-p) - 1 \tag{2.63}$$

$\dfrac{2\eta_{max}}{b^2 T^2} = \dfrac{2}{b^2 T^2}\dfrac{k(2be-e^2) + bq(1-p) - 1}{k}$ 为驾驶员对 $(L_2 - X_{Fn})$ 的最大反应强度。

式(2.63)两边同乘以 $\dfrac{1}{m}$：

$$\frac{\eta_{max}}{m}k = \frac{1}{m}\left[k(2be - e^2) + bq(1-p) - 1\right] \tag{2.64}$$

当驾驶员只考虑 $\dot{X}_{L2} - \dot{X}_{F2}$ 因素时，$\eta \rightarrow 0$、$\rho \rightarrow 0$，则有

$$\gamma_{max}q(1-p) = k(2be - e^2) + bq(1-p) - 1 \tag{2.65}$$

$\dfrac{2\gamma_{max}}{b^2 T} = \dfrac{2}{b^2 T}\dfrac{k(2be - e^2) + bq(1-p) - 1}{q(1-p)}$ 为驾驶员对 $\dot{X}_{L2} - \dot{X}_{F2}$ 的最大反应强度。

式(2.65)两边同乘以 $\dfrac{1}{n}$：

$$\frac{\gamma_{max}}{n}q(1-p) = \frac{1}{n}\left[k(2be - e^2) + bq(1-p) - 1\right] \tag{2.66}$$

当驾驶员只考虑 $L_3 - L_2$ 因素时，$\eta \rightarrow 0$、$\gamma \rightarrow 0$，则有

$$\rho_{max} = k(2be - e^2) + bq(1 - p) - 1 \tag{2.67}$$

$\dfrac{2\rho_{max}}{b^2 T^2} = \dfrac{2}{b^2 T^2}[k(2be - e^2) + bq(1-p) - 1]$ 是驾驶员对 $L_3 - L_2$ 的最大反应强度。

式(2.67)两边同乘以 $\dfrac{1}{h}$：

$$\frac{\rho_{max}}{h} = \frac{1}{h}\left[k(2be - e^2) + bq(1-p) - 1\right] \tag{2.68}$$

将式(2.64)、式(2.66)和式(2.68)相加，得

$$\frac{\eta_{max}}{m}k + \frac{\gamma_{max}}{n}q(1-p) + \frac{\rho_{max}}{h} = \left(\frac{1}{m} + \frac{1}{n} + \frac{1}{h}\right)\left[k(2be - e^2) + bq(1-p) - 1\right] \tag{2.69}$$

设 $m \geqslant 1$、$n \geqslant 1$、$h \geqslant 1$，且 $\dfrac{1}{m} + \dfrac{1}{n} + \dfrac{1}{h}$，则式(2.69)可写为

$$\begin{cases} \dfrac{\eta_{max}}{m}k + \dfrac{\gamma_{max}}{n}q(1-p) + \dfrac{\rho_{max}}{h} = k(2be - e^2) + bq(1-p) - 1 \\ \dfrac{1}{m} + \dfrac{1}{n} + \dfrac{1}{h} = 1 \end{cases} \tag{2.70}$$

比较式(2.62)和式(2.69)，可以得到

$$\eta = \frac{\eta_{max}}{m} = \frac{k(2be - e^2) + bq(1-p) - 1}{mk} \tag{2.71}$$

$$\gamma = \frac{\gamma_{max}}{n} = \frac{k(2be - e^2) + bq(1-p) - 1}{nq(1-p)} \tag{2.72}$$

$$\rho = \frac{\rho_{max}}{h} = \frac{k(2be - e^2) + bq(1-p) - 1}{h} \tag{2.73}$$

式中，$\dfrac{1}{m} \leqslant 1$、$\dfrac{1}{n} \leqslant 1$、$\dfrac{1}{h} \leqslant 1$，分别是 $(L_2 - X_{Fn})$、$(\dot{X}_{L2} - \dot{X}_{F2})$、$(L_3 - L_2)$ 在对驾驶员刺激中所占的权重。

将式(2.61)、式(2.71)～式(2.73)代入式(2.60),可得减速度的方程:

$$\ddot{X}_F = \frac{2\left[k(2be-e^2)+bq(1-p)-1\right]}{mkb^2T^2}(L_2-X_{Fn})$$

$$+\frac{2\left[k(2be-e^2)+bq(1-p)-1\right]}{nq(1-p)b^2T}(\dot{X}_{L2}-\dot{X}_{F2})$$

$$+\frac{2\left[k(2be-e^2)+bq(1-p)-1\right]}{hb^2T^2}(L_3-L_2) \tag{2.74}$$

将式(2.74)写成式(2.29)的形式:

$$\begin{cases} \ddot{X}_F=\lambda_0(L_2-X_{Fn})+\lambda_1(\dot{X}_{L2}-\dot{X}_{F2})+\lambda_2(L_3-L_2) \\[2mm] \lambda_0=\dfrac{2\left[k(2be-e^2)+bq(1-p)-1\right]}{mkb^2T^2} \\[3mm] \lambda_1=\dfrac{2\left[k(2be-e^2)+bq(1-p)-1\right]}{nq(1-p)b^2T} \\[3mm] \lambda_2=\dfrac{2\left[k(2be-e^2)+bq(1-p)-1\right]}{hb^2T^2} \end{cases} \tag{2.75}$$

同理,可得加速度方程:

$$\begin{cases} \ddot{X}_F=\lambda_0(L_2-X_{Fn})+\lambda_1(\dot{X}_{L2}-\dot{X}_{F2})+\lambda_2(L_3-L_2) \\[2mm] \lambda_0=\dfrac{2\left[k(2be-e^2)+bq(p-1)-1\right]}{mkb^2T^2} \\[3mm] \lambda_1=\dfrac{2\left[k(2be-e^2)+bq(p-1)-1\right]}{nq(p-1)b^2T} \\[3mm] \lambda_2=\dfrac{2\left[k(2be-e^2)+bq(p-1)-1\right]}{hb^2T^2} \end{cases} \tag{2.76}$$

由式(2.75)和式(2.76)可见,跟随车反应的刺激有三项,分别是车间距离与跟随车需求安全距离之差(距离差项);前导车车速与跟随车车速之差(速度差项);跟随车运动状态改变时距前导车的距离与二次平衡时两车车距之差(预测项)。因为在跟随车运动状态开始改变的时刻(状态 2),跟随车对二次平衡的车距并不知道,只能是跟随车驾驶员根据前导车的减速度判断前导车的运动状态(是缓慢减速还是紧急制动),预测将来应该与前导车保持的距离。

对减速度来说,$\dot{X}_{L2}<\dot{X}_{F2}$,所以 $1-p>0$,显然 λ_0、λ_1、λ_2 的分母均大于 0,分子相同,则 λ_0、λ_1、λ_2 均同号。由式(2.75)可见,$\ddot{X}_F$、(L_2-X_{Fn})、$(\dot{X}_{L2}-\dot{X}_{F2})$、$(L_3-L_2)$ 都为负值,容易推得 λ_0、λ_1、λ_2 均为正值。同理可知,对加速度来说,λ_0、λ_1、λ_2 也均为正值。

λ_0、λ_1、λ_2 均为正值,说明驾驶员对距离差项、速度差项和预测项的反应是同向的。即对某一单项来说,这一项为正值,则跟随车驾驶员做加速反应;这一项为负值,则跟随车驾驶员做减速反应。当前导车减速,实际距离小于跟随车需求安全距离,前导车速度小于跟随车,预测二次平衡车距小于动作前车距,则驾驶员要采取减速措施。方程还可以反应驾驶员对紧急制动的反应,当前导车紧急制动时,跟随车驾驶员确认前导车是紧急制动,会预测到二次平衡车距 L_3 很小,因此,预测项差值很大,反应到式(2.75)可见,驾驶员采取的制动减速度很大,正好印证了此时驾驶员对紧急制动的反应。

在紧急制动时,预测项的权重占的比例比较大,也说明此时驾驶员关注更多的是紧急制动这种状态。而驾驶员对紧急制动的反应在距离差项和速度差项上是不能明显体现出来的。两车距离较远时,当前导车减速,车速比跟随车小,速度模型描述的跟随车反应是减速。而在分子模型中,距离差项的值为正,并且要远远大于速度差项,而此时跟随车驾驶员更多关注的是与前导车的距离,即距离差项占的权重比较大,速度差项和预测项占得权重很小。反应到式(2.75)可见,即便是在前导车比跟随车速度小的情况下,跟随车驾驶员也会采取加速的措施,以缩短与前导车的车距,这也符合实际情况。

仿照分子跟驰状态方程的形式,可以将分子跟驰模型的形式写为

$$\ddot{X}_F = \frac{\lambda_3}{mT^2}(L - X_{Fn}) + \frac{\lambda_4}{nT}(\dot{X}_L - \dot{X}_F) + \frac{\lambda_5}{hT^2}(L_3 - L) \qquad (2.77)$$

式中,L 为即时车间距,m;$\dot{X}_L$ 为前导车即时车速,m/s;$\dot{X}_F$ 为跟随车即时车速,m/s;X_{Fn} 为跟随车在 X_F 速度下的需求安全距离,m;L_3 为二次平衡车间距,m;m、n、h 的意义同上;λ_3、λ_4、λ_5 需要由实验得到。

2.5　分子跟驰流量密度模型

由式(2.77)推导速度-密度的关系非常复杂,且并不实用。我们从车辆的跟驰状态入手寻求分子跟驰模型的速度和密度关系。在稳态流中,选择安全距离是改变车辆运动状态的原因,跟随车运动状态的变化是其寻求与前导车一个有效安全距离的表现,即跟随车总是在调节车速,以便使其需求前沿尽量落在前导车车尾的同时,又恰好到达前导车的要求后沿附近,也就是二次平衡状态。从车队的整体上看,车队总是从一个平衡状态到另一个平衡状态,只不过车队的局部有自己的步调,局部之间的步调不尽相同。跟随车这种选择安全距离的特性表明,跟随车总是围绕着选择安全距离上下波动,由此可通过简化得到车流的距离速度模型方程:

$$s_0 = l + X_n = l + \beta V_L + \alpha V_L^2 \qquad (2.78)$$

因为在车流中的每辆车都兼有前导车和跟随车的身份,所以分子跟驰距离-

速度模型可写为

$$s_0 = l + \beta V + \alpha V^2 \tag{2.79}$$

式中，s_0 为车头间距，m；l 为车长或停车车头间距，m。

将式(2.79)写成速度-车头间距的形式，有

$$V = \frac{\beta}{2\alpha}\left[-1 + \sqrt{1 + \frac{4\alpha}{\beta^2}(s_0 - l)}\right] \tag{2.80}$$

已知交通流中的密度与车头间距是倒数的关系，即

$$s_0 = k^{-1} \tag{2.81}$$

对于停车流，其车头间距 l 由车辆长度和车辆间的停车车距组成，通常称为车辆的有效长度。对应于 l 的密度 k_j 称为阻塞密度，则有

$$l = k_j^{-1} \tag{2.82}$$

将式(2.81)和式(2.82)代入式(2.80)，得

$$V = \frac{\beta}{2\alpha}\left[-1 + \sqrt{1 + \frac{4\alpha}{\beta^2}(k^{-1} - k_j^{-1})}\right] \tag{2.83}$$

设 $\alpha = \alpha_0 l$、$\beta = \beta_0 l$，代入式(2.83)得到速度-密度关系式：

$$V = \frac{\beta_0}{2\alpha_0}\left[-1 + \sqrt{1 + \frac{4\alpha_0}{\beta_0^2}\left(\frac{k_j}{k} - 1\right)}\right] \tag{2.84}$$

由流量是速度和密度的乘积($q = kv$)可得流量密度方程：

$$q = \frac{\beta k}{2\alpha}\left[-1 + \sqrt{1 + \frac{4\alpha}{\beta^2}(k^{-1} - k_j^{-1})}\right] = \frac{\beta_0}{2\alpha_0}\left[-k + \sqrt{k^2 + \frac{4\alpha_0}{\beta_0^2}(k_j k - k^2)}\right] \tag{2.85}$$

可将式(2.85)进一步化为

$$q = \frac{\beta_0 k_j}{2\alpha_0}\left[-\frac{k}{k_j} + \sqrt{\left(\frac{k}{k_j}\right)^2 + \frac{4\alpha_0}{\beta_0^2}\left(\frac{k}{k_j}\right)\left(1 - \frac{k}{k_j}\right)}\right] \tag{2.86}$$

记 $q_0 = \frac{\beta_0 k_j}{2\alpha_0}$，$\tau = \frac{4\alpha_0}{\beta_0^2}$，代入式(2.86)得

$$q = q_0\left\{-kk_j^{-1} + \left[(kk_j^{-1})^2 + \tau(kk_j^{-1})(1 - kk_j^{-1})\right]^{\frac{1}{2}}\right\} \tag{2.87}$$

相对于以速度差建立的流量-密度的速度流量密度模型，以需求安全距离建立的流量-密度模型称为距离流量密度模型。

式(2.87)中大括号内的部分对 kk_j^{-1} 求导，并使之等于 0，则可以解得

$$kk_j^{-1} = \frac{\sqrt{\tau} - \tau}{2(1 - \tau)} \tag{2.88}$$

将式(2.88)代入式(2.87)，可解得最大流量：

$$q_{max} = q_0\frac{\tau}{2(1 - \sqrt{\tau})} = k_j(\beta_0 + 2\sqrt{\alpha_0}) \tag{2.89}$$

通过 $q_n = \dfrac{q}{q_{\max}}$，$k_n = \dfrac{k}{k_j}$ 进行标准化，可以得到不同的 τ 值所对应的流量-密度关系曲线[11]，如图 2.12 所示。

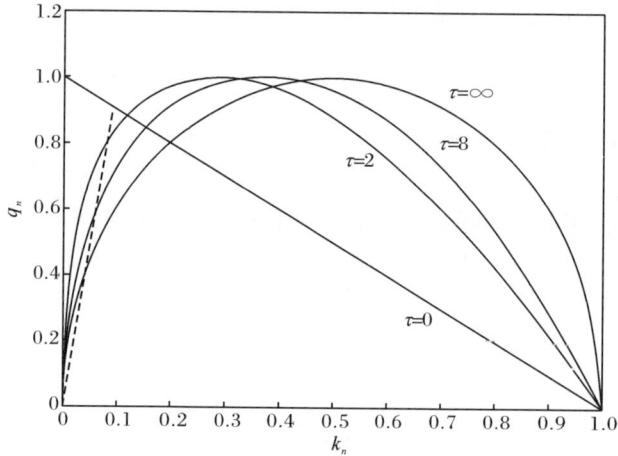

图 2.12　分子跟驰模型流量-密度曲线图

从图 2.12 可以看出，这些曲线与速度模型描述的曲线大体相近。虚线代表低密度交通流标准流量与标准密度的关系，它表示在低密度下，流量也会很大。这是因为在距离模型中，密度低表明车距大，由式(2.89)可知其速度很大，则单位时间通过观察截面的流量反而会增大。这是速度模型无法描述的，因此，距离模型能更好地描述密度趋近于零的小密度交通流的流量-密度状态。

2.6　本章小结

车辆之间的跟驰表现与分子间的力学表现存在一定的共性。本章从分子力学模型开始，分析分子间的力学关系和特征表现。论述了类似于分子之间力学关系的分子跟驰理论。对比已有的线性跟驰理论，建立了依据跟驰距离的分子跟驰数学模型。模型公式中包含了速度刺激项、距离刺激项和预测项，能更好地描述车辆跟驰的状态反应原因和过程。在此基础上，提出基于距离模型的流量-密度关系式。

参 考 文 献

[1] 张大昌,彭前程. 高中物理[M]. 北京:人民教育出版社,2007.
[2] 李迎峰,史忠科,周致纳. 基于时变期望车距与最大车速的跟驰模型[J]. 交通与计算机,

　　　2008,26(3):1—4.

[3] 张浩然,任刚,王炜. 基于相关分析和安全车距的跟驰模型[J]. 交通运输工程学报. 2007,
　　　7(1):73—75.

[4] 赵建玉,孙喜明,贾磊. 气体分子动力学交通流模型弛豫时间的改进[J]. 物理学报,2006,
　　　55(5):2306—2312.

[5] 潘登,郑应平. 基于双曲函数的车辆减速策略及安全跟驰车距的计算[J]. 交通与计算机,
　　　2007,25(5):54—58.

[6] Aarts L,Schagen I. Driving speed and the risk of road crashes:A review[J]. Accident Analy-
　　　sis and Prevention,2006,38(2):215—224.

[7] 贾洪飞,隽志才. 基于期望间距的车辆跟驰模型的建立[J]. 中国公路学报,2000,13(4):
　　　86—87.

[8] 王殿海. 交通流理论[M]. 北京:人民交通出版社,2002.

[9] Cyazis D C,Herman R,Potts R B. Car-following theory of steady state flow[J]. Operation
　　　Research,1959,7(4),499—505.

[10] Cyazis D C,Herman R,Rothery R W. Nonlinear follow-the-leader models of traffic flow
　　　[J]. Operation Research,1961,4(9):545—567.

第3章　车辆运行行为模型

国内外研究表明,基于单车道的跟驰模型较多,多车道上的跟驰研究较少。如果每辆车都是按规定行驶在道路的中心线上,这对相邻车道的相邻车的影响可以忽略。但是不难发现,由于驾驶技术、道路标志标线和车道宽度等因素的存在,道路上的许多车辆并不在中心线上行驶,这对相邻车道的相邻车会产生影响和干扰,且这种干扰不可忽视。车辆行为模型的研究是基于车辆运行产生的侧向干扰而进行的。

3.1　概　　述

跟驰理论的重要前提是车辆行驶在车道的中间,每辆车直接受前车的影响,且不允许超车。对道路交通进行定性观察,不难发现,并不是每辆车都行驶在道路的中心线上。而这些偏离中心线行驶的车辆将值得考虑,尤其在基于非车道行驶的主要地区。一些欠发展的地区很好地说明了这一点,路面状况较差,道路标志标线不完善以及驾驶行为不规范都是导致问题的背后原因[1]。即使在发达地区,车辆跟驰或超车行为中横向干扰也会产生作用,除非是车道标志标线划分非常清晰,车道足够宽,驾驶员驾驶技术非常好。

图 3.1 是记录青岛市区快速路车辆的中心位置示意图,车辆在车道内的横向位置符合正态分布。对搜集的青岛郊区数据做类似分析后发现,此分布不太规范。有些车行驶在车道线甚至在边缘线上,如图 3.1(b)所示。

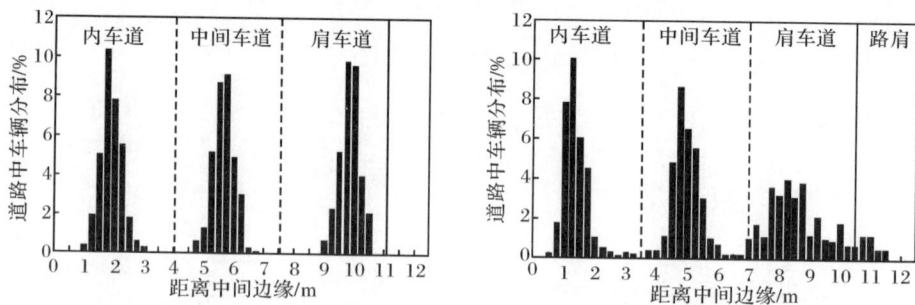

(a) 青岛市区快速路车辆中心位置示意图　　　　(b) 青岛郊区车辆中心位置示意图

图 3.1　车辆中心点所处横向位置示意图

　　针对许多车辆不在车道中心线行驶的现象,本书中总结了一些特征:①道路上车辆不规则的横向位置;②长时间行驶在车道线上;③利用路肩作为一个车道;④当侧向间隙受限制时速度可能被影响;⑤两连续车辆中心间隔越大,跟驰车头时距越短。

　　对之前收集的三组数据进行分析,观察在不同行车规范下的特点。在青银高速多车道上不间断交通流的直线部分选取一些点进行调查。图 3.2 表明超车车辆将通过被超车的横向位置来自我定位。至于侧向间隙 FC(图 3.2)和超车速度之间的关系,只要车辆不占用相邻车道,则在整齐的车流中超车车速保持不变,在不整齐的交通流中却呈现一种不同的现象,图 3.3 显示在不整齐的车流中,随着 FC 增大,超车速度变大。

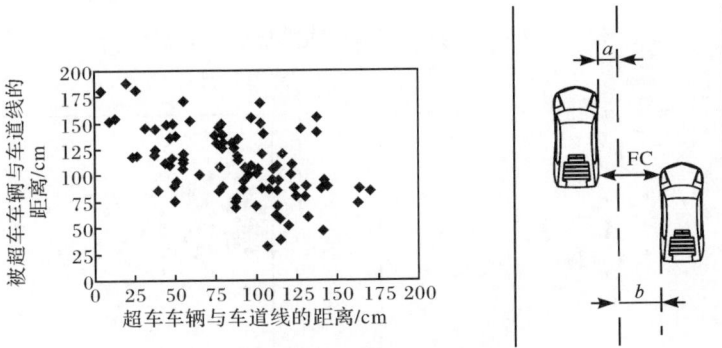

图 3.2　在双车道上相邻车的侧向干扰

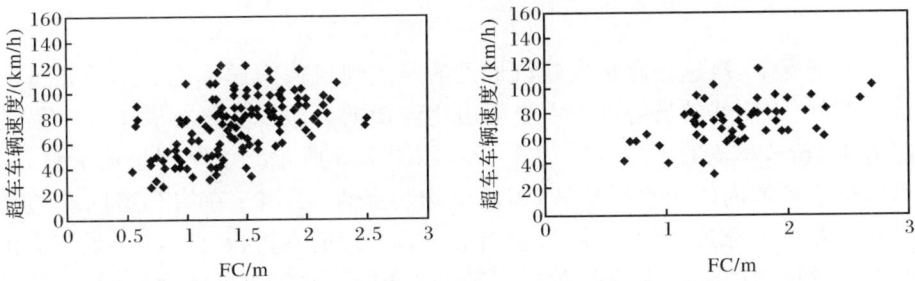

图 3.3　不同位置上 FC 与超车速度的关系

　　图 3.4 中描述了一种交叉跟驰的场景,其中,CS 是两辆连续车间的中心线间隔。若想探究两连续车辆之间横向间隙和车头时距的关系,则需要做进一步分析。在整齐的车流中,因为 CS 变化不明显,所以无法阐述。但是从不整齐的车流中可以发现,随着 CS 增大(图 3.5),车头时距变小。这就表明,当车辆间存在中心分离时,车辆倾向于保持较短的车头时距。其他地点获取的组数据同样体现出类

似的变化趋势。

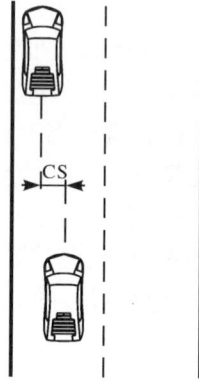

图 3.4　典型交叉车辆跟驰示意图

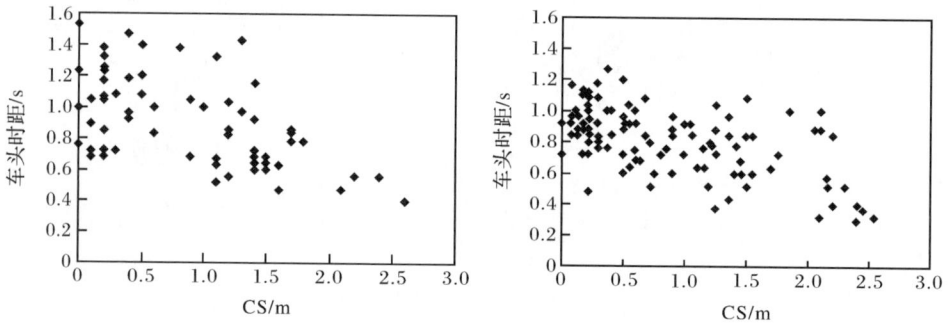

图 3.5　两辆连续车的车头间距与 CS 关系

　　一般情况下,高速公路标准建议最近的路边建筑或交通标志必须位于行车道一定距离外[2],使驾驶员心理上不受周边物体影响。假设车辆行驶中一个最佳侧间隙为 1.95m,车辆的平均宽度为 1.8m,如图 3.6 所示。一个理想情况就是,车辆可以位于车道内任何水平位置,需两个边界条件:①当 j 在肩车道的左边行驶时,i 可以尽可能靠近车道分界线;②当 j 在肩车道的右边行驶时,i 必须和 j 保持一个合适的横向间距(i 大多行驶在车道的右边)。这些边界条件显示:只要 j 不占用 i 车行驶的车道,i 最大就有 1.95m 自由的横向位移。换言之,如果确保必需的横向位移,i 可以超越 j 并维持目前的速度,而不是减速。如果没有任何空间让 i 向右行驶,j 占用 i 行驶的车道就会迫使 i 减小速度消除横向干扰(或甚至取消超车)。当 j 是大型车时,这种情况更为明显。

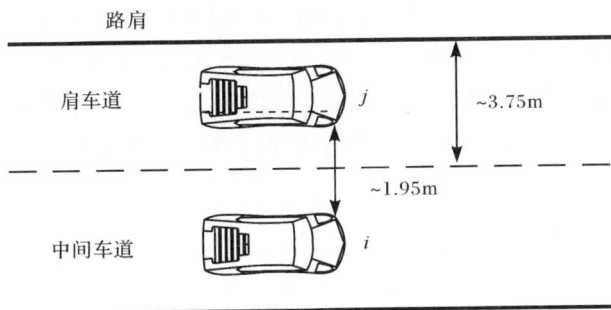

图 3.6　典型的产生横向干扰的高速公路几何形状

3.2　考虑横向干扰的车辆跟驰模型

利用基于停车距离研究的方法建立基于非车道跟驰模型,在此定义为"交叉跟驰模型"。通过对其他著名的跟驰模型改进以阐述这种不按照车道行驶的现象。在一个基本的车辆跟驰示意图中(图 3.7),根据停车距离研究方法,跟随车在反应时间末的速度由式(1.4)计算得到。跟随车的纵向位置随着新速度值而变化。

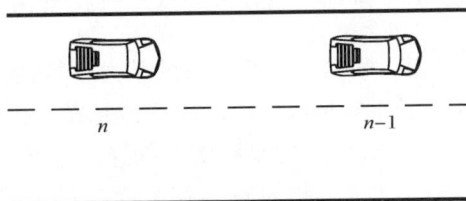

图 3.7　基本的车辆跟驰

本书的公式中,n 和 $n-1$ 分别代表跟随车和前导车。其中,n 是目标车,是后面章节中仿真程序的主体。

3.2.1　最大疏散速度和转向时间

在交叉跟驰行驶中,由于车辆偏离中心位置,跟随车不用完全跟驰最前面的车。也就是说,传统的跟驰模型是主要的前导车突然在 t 时刻准备减速最终停下来,跟随车在经过反应时间 τs 之后做出反应。但是在这种错列跟驰下,跟随车不必停在前导车后面,可以考虑把车转向前导车旁边的空间。此时,跟随车的目的就是通过疏散走廊避免发生追尾碰撞。与传统的跟车行为不同的是,跟随车不用减速至零。在交叉跟驰情况下,跟随车有机会转向并经过前导车。因此,最大允许速度主要由两个限制性因素决定:①车辆可以减速至(在超车时)疏散通道宽度最大允许速度;②应该允许跟随车有足够的时间转向外侧来避免追尾碰撞的速度。前者叫做最大疏散速度(maximum escape speed,MES),可以用在 3.2.2 节第一部分建模中;t_{veer}(转向时间)是构成后者的因素,将会用在第二部分建模中,如图 3.10 和图 3.11 所示。因此,两连续车辆之间的跟驰距离是关于疏散路径的宽度和他们偏离中心距离的一个函数(图 3.8)。

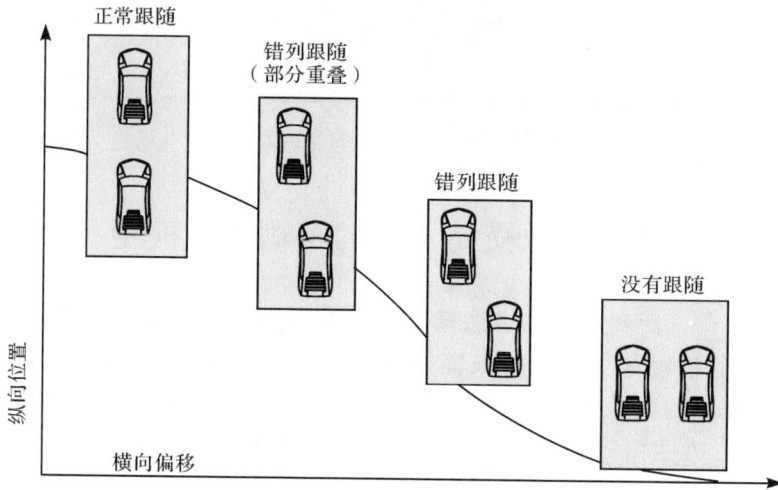

图 3.8　横向间距和跟驰距离关系的趋势图

　　为了更好地说明,图 3.9 概括了相互关系的动力学特性。图 3.9(a)描述的是 MES 小于前导车的速度,因此不足以让跟随车完成超车。既定时间内跟驰距离比基本跟驰的情况小。图 3.9(b)描述的是跟随车的速度不必恒定,但须大于前导车速度,且前导车的速度小于前导车侧向路径宽度允许的 MES。跟随车靠近前导车,意识车辆间的速度差并决定超过前导车,但是超车的速度受限于 MES。

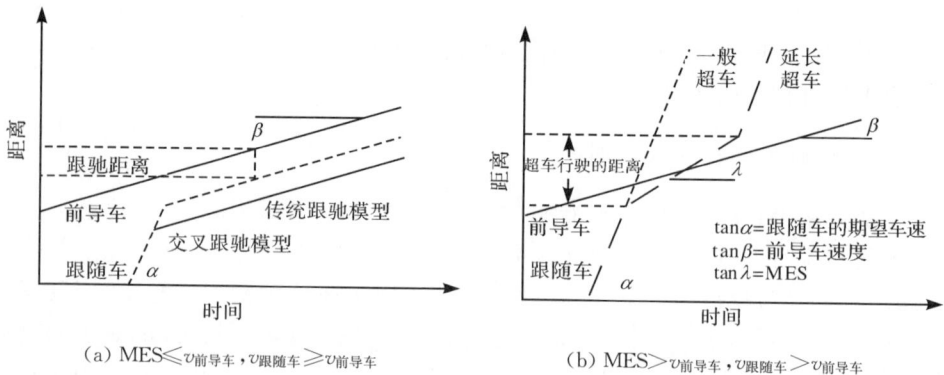

(a) MES≤$v_{前导车}$,$v_{跟随车}$≥$v_{前导车}$　　　　　(b) MES>$v_{前导车}$,$v_{跟随车}$>$v_{前导车}$

图 3.9　两种不同情况下交叉跟驰的时间-空间对比图

3.2.2　模型的建立

假设在标准车道和肩宽的道路上,驾驶员只能以车辆两侧有足够侧向间隙时的设计车速行进。新的跟驰模型将假设车辆速度受行驶路径宽度的影响,即图 3.10 的有效路径宽度(effective route width,ERW)。图 3.3 已经表明,FC 较大时,相邻车对正在超车的影响可以忽略。假设车辆两边的 FC 相同,因为实际驾驶过程,驾驶员倾向于行驶在路径中间。

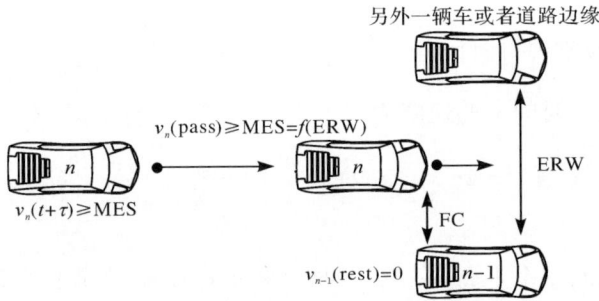

图 3.10　FC 影响下的车辆跟驰

从动力学角度,车辆的相互关系可以表示为

$$y_n(\text{pass}) = y_n(t) + \frac{v_n(t) + v_n(t+\tau)}{2}\tau - \frac{\text{MES}^2 - v_n^2(t+\tau)}{2b_n} \tag{3.1}$$

式中,$y_n(\text{pass})$ 为跟随车准备超越偏离中心位置停下的前导车时的纵向位置;$-\dfrac{\text{MES}^2 - v_n^2(t+\tau)}{2b_n}$ 为跟随车在减速过程中行驶的距离;其他参数含义同上。

为了安全跟驰,应该保证 $y_{n-1}(\text{rest}) - s_{n-1}$ 大于 $y_n(\text{pass})$,则

$$y_{n-1}(t) - \frac{v_{n-1}^2(t)}{2b_{n-1}} - s_{n-1} \geqslant y_n(t) + \frac{v_n(t) + v_n(t+\tau)}{2}\tau - \frac{\text{MES}^2 - v_n^2(t+\tau)}{2b_n}$$

$$\tag{3.2}$$

其中,$\{v_n(t+\tau)\}\theta$ 为安全界限,为了避免驾驶过程中因驾驶员错误判断而产生的误差,θ 在 Gipps 模型中被赋予 $\dfrac{\tau}{2}$,式(3.2)可以转化成式(3.3):

$$y_{n-1}(t) - \frac{v_{n-1}^2(t)}{2b_{n-1}} - s_{n-1} \geqslant y_n(t) + \frac{v_n(t) + v_n(t+\tau)}{2}\tau + v_n(t+\tau)\frac{\tau}{2}$$

$$- \frac{\text{MES}^2 - v_n^2(t+\tau)}{2b_n} \tag{3.3}$$

其中,$b_n < 0, b_{n-1} < 0$。整理式(3.3)可以得到

$$-\frac{v_n^2(t+\tau)}{2b_n} + \tau v_n(t+\tau) + \frac{\tau}{2}v_n(t) + \frac{\text{MES}^2}{2b_n} + \frac{v_{n-1}^2(t)}{2b_{n-1}} + y_n(t) - y_{n-1}(t) + s_{n-1} \leqslant 0$$

$$\tag{3.4}$$

式(3.4)是 $\alpha x^2+\beta x+\gamma\leqslant 0$ 的形式。

其中，

$$\begin{cases}\alpha=-\dfrac{1}{2b}\\ \beta=\tau\\ \gamma=\dfrac{\tau}{2}v_n(t)+\dfrac{\mathrm{MES}^2}{2b_n}+\dfrac{v_{n-1}^2(t)}{2b_{n-1}}+y_n(t)-y_{n-1}(t)+s_{n-1}\\ x=v_n(t+\tau)\end{cases} \tag{3.5}$$

式(3.4)的两个根可以通过 $\dfrac{-\beta\pm\sqrt{\beta^2-4\alpha\gamma}}{2a}$ 计算求出。这里不需要负速度值，所以跟随车在反应时间末的速度为

$$v_n(t+\tau)\leqslant b_n\tau+\sqrt{(b_n\tau)^2+2b_n\left\{\dfrac{\tau}{2}v_n(t)+\dfrac{\mathrm{MES}^2}{2b_n}+\dfrac{v_{n-1}^2(t)}{2b_{n-1}}+y_n(t)-y_{n-1}(t)+s_{n-1}\right\}} \tag{3.6}$$

为维持必需的安全距离，$v_n(t+\tau)$ 是跟随车在反应时间末不应该超出的最大速度，即疏散路径越宽，MES 越大。因此，随着 $v_n(t+\tau)$ 增大，需要的最小安全跟驰距离越短。需求不等式允许范围内选取的具体值用在仿真模型中，可以简单地假定它为一个等式。可当 MES 等于 0 时，式(3.6)的结果与式(1.4)一样。

当侧向偏移较明显时，需要做进一步的分析，如图 3.11 所示。此时的换道只是部分的，即完成一个必需的横向偏移而不是基于车道变换。此横向位移是车辆转向操纵避免与其他车辆发生碰撞所需的距离，为简单起见，假设跟随车可以完成减速并同时横向偏移。

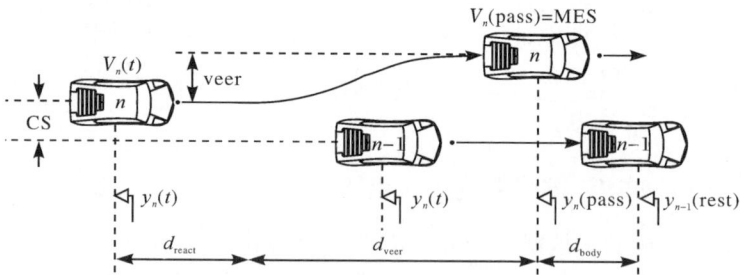

图 3.11　交叉跟驰中车辆紧急制动下跟随车运动变化示意图

对于前导车旁边的一个安全通道来说，跟驰应满足以下条件：

$$y_{n-1}(\mathrm{rest})-y_n(t)\geqslant d_{\mathrm{react}}+d_{\mathrm{veer}}+d_{\mathrm{body}} \tag{3.7}$$

式中，$d_{\mathrm{react}}=\dfrac{v_n(t)+v_n(t+\tau)}{2}\tau$，为反应时间内行驶的距离，m；$d_{\mathrm{veer}}=v_n(t+\tau)t_{\mathrm{veer}}-\dfrac{1}{2}b_n(t_{\mathrm{veer}})^2$，为在转向操作期间也许有一些减速行驶的距离，m。

为方便,将式(3.7)简化,令 $b_n = \dfrac{MES - v_n(t+\tau)}{t_{veer}}$,$t_{veer} = \dfrac{veer}{V_{veer}}$。其中,veer 是横向偏移量,$V_{veer}$ 是最大的横向偏移速度,可以从汽车操纵性能得知。

经过转换,改写为

$$\frac{v_n(t) + v_n(t+\tau)}{2}\tau + t_{veer}v_n(t+\tau) + \frac{1}{2}\frac{MES - v_n(t+\tau)}{t_{veer}}t_{veer}^2 + d_{body} \leqslant y_{n-1}(rest) - y_n(t)$$

(3.8)

整理式(3.8),得

$$\frac{\tau}{2}v_n(t+\tau) + t_{veer}v_n(t+\tau) - \frac{t_{veer}}{2}v_n(t+\tau) \leqslant y_{n-1}(rest) - y_n(t) - \frac{v_n(t)}{2}\tau - \frac{t_{veer}}{2}MES - d_{body}$$

(3.9)

化简式(3.9),得

$$\left(\frac{\tau}{2} + t_{veer} - \frac{t_{veer}}{2}\right)v_n(t+\tau) \leqslant y_{n-1}(rest) - y_n(t) - \frac{v_n(t)}{2}\tau - \frac{t_{veer}}{2}MES - d_{body}$$

(3.10)

为了完成必需的转向操作,跟随车在反应时间末的速度不应该超过式(3.11),即 veer 越大,安全跟驰距离越长。

$$v_n(t+\tau) \leqslant 2\frac{y_{n-1}(rest) - y_n(t) - \frac{v_n(t)}{2}\tau - \frac{t_{veer}}{2}MES - d_{body}}{t_{veer} + \tau}$$

(3.11)

式(3.6)或式(3.11)构成了新的形式。在提出的模型可适用范围内,仿真程序应该根据式(3.6)或式(3.11)调整跟随车速度。

3.3　系统仿真分析

3.3.1　仿真原理

利用 C++语言编辑程序来仿真上述模型。首先,当前 MES 是作为 FC 的一个函数计算得到。如果 FC<0.5m,则假设 MES 为 0,因为当 FC<0.5m 时,利用疏散路径是不现实的(记 MES 为 0,给出结果与传统的跟驰一样)。如果 FC 为 0.5~1.5m 时,可以利用图 3.3 中的数据。本程序对于既定的 FC,选取相应的速度值,通过数据拟合一个二阶曲线,公式见,其中,$R^2 = 0.35$。

$$MES = -17.2(FC)^2 + 77.6(FC) - 0.7, \quad 0.5 < FC < 1.5 \qquad (3.12)$$

如果 FC>1.5m,假设相邻车的影响可以忽略,MES 可认为与目标车当前速度相同,$v_n(t)$ 即跟随车的运动不受任何交叉的前导车所限制。

然后计算不同限制下的四种不同速度。目标车在反应时间末的速度 $v_n(t+\tau)$

是根据这些值其中一个计算得来。第一种是基于驾驶员的期望速度,不应超过此速度,只有当目标车的前面没有任何车(如穿越前导车之后),这个值才会用来比较;第二种是基于基本跟驰的情况,见式(1.4),前提是前导车与跟随车在一条直线上;对于第三种,前导车的速度和 MES 值是式(3.6)主要的限制因素;第四种约束是由式(3.11)计算得出,其中 t_{veer} 是以防前导车突然制动跟随车完成必要的侧向位移所需的时间。

通过计算 $v_n(t+\tau)$,目标车在反应时间末的纵向位置取决于以下的动力学关系:

$$y_n(t+\tau) = y_n(t) + v_n(t)\tau + \frac{1}{2}\frac{v_n(t+\tau) - v_n(t)}{\tau}\tau^2 \tag{3.13}$$

一般从车辆的操纵技术说明中获取车辆的平均最大加速度值,并与早期相似的仿真研究做比较,如 Gipps、Benekohal 等[3]。对于平均最大加速度的选择,Gipps 的选择中被认为是最恰当的,他用了一个正态分布(1.7m/s² 和 0.3m/s²)进行分析。类似地,车辆最大减速度大多视为最大加速度的值乘以 −2。为方便起见,τ(反应时间)选取 0.667s。

3.3.2　仿真结果

首先,图 3.12 揭示了不同干扰间隙值对应的空间-时间图,其中,跟随车初始速度为 90km/h,右边 y 轴表示相对速度,选取 FC=(ERW−跟随车的宽度)/2。为了方便起见,前导车的车辆行驶特性如期望速度、最大加速度等,与跟随车设定相同。跟随车假定一个较高的速度如 90km/h,最后遇到这两辆车时行驶速度为 30km/h。从图 3.12(a)可以明显看出,目标车更倾向于跟驰这两辆车,而不是超越。超越这两辆车被拒绝也是合理的,因为在较小间隙下,以 30km/h 的速度进行超车是不现实的。由于图中位置曲线的斜率实际上是车辆的速度,显然可以观察

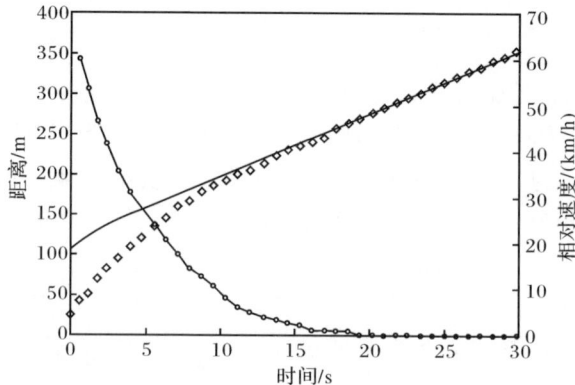

(a) FC=0.5m

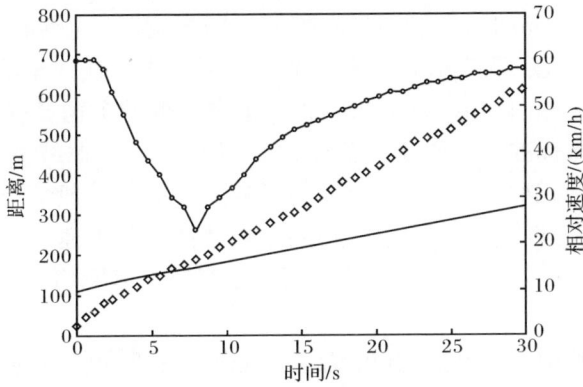

(b) FC=1m

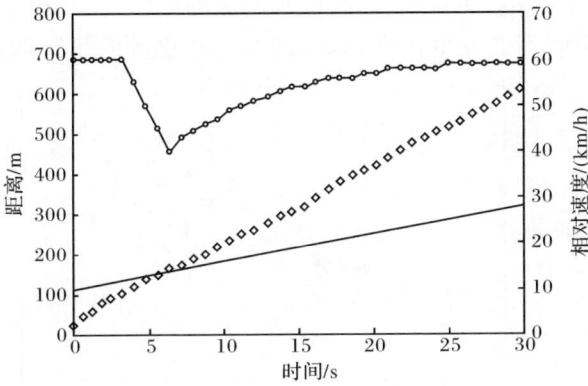

(c) FC=1.5m

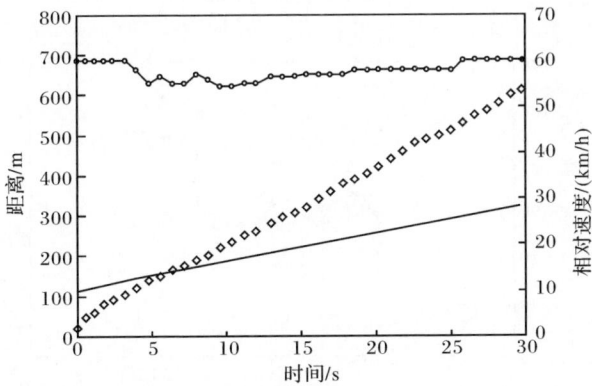

(d) FC=2m

图 3.12　不同 ERW 下车辆的仿真轨迹

到,当 FC 均大于 0.5m 时,车辆在超车期间有减速现象,这也可以从新的跟驰公式中获得。当 FC 大于 0.5m,目标车完成超车后不再受任何车限制,此时目标车不再是跟随车。但侧向间隙(为 4.0m,假设正在靠近的车辆宽度为 1.5m)或多或少地为车辆提供与标准道路宽度一样的空间。图 3.12(d)曲线显示在超车过程中稍微延迟,可能被两辆车对目标车速度的影响所打断。一般情况下,当状态是稳定时,可以观察到速度曲线上平滑的趋势。当需做一些加速或减速措施时,在速度曲线上会发生小的波动。同时,需要注意,当前导车速度趋于稳定时,这些波动属于跟随车。

在第二个试验中,进行仿真五次是为了获得五种不同随机的数目,图 3.13 为加速度、减速度、车辆宽度/长度、期望速度等参数选取随机值。为了更明显地观察这种影响,将前导车的速度限定为 30~50km/h,如图 3.13 所示。比较分析后,发现随着跟随车行驶路径宽度增大,跟随车的速度也增大。当 FC<0.5m,将不会获得任何结果,说明不会发生任何超车,即跟随车更倾向于跟随前导车。当

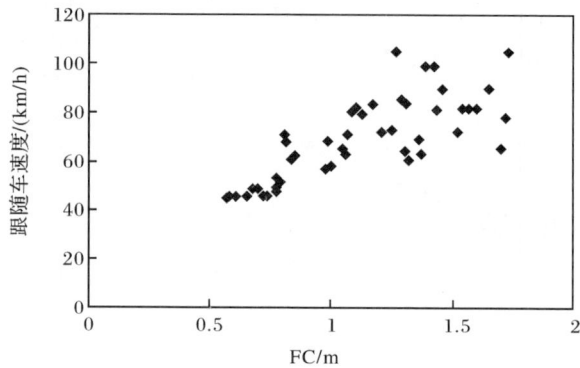

(a) 前导车速度=30km/h

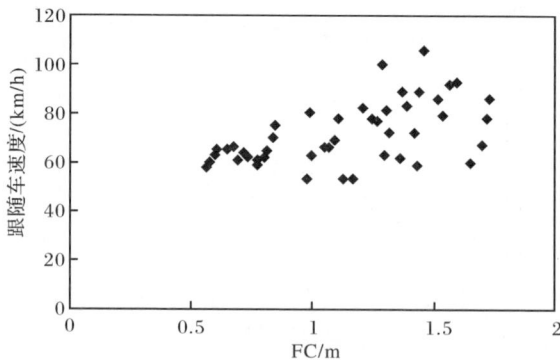

(b) 前导车速度=50km/h

图 3.13　FC 和超车速度的仿真关系图

FC>1.5m,速度似乎不会受到影响。

不同 CS 下的时间-空间-速度的关系如图 3.14 所示,跟随车初始速度为 90km/h,前导车为 30km/h。当只有一个前导车且跟随车不在道路的边缘,则不会有疏散通道,因此不会存在 MES 限制。所以,计算跟随车运动的主要因素是这些车辆中心线间隔的数值。根据结果,当 CS<2m,这种关系是一种传统的跟驰情况;当 CS 为 2~2.6m 时,发生交叉跟驰;当两辆车的横向分离为 2.8m 或者更大时,则不会有跟驰关系。

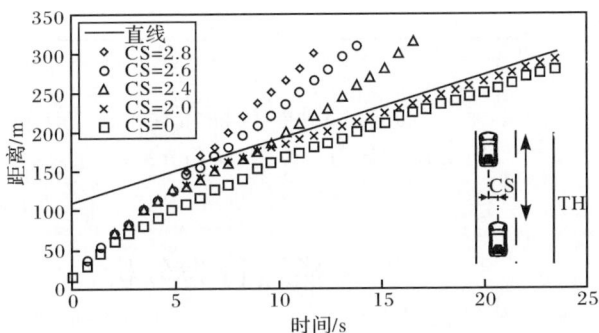

图 3.14 在不同 CS 下车辆的仿真轨迹(前导车速度=30km/h)

在时-空图中,两个轨迹曲线之间的垂直距离正是跟随车和前导车几何中心的纵向距离。除此之外,一个曲线仅代表一个仿真运行。当关注车头时距时,需要对输入作稍微修改(图 3.15)。为了反映现象的随机性,CS 每增加 10cm,仿真会运行 5 次获取 5 个不同随机的数目。图 3.15 揭示出随着 CS 增大而车头时距呈下降的关系。事实上,3.1 节中提及的数据就可以凭经验推测出此种趋势,且当 CS 为 0、1m 和 2m,TH 分别为 1.2s、1.0s 和 0.6s。尽管这种依据安全跟驰的车头时距得出的仿真结果有点保守,但是,证明了下降趋势。

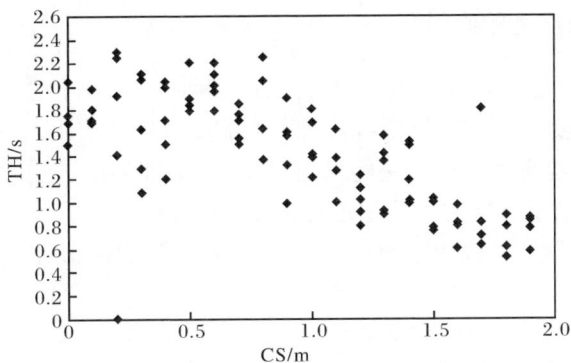

(a) 前导车速度=30km/h

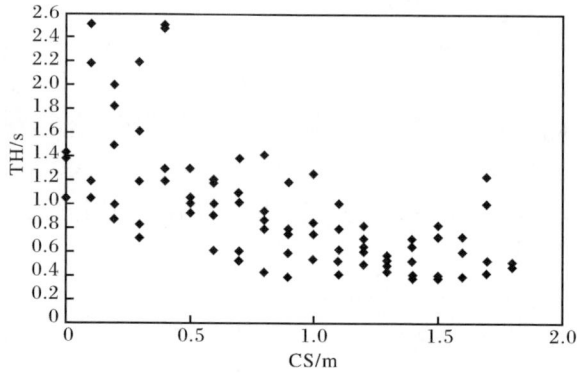

（b）前导车速度＝50km/h

图 3.15　CS 与车头时距的仿真关系

3.4　车辆换道行为分析

换道行为经常发生在道路交通的一些常见状态中，如排队、拥堵、消散等，突发状况的出现也会引起换道行为，如交通事故、车辆故障。频繁换道会产生交通扰动，对道路的通行能力和交通流的稳定性都会有影响，尤其在一些特殊的重要路段，如高速公路的进出口匝道等瓶颈路段。换道决策时需要考虑的因素很多，从而导致换道行为极其复杂且充满不确定性，驾驶员极有可能在此过程对换道可行性和安全性做出错误判断，从而使车辆处于潜在的危险之中，因此，换道行为是否适合时机直接关系到道路交通和驾驶员的安全。本章通过对换道产生的原因、换道的过程以及影响驾驶员换道的因素等方面进行深入研究，进一步为数学建模奠定基础。

3.4.1　换道行为产生的原因

驾驶员行驶过程中产生换道意图的原因多种多样，与很多因素相关，如道路几何线形、交通流运行状态、交叉口管理与控制、驾驶员的出行目的等。Gipps 在 1986 年较为系统地研究城市道路的换道模型，详细地列出了诱发换道的原因。本节在此基础上总结了可能引起换道的原因，具体如下：

（1）前方出现障碍物，如当前车道前方出现故障车辆、发生交通事故或前方封闭车道。

（2）当前车道的渠化将要结束。

（3）限制使用的车道，如公交专用道、禁行路段。

（4）车辆需在下一个交叉口转向。

（5）当前车道前方有大型车或载重车，其速度较慢且外形很大挡住驾驶员的视野，形成了信息盲区，目标车想提高车速及扩大视野。

（6）相邻车道出现较大间隙，行驶条件比当前车道优越。

（7）公交车在靠站时转向公交站点，出租车靠路边停车载客。

（8）前方交叉口红灯时驾驶员希望在排队在较短的队列。

（9）当前车道下游有匝道汇入或支路。

（10）快速路和高速公路的入口匝道合流以及出口匝道分流交织区中车辆合流和分流很频繁，目标车想避开这种情况而选择换道，如图 3.16 所示。

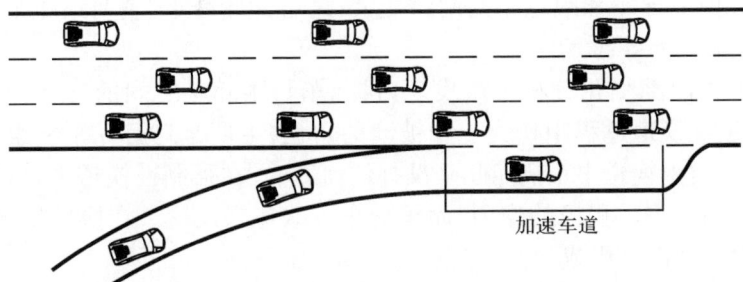

图 3.16　高速公路入口匝道换道

3.4.2　换道的类型

传统换道类型的分类方法是以换道需求为前提。但这类换道模型无法模拟出现实交通场景中车辆汇入的复杂性以及车辆间的交互行为，尤其在交通流密度很高甚至拥堵时更不能如实地体现换道交互性。因此，一个基于自主控制的换道模型在 SITRAS[4] 上发展和实施起来，其所阐述的模型消除了以前模型的缺点，以摄像机记录的车道变换数据为基础提出一些新概念。图 3.17 用于描述在一个换道策略中的相互关系。目标车打算从当前车道变换到目标车道，进入目标车道行驶车辆之间的间隙中：当换道完成时，目标车道的跟随车和前导车将会变成目标车的前导车和跟随车。

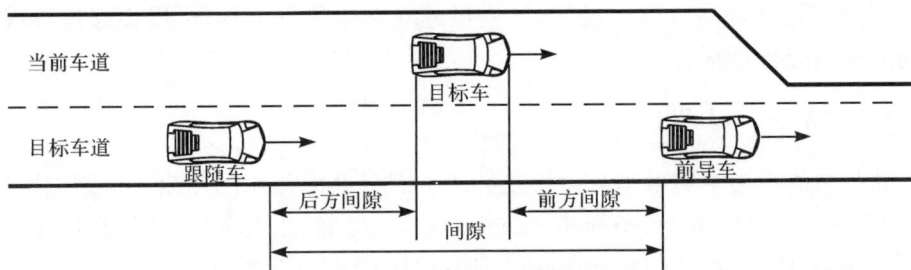

图 3.17　换道策略的基本情况

　　Hidas[5]对高速公路的近匝道、交织区处换道行为进行数据采集,并基于目标车道上前导车与跟随车的相对间隙变化对换道类型进行分类:

　　(1)自由换道。整个过程中与目标车道前导车和跟随车之间的间隙没有明显的变化,表明目标车对跟随车没有干扰。

　　(2)强制性换道。这种类型换道的间隙在汇入点之前和之后有一个明显的变化,即前导车和跟随车的间隙在汇入点之前不是恒定就是在缩小,当目标车汇入之后间隙会变大,表明目标车"强制"使跟随车减速。

　　(3)协助换道。这种换道的间隙在汇入点之前和之后有一个相反的变化,即在汇入点之前前导车和跟随车的间隙变大,之后开始减小,表明跟随车减速主动让目标车进入。

　　根据上述间隙变化分析不难发现,目标车与跟随车之间的交互行为是主因(前导车一般在换道过程中作为一个被动的角色,主要是对目标车和跟随车起限定作用)。在自由换道中车辆间几乎没有任何影响;在强制性换道中,目标车通过建立相互关系起主动积极的作用,而跟随车以减速来反应。在协助换道中,交互作用主要由三个部分组成:

　　(1)目标车表明其想进入目标车道。

　　(2)跟随车意识到这个情况,决定协助并减速从而为目标车换道创造空间。

　　(3)目标车发现跟随车做出让步,当间隙满足安全换道条件时则会执行换道操作。

　　因此,强制换道和协助换道的区别在于:强制换道是先强制地"汇入",后车"被迫"减速;而协助换道则是以目标车与目标车道的跟随车协商为基础,后车"主动"减速让出空挡,性质截然不同。

3.4.3　换道可行性分析

　　一般情况下,驾驶员心理、生理、性格等因素对换道影响较大,如果通过阈值来体现驾驶员心理-生理决策,大量交通实验和实际交通数据必不可少,如果从驾驶员的行为结果着手,换道试验数据获取相当困难。这时微观仿真模型是再现及验证复杂交通问题的有效途径,本节通过建立交通仿真工具,可以很好地再现换道前的决策分析过程。

　　1."驾驶员-车辆"行为体

　　驾驶员的行为主要由车辆和驾驶员两个因素共同作用的结果,一般称作"驾驶员-车辆"行为体(driver vehicle agent,DVA),也称为"人车模型"。其特征属性有:车辆的具体参数、驾驶员的生理-心理特性、受交通流量、路段特征、气候等环境影响等。

在微观仿真过程中,"驾驶员-车辆"行为体具有一系列目标:期望在最短的时间内到达目的地。为了尽快完成驾驶目标,驾驶员会采取一系列的驾驶策略(加速、减速、换道等),不同驾驶员所执行的策略也有所不同,主要取决于驾驶员的驾驶经验、性格、驾驶倾向性等特性。

2. 可行性标准

图 3.18 阐述换道模型中的基本概念。目标车期望进入目标车道中,即汇入前导车和跟随车之间。这种情况下安全换道的定义如下:

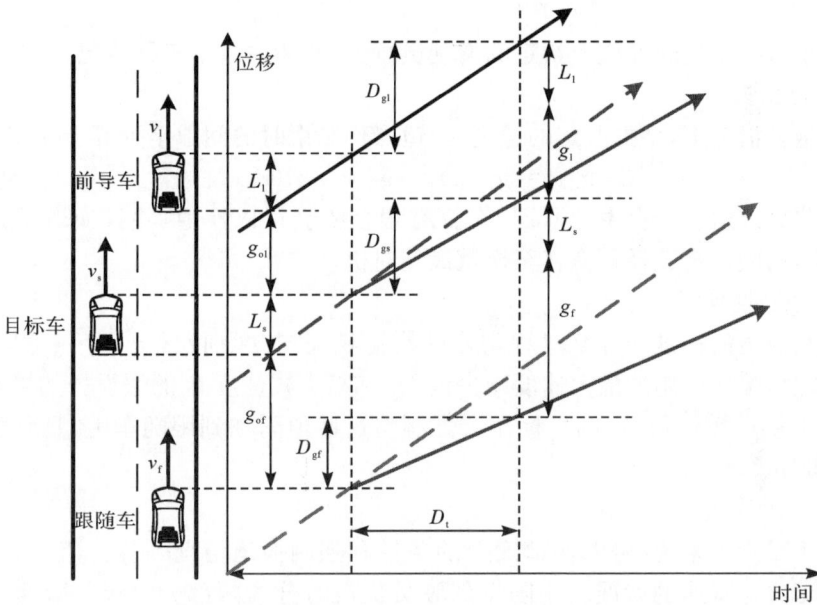

图 3.18　换道过程的位移-时间关系示意图

如果在汇入结束时,目标车可以进入目标车道,前方间隙(g_l)和后方间隙 g_f 不小于给定的最小可接受间隙:

$$g_l \geqslant g_{l,\min}, \qquad g_f \geqslant g_{f,\min} \tag{3.14}$$

在时间 D_t 内,换道完成时的间隙可在假定的速度下计算出来。如果假定所有的速度恒定,则

$$g_l = g_{ol} - v_s D_t + v_l D_t$$
$$g_f = g_{of} - v_f D_t + v_s D_t \tag{3.15}$$

如果目标车在操纵过程中以 b_s 减速(或加速),并假定跟随车将会以 b_f 减速($b_f \ll b_{\max}$):

$$g_1 = g_{ol} - \left(v_s D_t - \frac{b_s}{2D_t^2}\right) + v_1 D_t$$

$$g_f = g_{of} - \left(v_f D_t - \frac{b_f}{2D_t^2}\right) + \left(v_s D_t - \frac{b_s}{2D_t^2}\right) \tag{3.16}$$

在微观交通仿真中,模拟换道是一种瞬间行为,D_t 可认为等于仿真更新周期 1s,在这种情况下:

$$g_1 = g_{ol} - \left(v_s - \frac{b_s}{2}\right) + v_1$$

$$g_f = g_{of} - \left(v_f - \frac{b_f}{2}\right) + \left(v_s - \frac{b_s}{2}\right) \tag{3.17}$$

最小可接受间隙取决于给定的驾驶员行为,并考虑以下三种情况。

1) 自由换道

在这种情况下,根据假定的速度,换道操作结束时的间隙至少等于期望间距:

$$g_{1,min} = g_1(v_1), \qquad g_{f,min} = g_f(v_s) \tag{3.18}$$

这些标准适用于自由流状况,车辆有很多机会可以换道,并且换道不是很紧急,因此,驾驶员会选择等待直至换道最佳时机。

2) 强制性换道

强制换道的标准和计算过程与协助换道相同,其区别就是:目标车相对跟随车在给定情况下应用的最大速度减少量 D_v 和最大减速度 b_f 的假设。如果在这些设定值下换道操作可行,则目标车会强制将这些值附加到跟随车上,且跟随车会在换道时执行。

3) 协助换道

对于目标车来说,协助换道安全的条件和强制换道情况一样。但是,需要研究跟随车决定减速的状况。跟随车驾驶员决策时分为两部分:DVA 减速意愿的评估和对减速的可行性评估。

(1) DVA 减速意愿的评估。如果跟随车主动决定减速并让目标车在其前面行驶,在任何情况下这个行为对其行驶时间都有不利的影响,因为该行为与 DVA 的主要目标相矛盾:尽可能快地到达目的地。如果该行为存在,唯一合理的解释就是假设跟随车驾驶员理解换道操纵的困难,因为之前他/她有过相似的状况,所以他/她愿意提供帮助并期望当有人再有困难时其他人也会做相同的操作。这个意愿主要取决于:驾驶员的驾驶经验;跟随车驾驶员的“竞争性”参数;驾驶员的精神状态(是否处于紧急状况下或被其他事务干扰等);跟随车进行换道操作的“必要性”和“紧急性”;下游交通条件,例如,现场观察显示当他们遇到红灯必须停下时,司机都愿意减速。

(2) 对减速的可行性评估。在减速期间,通过可接受的减速度率和速度减少量可计算出 D_t:

$$D_t = \frac{D_v}{b_f} \tag{3.19}$$

注意:这个时间可能超过 1s(仿真周期间隔)。跟随车驾驶员可能假设在此期间内目标车速度恒定,然后在 $t+D_t$ 时刻目标车与跟随车的间隙为

$$g_f = g_{of} - \left(v_f D_t - \frac{b_f}{2D_t^2}\right) + v_s D_t \tag{3.20}$$

如果在减速末期,间隙至少等于最小可接受间隙,则减速可行:

$$g_{f,min} = g_{min} + \begin{cases} c_f(v_f - v_s), & v_f > v_s \\ 0, & \text{其他} \end{cases} \tag{3.21}$$

式中,g_{min} 是最小安全恒定间隙,其与车辆间的相对速度无关(这个可以认为等于堵塞间隙),且 c_f 是恒定的。

注意:跟随车利用这个条件决定是否减速和允许目标车汇入。同时,目标车也要判断这个操作是否可行。在这种情况下,根据现场调查最小可接受间隙可能小于与给定速度相一致的期望间隙。最小可接受间隙可计算如下:

$$g_{l,min} = g_{min} + \begin{cases} c_l(v_s - v_l), & v_s > v_l \\ 0, & \text{其他} \end{cases}$$

$$g_{f,min} = g_{min} + \begin{cases} c_f(v_f - v_s), & v_f > v_s \\ 0, & \text{其他} \end{cases} \tag{3.22}$$

式中,$c_l = c_f$;其他参数含义同上。

上述情况表明,在换道结束时,车辆间相互靠近并非保持简单的跟驰关系,并且在以下几秒钟内跟随车强制减速来恢复与速度一致的期望间距。根据现场调查,这种减速发生在一个很低的减速度率下,即使实际间距远小于期望间距,说明驾驶员愿意承担更高的风险,前提是此过程没有紧急刹车,且车辆之间的相互作用关系必须由跟驰模型来控制。

3. 汇入加速度的计算

除了检查换道的可行性以外,目标车经常不得不调整它的行为,这是为了保证在理想的位置可以进入目标车道。在交通流拥堵时即目标车道间隙非常小时,这点非常重要,即使在低流量时也是很有必要的,如图 3.19 所示。

目标车 V_S 位置是在目标车道 V_L 车的旁边,如果两车以近似的速度行驶,绝对不会进入目标车道。目标车必须做出决定:是在其他车前面汇入还是在后面,然后调整自身的速度到达可选择间隙中的一个点,且对于换道操作条件是可行的,则这个点称为汇入点,到汇入点的加速度称为汇入加速度。

图 3.20 是计算汇入加速度的流程图,简要的步骤如下。

(1) 选择第一个间隙:迅速检查目标车旁边的间隙。

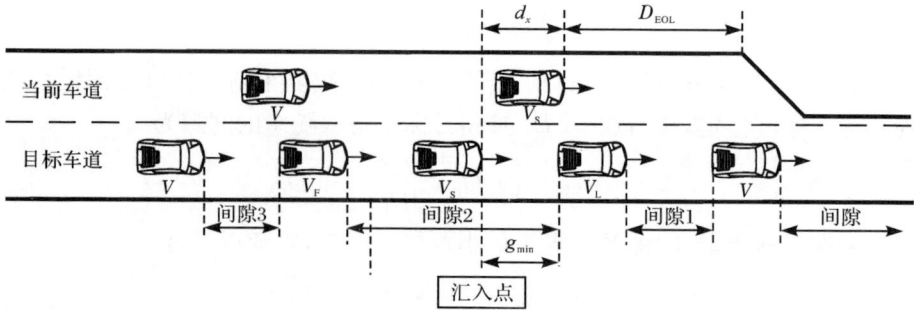

图 3.19　目标车汇入点的位置

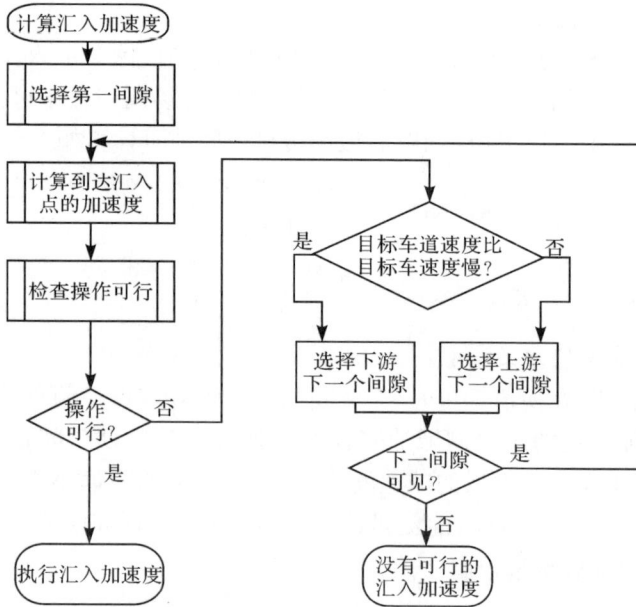

图 3.20　汇入加速度过程的流程表

（2）检查间隙长度：如果前导车和跟随车之间的间隙小于最小标准间隙与目标车长度之和，那么程序从第五步继续。

（3）计算到汇入点的加速度。

① 计算到汇入点的距离 d_x；② 前导车车尾之后的最小间距；③ 跟随车前面最小间距加上目标车长度；④ 若前后车间隙很长且目标车位置在上述限制的位置内，则为 0。

根据此过程中三辆车的位置、速度和加速度数据，汇入加速度 A_M（目标车需应用此加速度到达在下一个间隔的汇入点）为

$$A_{\mathrm{M}} = \left(d_x + v_{\mathrm{MP}} + \frac{a_{\mathrm{MP}}}{2} - v_{\mathrm{s}} \right) \times 2 \tag{3.23}$$

式中，d_x 为到汇入点的距离，m；v_{MP} 为到汇入点的速度，m/s；a_{MP} 为到汇入点的加速度，m/s^2，假设与前导车及跟随车一样，主要取决于间隙是目标车之前还是之后；v_{s} 是目标车的速度，m/s。如果汇入加速度是在可接受范围之内（在最小～最大范围内），这个值由目标车设定，否则应用最小（或最大）汇入加速度，且在下一个间隔中这个程序必须重复。

（4）检查换道行为可行性：这个步骤是预测驾驶员是否可以到达换道可行的位置，且在超越车道末（end of lane，EOL）之前，此位置可根据三辆车当前的位置和速度计算获得，并假设加速度保持恒定。若换道可行，则步骤（2）中计算的汇入加速度将被设定，否则程序将继续检测下一个间隙。

（5）选择下一个间隙：如果目标车道车辆的速度小于目标车，那么下一个间隙选择下游的，否则选择上游的。如果发现一个可行间隙则程序将终止。如果这个程序失败，可能在下一个间隔时方向相反。

4. 强制换道

在计算汇入加速度期间，是否强制跟随车让步由目标车决定。

（1）目标车决定是否想强制换道，取决于换道的紧急性；若到达 EOL 的时间小于 10s，目标车将强制进入目标车道。

（2）若目标车决定强制换道，需根据上述步骤（3）检测每个间隙，以此对潜在的跟随车进行检测，判断是否有必要强制跟随车让步使目标车完成强制换道过程。在此算法下，强制换道作为一种换道行为选择，需同时满足：①后方间隙大于零（跟随车在目标车之后）；②后方间隙小于标准间隙（对于换道必需的）。

如果目标车决定强制换道，则目标车利用已选择的最大速度减少值 D_v、最大减速度 b_f，计算对于跟随车行为的可行性［如上述步骤（3）］，如果可行，这些值将传到跟随车上。这个选取取决于目标车的竞争性参数：一个更容易激进的驾驶员比一个保守的驾驶员会假设跟随车一个更大的速度减少值。

5. 协助换道

如果一辆车在换道中作为跟随车，加速度由协助换道计算得来。这和汇入加速度计算的过程相似，包括以下步骤：

（1）检查目标车是否需要协助，需要协助的情况需同时满足：①后方间隙是正的（跟随车在目标车之后）；②后方间隙小于标准间隙（对于换道来说）。

（2）如果需要协助，跟随车选择最大速度减少值 D_v 和最大减速度 b_f，这是跟随车主动愿意使用。这个选择取决于跟随车竞争性参数：一个激进的驾驶员比保守的驾驶员更愿意选择较小的速度减小值。

（3）利用已选择的值,跟随车检查行为的可行性:利用步骤（2）中选择的加速度和速度,在超越 EOL 之前,预测目标车是否可以到达换道可行的地方。如果可行,选择步骤（2）设定的协助加速度,否则认为协助不可行且过程中止。

6. 换道计划

在上述建模程序中不难发现,换道过程中涉及的三辆车必须能够"看见"相互协商和相互沟通,而此过程需要一定的时间。当车辆决定必须换道时,会产生换道计划,但不是立即可行的。只有 DVA 必须换道时才会产生换道计划。在一段时间内一个 DVA 只能产生一次换道计划,但是一个 DVA 在几个换道计划中可作为前导车和跟随车。换道计划可以让车辆能够交流和解决冲突并且在合作的基础上做出协助决策。车辆更新程序如图 3.21 所示,加速度详细计算步骤如图 3.22 所示。

3.4.4　换道过程分析

1. 换道过程阶段的划分

Winsum[6]根据不同车速、车道宽度和运动方向做了 48 次试验,将换道操作分为三个阶段:①驾驶员开始转动方向盘直到转向角最大时;②从转向角最大再反转到为零时;③转角为零再到转角负向最大时。之后西安交通大学的杨建国等[7]对此进行了修正,认为目前换道过程中少了一个阶段,即前轮转向角为 0° 的阶段。文献[6]将换道过程更正为四个阶段:扭角阶段、靠拢阶段、收角阶段和调整阶段。文中假设由左边车道换至右边车道,如图 3.23 所示。

1）扭角阶段

驾驶员让目标车的前轮右偏一个角度 δ,从而获得期望的车身航向角,用 γ_{desire} 来表示,扭角阶段就是开始转向到角度达到期望航向角的阶段,之后进入靠拢阶段。

（1）前轮转向角 δ。目标车进入靠拢阶段的快慢主要由 δ 的大小影响的,而换道时必须转过一定的角度,但是角度又不能很大,文献[8]中称它为轻便性指标,其最大值为 25.9°。

（2）扭角的时间。前轮转向角 δ 和车身航向角 γ 通常认为是一个变化量,$\gamma = \int \delta dt$。如果可以确定靠拢航向角的值,δ 与扭角的时间可认为是近似的反比关系。

（3）靠拢航行角 γ_{desire}。图 3.23 中车辆进入靠拢阶段中时沿航向角直线行驶。

```
                    ┌─────────┐
                    │ 车辆更新 │
                    └────┬────┘
                         │
                    ┌────┴────┐
                    │ 时间 = t │
                    └────┬────┘
                         │
┌──────────┐  是    ╱─────────╲
│检查计划有效性│◄─────╱ 换道计划  ╲
└────┬─────┘       ╲  存在?   ╱
     │              ╲─────────╱
     │                   │ 否
  ╱──────╲          ┌────┴────┐
 ╱ 换道计划 ╲  是    │ 车道选择 │
╱  有效?   ╲───────┐└────┬────┘
 ╲───────╱         │     │
     │ 否          │  ╱─────────╲    否
┌────┴────┐        │ ╱ 需要换道? ╲────────────────────────┐
│ 更新计划 │        │ ╲─────────╱                         │
└────┬────┘        │      │ 是                           │
     │             │      │                              │
     └──────────►┌──┴──────────┐                         │
                 │ 检查换道可行性 │                         │
                 └──────┬───────┘                         │
                        │                                 │
                   ╱─────────╲  否   ╱─────────╲   否      │
                  ╱ 换道可行? ╲─────►╱ 换道必要? ╲─────────►│
                  ╲─────────╱      ╲─────────╱           │
                        │ 是             │ 是             │
                  ┌─────┴────┐     ╱─────────╲   否  ┌────┴─────┐
                  │ 执行换道  │    ╱ 换道计划  ╲────►│ 设定换道计划│
                  └─────┬────┘    ╲  存在?   ╱     └────┬─────┘
                        │          ╲─────────╱          │
┌────────┐  是   ╱─────────╲           │ 是            │
│ 取消计划 │◄────╱ 换道计划  ╲     ┌─────┴────┐          │
└───┬────┘     ╲  存在?   ╱     │ 更新计划  │          │
    │           ╲─────────╱     └─────┬────┘          │
    │                │ 否             │               │
    └────────────────┼────────────────┴───────────────┘
                      │
               ┌──────┴──────┐
               │ 更新车辆位置  │
               │  及速度      │
               └──────┬──────┘
               ┌──────┴──────┐
               │ 计算下一间隔  │
               │  加速度      │
               └──────┬──────┘
               ┌──────┴──────┐
               │ 时间 = t+1   │
               └──────┬──────┘
                      │
                 ╱─────────╲   否
                ╱ 时间=结束? ╲──────►
                ╲─────────╱
                      │ 是
                 ┌────┴────┐
                 │  结束   │
                 └─────────┘
```

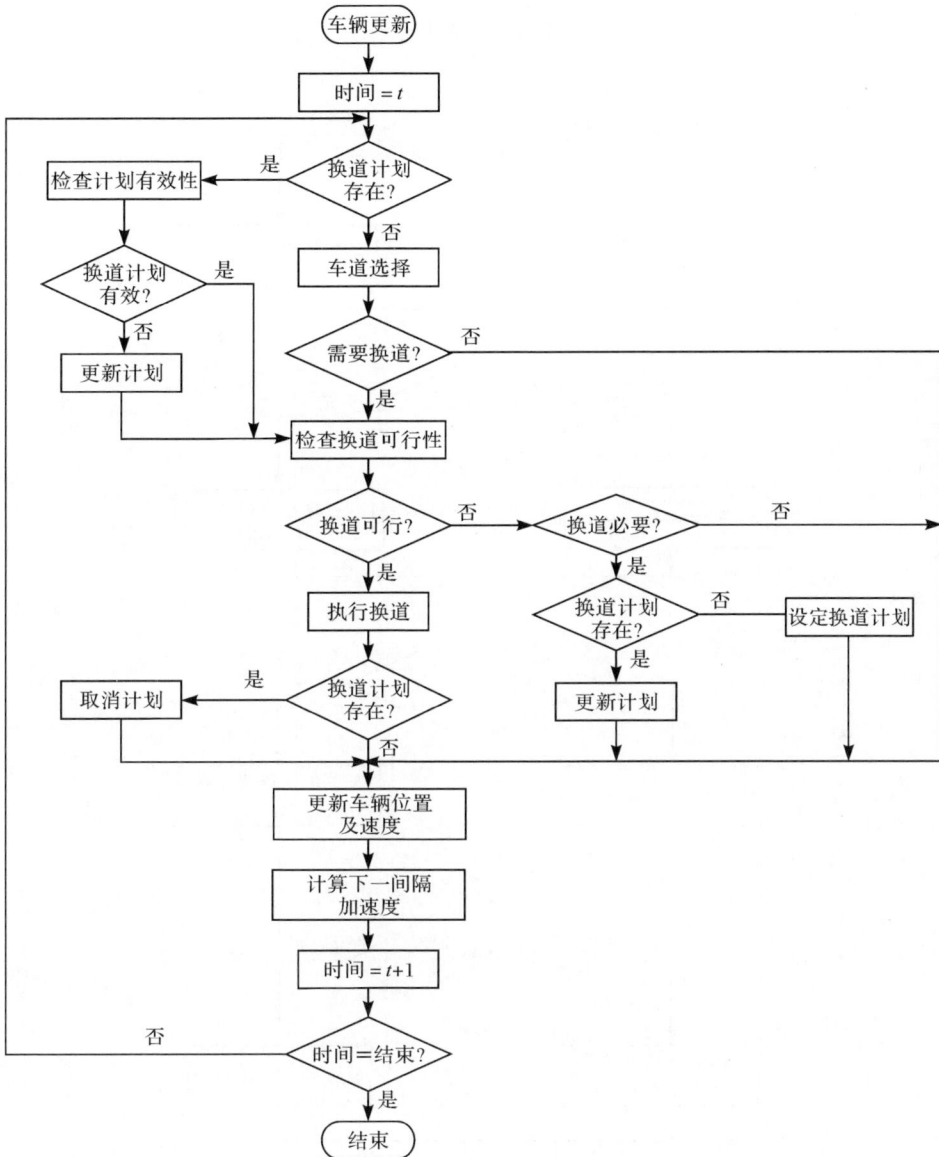

图 3.21　车辆更新程序的流程图

2）靠拢阶段

车辆在靠拢阶段需以靠拢航向角直线行驶。换道间距很大或 γ_{desire} 很小，都会产生或拓展靠拢阶段。换道车辆间距很小或 γ_{desire} 很大，靠拢阶段都可能会消失或持续的时间缩小，从而导致靠拢阶段的消失[9]。这个情况就是驾驶员刚刚转到适当的角度，然后接着就反转方向盘，进入收角阶段。

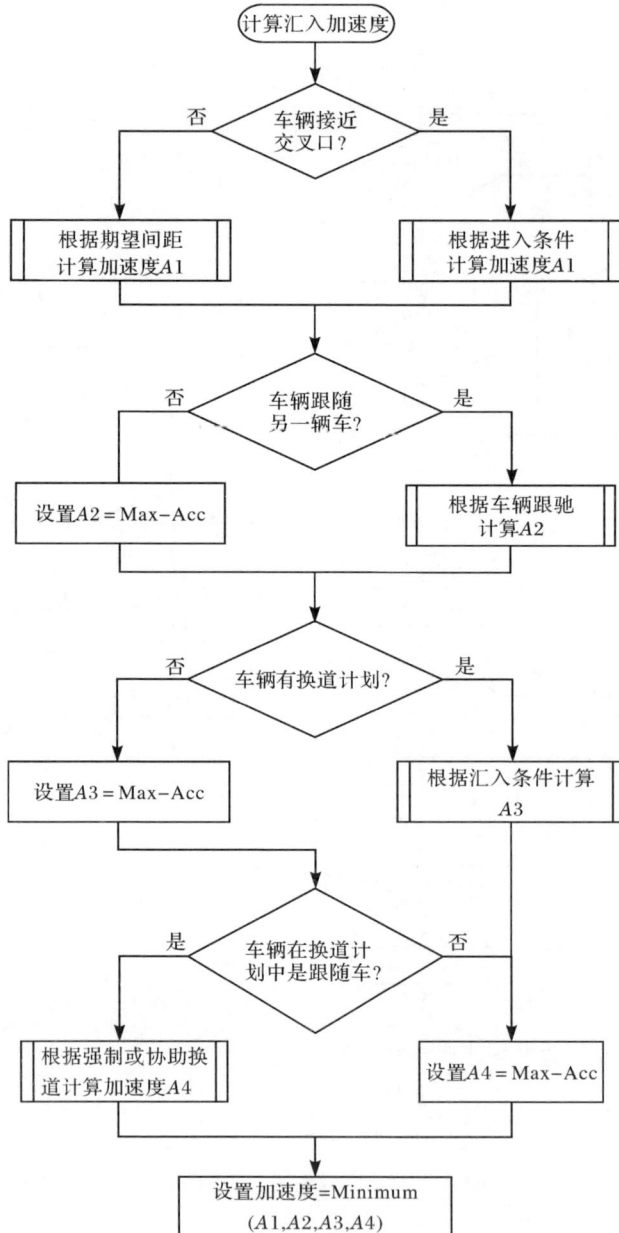

图 3.22 加速度更新程序的流程表

3) 收角阶段

靠拢阶段末驾驶员开始把方向盘反转,使 δ 重新调整到 0,与车道中心线平行进入收角阶段。这个阶段有个非常关键的量,即收角距离 D,它是指收角开始的

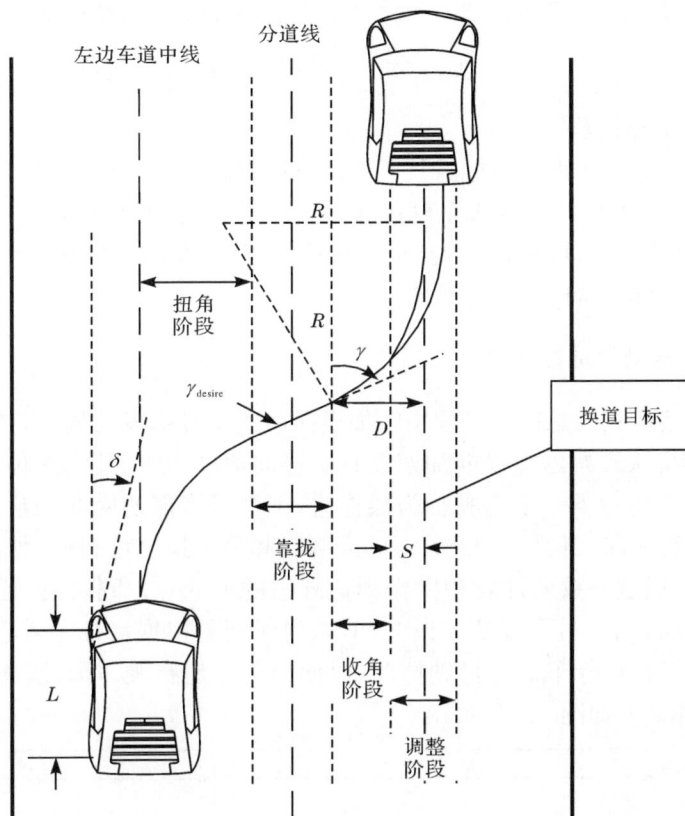

图 3.23　换道过程阶段划分图

位置到车辆在目标车道上的横向距离。收角距离 D 有一个最小值为 D_{min}，当与目标点距离为 D_{min} 时，假设前轮转向角为可以转到的最大值（25.9°），那么在目标处刚好可以收角，即车身航向角为 0。换言之，如果与目标点的距离小于 D_{min}，转向角转到最大值，车辆在目标处也不能将车身航向角转为 0。如图 3.23 所示，假设车辆轴距为 L，因此，转弯半径的计算公式可以简化成

$$R = \frac{L}{\tan\delta} \tag{3.24}$$

取 $\delta_{max} = 25.9°$，最小转弯半径 R_{min} 为

$$R_{min} = \frac{L}{\tan(\delta_{max})} \approx 2L \tag{3.25}$$

当前车身航向角为 γ，那么收角距离将会与 δ 有关，表示为

$$D = R - R\cos\gamma = \frac{L(1-\cos\gamma)}{\tan\delta} \tag{3.26}$$

驾驶员如果将前轮转向角转到最大值完成收角,则最小收角距离 D_{min} 为

$$D_{min} = \frac{L(1-\cos\gamma)}{\tan(\delta_{max})} = 2L(1-\cos\gamma) \tag{3.27}$$

4）调整阶段

驾驶员对于换道目标点其实是比较模糊的,换道目标点集合可认为是一个区间,区间宽度为 $2S$。如果车辆进入这个区域即为调整阶段。在这个阶段中,γ 可能已经归零也有可能没有,甚至为负值。因此,车身航向角的归零和前轮转向角的归零是调整阶段的主要目的。

2. 车辆换道时间段

上述研究的是换道过程中施加横向加速度时间段的划分,传统意义上的换道时间是指从开始施加横向加速度直到横向速度为零,其实这种划分不是很精确,驾驶员在进行下一个驾驶行为操作时,都会对当前的交通场景感知和判断,在实施换道行为前,需要一个准备时间来判断和分析换道可行性,如图 3.18 换道前决策分析,通过一系列计划和操作到达舒适的汇入点。同时,换道在施加横向加速度结束时,驾驶员还需要一段时间,这段时间是根据目标车道心的前导车状态来调整车辆在目标车道的行驶情况,以便更舒适地行驶。因此,将换道时间分为三段,具体划分如图 3.24 所示。

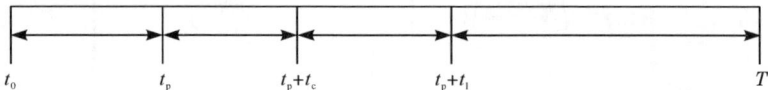

图 3.24 车辆变道时间段划分

图 3.24 中,t_0 为换道需求产生的时刻,s,假定 $t_0=0$；t_p 为 M 车施加横向加速度前的准备时间（preparation time）,s；t_p+t_C 为车辆到达碰撞点的瞬时时间,s；t_p+t_l 为车辆横向速度为零的时刻,s；T 为车辆完成换道的时间,s。

车辆是否安全取决于换道前的思维决策和判断过程,这就要求驾驶员在施加横向加速度前,不管是强制性还是协助换道,都需要一个准备时间,这个时间的长短和驾驶员本身有关,如性别、个性、年龄等因素,同时与车辆性能、周围天气环境等因素也存在关联。可见,准备时间直接决定是否可以安全换道,尤其是对目标车道间隙的选择及其可行性的分析,不然很有可能为换道过程中带来安全隐患。

3. 换道过程运动学分析

为了确定各车的相对位置,在图 3.25 中设置坐标系：x 轴方向为每个车辆的纵向行驶方向,y 轴为 M 车的横向位移。i 车（图 3.25 中任意车）的纵向加速度、速度、位移和横向位移分别为 $a_i(t)$、$v_i(t)$、$x_i(t)$ 和 $y_i(t)$。

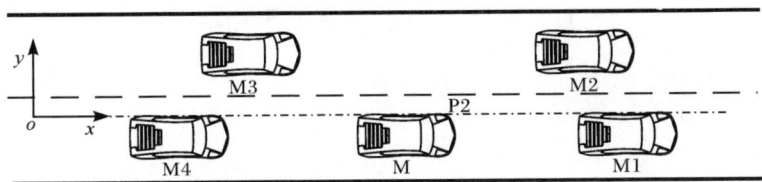

图 3.25　换道中 M 车位置示意图

设以 P 点为参考点，完成换道的横向位移为 h，则车在 $\dfrac{h}{2}$ 处，汽车的横向速度 (lateral velocity)$v_1(t)$ 为最大值，此时横向加速度(lateral acceleration)为零。为了便于计算和仿真分析，假设换道过程是连续反向圆曲线的几何描述模型(忽略靠拢阶段)，M 车的换道过程中操作较平稳，从而横向加速度 $a_1(t)$ 符合余弦波特性，推理得 M 车的横向速度 $v_1(t)$ 符合正弦波特性，如图 3.26 所示。

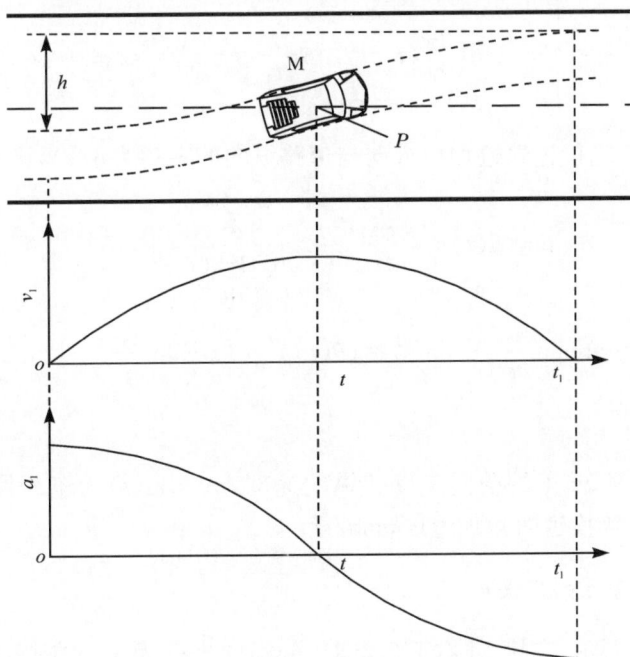

图 3.26　换道过程动力学分析

假设

$$a_t(t)=A\sin w\left(t+\frac{\pi}{2}\right), \quad t_p \leqslant t \leqslant t_p+t_1 \tag{3.28}$$

式中，A 为待定系数；$w=\dfrac{2\pi}{t_1}$。

$$H = \int_{t_p}^{t_p+t_1} \int_0^\tau A\sin\left(\omega t - \frac{\pi}{2}\right) \mathrm{d}\tau \mathrm{d}t \qquad (3.29)$$

解方程得 $A = \dfrac{2\pi h}{t_1^2}$。

因此,

$$a_1(t) = \begin{cases} \dfrac{2\pi h}{t_1^2}\sin\left(\dfrac{2\pi}{t_1}(t-t_p) - \dfrac{\pi}{2}\right), & t_p \leqslant t \leqslant t_p+t_1 \\ 0, & \text{其他} \end{cases} \qquad (3.30)$$

式中,t_1 为车辆施加横向加速度的时间,s。

对式(3.30)积分,可得车辆换道过程中的横向速度和位移:

$$v_1(t) = \begin{cases} \dfrac{-h}{t_1}\cos\left(\dfrac{2\pi}{t_1}(t-t_p)\right) + \dfrac{h}{t_1}, & t_p \leqslant t \leqslant t_p+t_1 \\ 0, & t \leqslant t_1 \text{ 或 } t \geqslant t_p+t_1 \end{cases} \qquad (3.31)$$

$$y_1(t) = \begin{cases} h, & t \geqslant t_p+t_1 \\ \dfrac{-h}{2\pi}\sin\left(\dfrac{2\pi}{t_1}(t-t_p)\right) + \dfrac{h}{t_1}(t-t_p), & t_p \leqslant t \leqslant t_p+t_1 \\ 0, & t \leqslant t_p \end{cases} \qquad (3.32)$$

设 t 时刻车辆行进轨迹切线方向与道路纵向的夹角为 $\theta(t)$,则有

$$\tan(\theta(t)) = \frac{\partial y_1(t)}{\partial x_M(t)} = \frac{\dfrac{\partial y_1(t)}{\mathrm{d}t}}{\dfrac{\partial x_M(t)}{\mathrm{d}t}} = \frac{v_1(t)}{v_M(t)} \qquad (3.33)$$

那么,$\theta(t) = \arctan\dfrac{v_1(t)}{v_M(t)}$,$\omega(t) = (\theta(t))' = \left(\arctan\dfrac{v_1(t)}{v_M(t)}\right)'$,$\alpha(t) = (\omega(t))' = \left(\arctan\dfrac{v_1(t)}{v_M(t)}\right)''$。

式中,v_1 和 v_M 为 M 车的横向速度和纵向速度,m/s;$\omega(t)$ 为车辆换道时角速度,rad/s;$\alpha(t)$ 为车辆换道时角加速度,rad/s^2。

4. 车辆参考点的定义

如图 3.27 所示,车辆 M 右下角点 P1 的横向坐标为 $y_{M_{P1}}$,则车辆四个点之间的关系为

$$y_{M_{P2}} = y_{M_{P1}} + W_M\cos(\theta(t)) \qquad (3.34)$$

$$y_{M_{P3}} = y_{M_{P1}} + W_M\cos(\theta(t)) - L_M\sin(\theta(t)) \qquad (3.35)$$

$$y_{M_{P4}} = y_{M_{P1}} - L_M\sin(\theta(t)) \qquad (3.36)$$

式中,L_M 为车辆 M 的长度,m;W_M 为车辆 M 的宽度,m;θ 为车辆的对称轴与 x 轴的夹角。

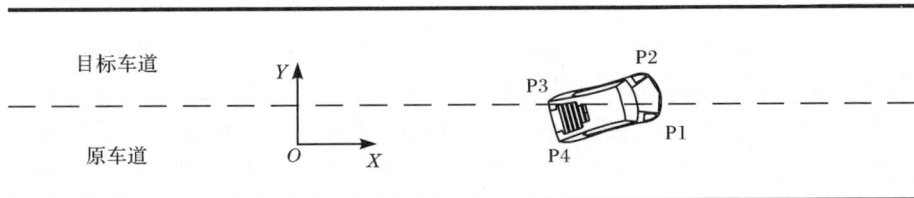

图 3.27　车辆的参考点

3.5　综合驾驶行为影响下的车辆行为模型研究

3.5.1　概述

车辆行为模型是描述在不同交通场景下驾驶员操作下车辆的运动,包括速度/加速度模型和换道模型。这些模型是微观交通仿真的重要组成部分,它们对其他一些应用方面也很重要,如流量分析,可以从单个驾驶员的行为推导出总的流量特性。通常情况下,这些模型已经独立开发并应用在微观仿真模型中。

早期的车辆行为模型主要集中在车辆跟驰,这些模型描述车辆跟随前导车的行为,并对前导车的行为做出反应。随后微观交通仿真模型的出现促进一般加速度模型的发展,发现驾驶员的行为没有紧跟他们的前导车,并对换道行为产生兴趣。一般加速度模型定义了多种驾驶状况,如自由流,紧急和各种类型的车辆跟驰(加/减速或反应/无反应),并假设了每一种状态下的车辆行为。例如,驾驶员在自由流加速状况下可能注重获得他们的期望速度。然而,加速度决策是独立建模的。许多文献中,驾驶目的和决策对其他车辆行为的影响都没有考虑,如换道行为对加/减速行为的影响。

目前,车辆行为模型的重要限制是对独立行为的假设:大部分模型假设驾驶员针对目前或过去的交通场景做出瞬间性的决策,且不同驾驶决策(加速或换道)的制定和建模是分离的。实际上,驾驶员调整他们行为的一方面以促进其他方面的目标。这需要驾驶员利用其对周围车辆的行进路线进行预判,构想一个行动计划并且在一段时间内执行。这在换道行为中尤为重要,在换道行为中驾驶员可能预测周围车的行为并且调整自己的加速度来促进并完成一个期望换道。

图 3.28 所描述的情况阐述着这种行为。假设车辆 A 试着换至右边车道,且车辆 B 和车辆 C 之间、车辆 C 和车辆 D 之间间隙的总长度都是可接受的。目前大部分的模型中,车辆 A 只会考虑相邻间隙(C-D)。当车辆 A 和 C 的间隙不接受时,则此间隙被拒绝,那么车辆 A 不会选择换道,如果车辆 A 应用的加速度由一个独立的加速度模型决定,忽视了换道的目标,那么车辆 A 可能一直重复换道等

待的步骤直至换道成功。而此假设显然与实际交通场景不符。例如,车辆 A 和车辆 C 的速度是相同的,可能无法完成换道,若是紧急换道,车辆 A 会强制转入右车道,从而迫使后方车辆减速并可能产生一个冲击波。但实际上,车辆 A 可能会在一段时间内调整加速度以促进完成换道。例如,减速至一个位置接受 C-D 间隙或者加速至一个位置接受 B-C 间隙,但交通仿真可能低估瓶颈容量和过度地预测拥堵。因此,建立的车辆行为模型需要能够描述驾驶员决策过程的复杂性。

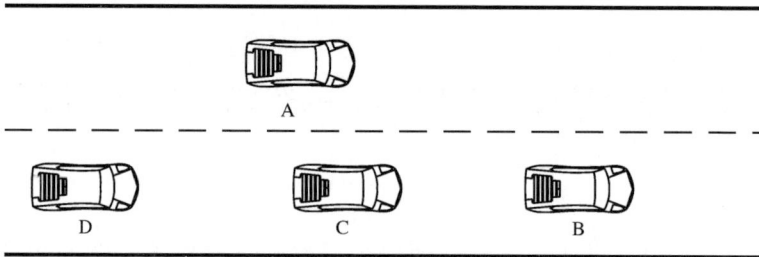

图 3.28　阐述现有模型局限性的换道场景

　　本章提出一个综合的车辆行为模型框架,其整合了换道和加速度模型,描述这些决策之间的相互依赖关系,来研究多车道车辆运行安全特性。此行为模型框架描述驾驶员计划的能力并考虑基于预测未来状况的决策。

3.5.2　车辆行为模型的综合框架

　　该模型明确地认识到司机有短期驾驶目标并制定短期计划来实现这些目标。Sukthankar[11]定义了短期计划来进行一系列行为,更具体地说,通过一个目标车道定义了一个短期目标,此车道为目标车道。通过一个目标间隙定义短期计划,并利用这个间隙来换道,进而通过调整驾驶员应用的加速度以便实现短期计划。在图 3.28 描述的例子中,A 的短期目标是移到右边车道。短期目标可能是使用 B-C 间隙来完成目标。

　　车辆行为模型的综合框架如图 3.29 所示。假定有四个层次的决策:目标车道、间隙接受、目标间隙和加速度。这些决策过程是潜在的。短期目标(目标车道)和短期计划目标间隙都是不可观察的,只有驾驶员的行为(换道和加速)可以观察。潜在的选项显示为椭圆形,观察到的选项显示为矩形。在顶层驾驶员选择目标车道。当前的分支对应一种情况,驾驶员决策留在当前车道,在这个情况下,加速度行为将取决于与前面车的关系。不管是选择右边车道或者左边车道(分别是右边和左边分支),驾驶员评价目标车道的相邻间隙和决定换道间隙是否可以安全汇入。如果这个间隙接受是安全的(向右换道或者向左换道),换道立即执行且完成短期目标,到时加速度被新车道的前导车所影响。如果间隙拒绝(无换道),驾驶员评价目标车道可利用的间隙,选择一个可以用来执行安全换道(间隙 R_1 到间隙 R_k 或者间隙 L_1 到间隙 L_m)。确定驾驶员应用的加速度以便完成短期计划(驾驶员试图确定车辆的位置以致目标间隙将可接受)。加速度可能被当前车道的前导车所限制,因为换道不是瞬间性的。

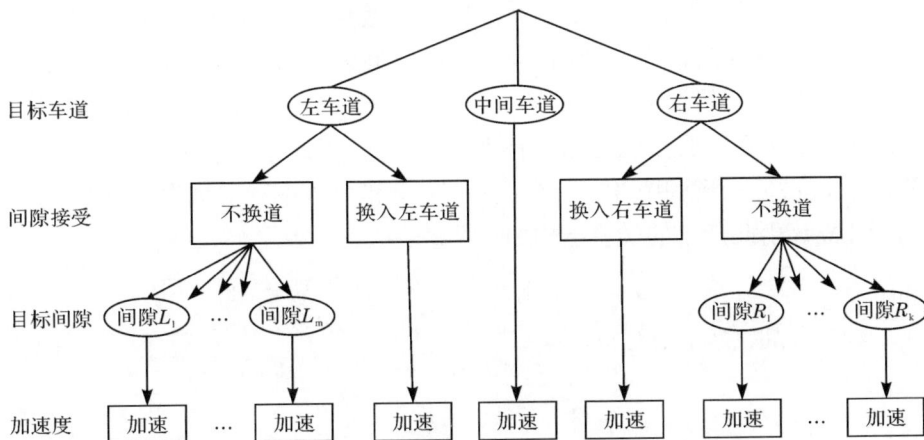

图 3.29　综合驾驶行为模型的框架

　　该模型结构考虑决策中的状态依赖,并可通过不同层次上概率选择来直接描述。例如,选择一个目标车道的概率可能取决于在之前的换道目标。这里介绍模型采用的一种方法是基于部分短期计划的概念。该模型假定驾驶员遇到的情况不断变化,每一个时间内需根据换道场景变化进行决策,重新评价处境和决定采取下一个行为。因此,通过解释变量来描述车辆换道过程中驾驶行为策略的执行概率,即如果一个驾驶员选中一个车道换道且加速实现它,那么在下一个时间步骤选中相同车道换道的概率将会增加。

　　根据在各个层次应用的具体模型,上述框架可用来描述同一驾驶员不同决策之间的独立性和相关性。在所建立的综合驾驶行为模型框架的基础上,利用随机效用选择模型建立各层次之间的概率关系模型,用来描述车辆换道过程中驾驶行为之间的独立性和相关性。驾驶行为决策进程中,低层次决策取决于高层次决策(加速行为取决于短期计划)。低层次选择中的期望最大效用(expected minimum utility,EMU)可能在高层次具体选择中引入,为了描述低层次决策对高层次决策的影响。EMU 描述效用:当高层次已作选择时,驾驶员可能从可利用的低层次选择中提取。例如,间隙接受 EMU 表示驾驶员能够执行一个换道的可能性。如果在目标车道模型中引入,它将会描述间隙接受决策对目标车道选择的影响。

　　通常用于评估模型的数据包括高时间分辨率下对车辆速度和位置的观察,但一般不包括驾驶员特性的信息,如驾驶冒险性和驾驶技能。然而,由于驾驶员这些不可观察的特性,可能会在各组成模型中引入个体特定的潜在变量,是为了描述给定驾驶员做出决策中的相关性。模型假设以这些潜在变量值为条件,不同观测值的误差项是独立的,因此,效用的一般表达式为

$$U_n^d(t)=X_n^d(t)\beta^d+\gamma^d\mathrm{EMU}_n^d(t)+\alpha^d v_n+\varepsilon_n^d(t) \tag{3.37}$$

式中,$U_n^d(t)$ 为对于个体 n 在时间 t 时 d 决策的效用;$X_n^d(t)$ 为一个向量的解释变量;β^d 为一个参数的向量;$\mathrm{EMU}_n^d(t)$ 为已经做出决策 d 的前提下,可利用的低层次选择中的期望最大效用;γ^d 为期望最大效用的参数;v_n 是个体特定的潜在变量,本书假设这个变量在驾驶员的分布是标准化的分布,因此它具有单位方差;α^d 为 v_n 的参数;$\varepsilon_n^d(t)$ 为一个通用随机项,在决策、时间和个体中独立同分布,且 $\varepsilon_n^d(t)$ 和 v_n 相互独立。由此产生的误差结构如下[12,13]:

$$\mathrm{cov}(U_n^d(t),U_n^{d'}(t))=\begin{cases}(\alpha^d)^2+\alpha_d^2, & n=n',d=d',t=t'\\ (\alpha^d)^2, & n=n',d=d',t\neq t'\\ \alpha^d\alpha', & n=n',d\neq d',\forall t'\\ 0, & 其他\end{cases} \tag{3.38}$$

式中,σ_d^2 为 $\varepsilon_n^d(t)$ 的方差。

在模型中的加速度成分中,反应时间和车头时距阈值(决定非自由状态和自由状态间的转变)也描述不同加速度决策的相关性。

3.5.3　模型组成部分

根据如图 3.29 所示综合驾驶行为框架,基于随机效用理论模型建立驾驶行为影响下的车辆行为模型。

1. 目标车道模型

在这个层次中,驾驶员选择一个短期目标。短期目标由目标车道(target lane,TL)所定义。目标车道选择集包括三种选择:驾驶员可决定留在当前车道(current lane,CL)或者选择换至右边车道(right lane,RL)或左边车道(left lane,LL)。

对于驾驶员 n 在时间 t 选择目标车道的效用表示为

$$U_n^{\mathrm{lane}i}(t)=V_n^{\mathrm{lane}i}(t)+\varepsilon_n^{\mathrm{lane}i}(t)=X_n^{\mathrm{lane}i}(t)\beta^{\mathrm{lane}i}+\gamma^{\mathrm{lane}i}\mathrm{EMU}_n^{\mathrm{lane}i}(t)$$
$$+\alpha_n^{\mathrm{lane}i}+\varepsilon_n^{\mathrm{lane}i}(t),\mathrm{lane}i\in\{\mathrm{CL,RL,LL}\} \tag{3.39}$$

式中,$V_n^{\mathrm{lane}i}(t)$ 为车道 i 的系统效用;$\varepsilon_n^{\mathrm{lane}i}(t)$ 为与车道效用相关的随机项;$X_n^{\mathrm{lane}i}(t)$ 为解释变量的向量;$\beta^{\mathrm{lane}i}$ 为相应参数列向量;$\mathrm{EMU}_n^{\mathrm{lane}i}(t)$ 为期望最大的低层次效用,其描述换道的容易程度对追求一个换道决策的影响;$\gamma^{\mathrm{lane}i}$ 为 EMU 的参数;v_n 为个体特定的误差项,描述一段时间内单个驾驶员观察项的相关性;$\alpha^{\mathrm{lane}i}$ 为 v_n 的参数。

车道效用取决于描述路径跟驰的变量(如距离这些驾驶员必须在特定车道的点以及为了进入这些车道需要换道的次数)及描述每条不同车道的瞬间情况的变量(如每个车道前面车辆的速度和大型车的出现)。获得不同选择模型取决于对随机项 $\varepsilon_n^{\text{lane}i}(t)$ 分布的假设。例如假设这些随机项独立同 Gumbel 分布,以个体特定的误差项为条件的目标车道选择概率由对数模型给出:

$$p(\text{TL}(t) = i \mid v_n) = \frac{\exp(V_n^{\text{lane}i}(t) \mid v_n)}{\sum_{j \in \text{TL}} \exp(V_n^{\text{lane}i}(t) \mid v_n)} \tag{3.40}$$

2. 间隙接受模型

间隙接受模型描述是否利用目标车道中相邻间隙来执行换道决策。模型假设相邻间隙是可接受的,则驾驶员执行换道且不考虑其他间隙。此假设是以满意行为理论[14]为基础,如果一个可利用的间隙(换道使用的相邻间隙)是满意的,则驾驶员不试图发现更好的。

目标车道相邻间隙由目标车道前方车辆和后方车辆所定义的,如图 3.30 所示。前方(后方)间隙是前(后)车与目标车的净距。但是若车辆重叠,则这些间隙将会被忽视。

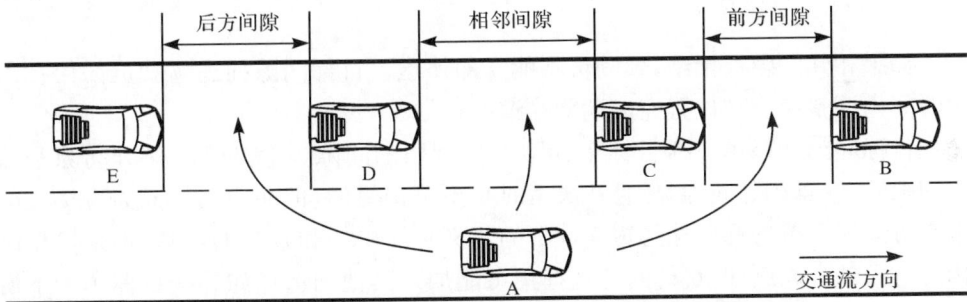

图 3.30　相邻间隙、目标车、前方和后方车辆与前后方间隙

这些可利用的前方和后方间隙会被接受,前提是它们大于相关的标准间隙,即最小可接受间隙。标准间隙受描述驾驶环境性的变量所影响,如交通密度、前后车和目标车的速度以及描述换道的必要性和紧急性的变量。

模型假设前后间隙都必须可接受,车辆才可以安全换道。以个体特定项为条件,接受间隙和执行换道的概率由以下给出:

$$
\begin{aligned}
p(\text{换道} \mid \text{TL}_n(t), v_n)_0 &= p(l_n^{\text{TL}}(t) = 1 \mid \text{TL}_n(t), v_n) \\
&= p(\text{接受前方间隙} \mid \text{TL}_n(t), v_n) \\
&\quad \times p(\text{接受后方间隙} \mid \text{TL}_n(t), v_n) \\
&= p(G_n^{\text{lead TL}}(t) > G_n^{\text{lead TL,cr}}(t) \mid \text{TL}_n(t), v_n)
\end{aligned}
$$

$$\times p(G_n^{\text{gap TL}}(t) > G_n^{\text{gap TL,cr}}(t) \mid \text{TL}_n(t), v_n) \qquad (3.41)$$

式中，$\text{TL}_n(t) \in \{\text{RL}, \text{LL}\}$ 为目标车道；l_n^{TL} 为目标车道换道指标，如果在时间 t 执行换道至 TL 则取指标值为 1，否则为 0；$G_n^{\text{lead TL}}(t)$ 和 $G_n^{\text{lap TL}}(t)$ 为目标车道可利用的前方和后方间隙；$G_n^{\text{lead TL,cr}}(t)$、$G_n^{\text{gap TL,cr}}$ 为对应的标准间隙。

对不同的驾驶员来说，标准间隙因环境不同而变化，将其视为解释变量的函数。解释变量包括目标车和目标车道前后车的速度。利用低层次的 EMU（目标间隙）来描述选择其他间隙概率对接受相邻间隙决策的影响。个体特定误差项描述一段时间内相同个体的标准间隙的相关性。为了确保标准间隙一直是正的，假设符合一个正态分布[15]：

$$\ln(G_n^{\text{lead TL,cr}}(t)) = X_n^{\text{lead TL}}(t)\beta^{\text{lead}} + \gamma^{\text{lead}}\text{EMU}_n^{\text{lead TL}}(t) + \alpha^{\text{lead}}v_n + \varepsilon_n^{\text{lead}}(t) \qquad (3.42)$$

$$\ln(G_n^{\text{lag TL,cr}}(t)) = X_n^{\text{lag TL}}(t)\beta^{\text{lag}} + \gamma^{\text{lag}}\text{EMU}_n^{\text{lag TL}}(t) + \alpha^{\text{lag}}v_n + \varepsilon_n^{\text{lag}}(t) \qquad (3.43)$$

式中，$X_n^{\text{lead TL}}(t)$、$X_n^{\text{lag TL}}(t)$ 为影响前后标准间隙的解释变量向量；β^{lead}、β^{lag} 为相关参数的向量；$\text{EMU}_n^{\text{lead TL}}(t)$、$\text{EMU}_n^{\text{lag TL}}(t)$ 为期望的最大低层次效用；γ^{lead}、γ^{lag} 为期望最大效用的参数；$\varepsilon_n^{\text{lead}}(t)$、$\varepsilon_n^{\text{lag}}(t)$ 为与标准间隙相关的正态分布的随机项，$\varepsilon_n^{\text{lead}}(t) \sim N(0, \sigma_{\text{lead}}^2)$，$\varepsilon_n^{\text{lag}}(t) \sim N(0, \sigma_{\text{lag}}^2)$；$\alpha^{\text{lead}}$、$\alpha^{\text{lag}}$ 为个体特定随机项 v_n 的参数。

3. 目标间隙模型

如果相邻间隙被拒绝，驾驶员不能立即换道。目标间隙描述驾驶员如何在很短时间内调整速度和位置完成期望换道的计划。

目标间隙选择集包括目标车辆附近可利用的间隙（相邻间隙、前方间隙和后方间隙）。注意相邻间隙，尽管在决策时是不可接受的，但期望它将成为可接受的未来可能还会被选择。尽管短期计划的定义是简单的和直观的，但它不是模型结构的必需部分。例如，目标间隙选择集可能加入其他的选择如寻找目标车辆下游或上游的车辆之间的间隙，没有一个特定的间隙。

对于驾驶员 n 在时间 t 不同目标间隙的效用可表示为

$$U_n^{\text{gap}i}(t) = V_n^{\text{gap}i}(t) + \varepsilon_n^{\text{gap}i}(t) = X_n^{\text{gap}i}(t)\beta^{\text{gap}i} + \alpha^{\text{gap}i}v_n + \varepsilon_n^{\text{gap}i}(t) \qquad (3.44)$$

式中，$V_n^{\text{gap}i}(t)$ 为间隙 i 的系统效用；$X_n^{\text{gap}i}(t)$ 为影响间隙 i 的解释变量的一个向量；$\beta^{\text{gap}i}$ 为对应参数列向量；$\varepsilon_n^{\text{gap}i}(t)$ 为与间隙效用相关的随机项；$\alpha^{\text{gap}i}$ 为个体特定的误差项 v_n 的参数。

不同间隙的效用受变量所影响，如间隙尺寸、潜在的前后车和目标车速度。假设一个对数误差结构，对于不同的选择方案间隙选择概率表示为

$$p(\text{TG}_n(t) = i \mid \text{TL}_n(t), l_n^{\text{TL}}(t) = 0, v_n) = \frac{\exp(V_n^{\text{gap}j}(t) \mid v_n)}{\sum_{j \in \text{TG}_n(t)} \exp(V_n^{\text{gap}j}(t) \mid v_n)}$$

$$(3.45)$$

式中，$\mathrm{TG}_n(t)$ 是驾驶员 n 在时间 t 目标间隙的选择集。

4. 加速度模型

在目标车道选择、间隙接受决策和目标间隙选择过程中，所建立的模型分别是目标车道模型、间隙接受模型及目标间隙模型与加速度模型的不同组合。此时，需要考虑三种不同的情况：

(1) 留在车道的加速度，其应用时是当驾驶员期望待在当前车道。

(2) 换道时的加速度，其应用时是当驾驶员接受可利用的相邻间隙和执行换道。

(3) 目标间隙加速度，其应用时是当驾驶员期望换道但相邻间隙拒绝，所以不能立即换道。在这种情况下不同模型使用取决于目标间隙选择。

总的加速度模型表示为

$$a_n(t) = \begin{cases} a_n^s(t), & \mathrm{TL}_n(t) = \mathrm{CL} \\ a_n^{lc}, & \mathrm{TL}_n = \mathrm{RL} \text{ 或 } \mathrm{LL} \text{ 和 } l_n^{\mathrm{TL}}(t) = 1 \\ a_n^{tg}, & \text{其他} \end{cases} \tag{3.46}$$

式中，$a_n(t)$ 为车辆 n 在时间 t 应用的加速度，$\mathrm{m/s}^2$；$a_n^s(t)$ 为待在原车道的加速度，$\mathrm{m/s}^2$；a_n^{lc} 为换道加速度，$\mathrm{m/s}^2$；a_n^{tg} 为目标间隙加速度。

3.6　本 章 小 结

本章对车辆运行行为模型进行系统描述，通过建立车辆跟驰和换道模型来描述运行车辆的行为，并对综合驾驶行为影响下的车辆行为模型进行分析，通过仿真分析验证模型的有效性及实用性。因道路行驶环境的差异性，车辆在行驶过程会受相邻车道车辆行为的影响作用。

基于此，本章首先重点对跟驰模型中横向干扰进行分析，弥足跟驰理论仅限描述单一车道车辆行为的不足；在对考虑横向干扰车辆跟驰模型分析的基础上，从换道产生原因入手对换道行为进行分析，进而对换道的类型进行区分，在此基础上重点阐述换道前的决策分析，涉及可行性标准、汇入点和汇入加速度的一些概念以及计算过程，并对换道具体的过程加以划分，利用数学模型来描述横向加速度，为下文换道安全距离建模提供基础。综合考虑车辆跟驰行为和换道行为，构建综合驾驶行为影响下的车辆行为模型框架，基于随机效用理论建立各层次之间的概率关系模型，用以描述车辆行驶过程中驾驶行为策略之间的相关性和独立性，进一步描述了描述车辆驾驶决策过程复杂性，为车辆驾驶行为建模提供理论基础。

参 考 文 献

［1］ Khan S I, Maini P, Modeling heterogeneous traffic flow［J］. Transportation Research Record，1999，1678：234—341.

［2］ Department of Fransportation Federal Highway Administration. Highway Capacity Manual ［M］. Washington：Transportation Research Board，2000.

［3］ Benekohal R F, Treiterer J. CARSIM：Car-following model for simulation of traffic in normal and stop-and-go conditions［J］. Transportation Research Record，1988，1194：99—111.

［4］ Hidas P. Modeling lane changing and merging in microscopic traffic simulation［J］. Transportation Research(C)，2002，10(5)：351—371.

［5］ Hidas P. Modeling vehicle interaction in microscopic simulation of merging and weaving［J］. Transportation Research(C)，2005，13(1)：37—62.

［6］ Winsum W Van, Lane change manoeuvres and safety margins［J］. Transportation Research (F)，1999(2)：139—149.

［7］ 杨建国,王金梅,李庆丰,等. 微观仿真中车辆换道的行为分析和建模［J］. 公路交通科技，2004，21(11)：93—971.

［8］ 高振海,管欣,郭孔辉. 驾驶员方向控制模型及在汽车智能驾驶研究中的应用［J］. 中国公路学报，2000，13(3)：106—1091.

［9］ Salvucci D, Liu A. The time course of a lane change：Driver Control and Eye-movement Behavior［J］. Transportation Research(F)，2002 (5)：123—132.

［10］ Toledo T. Integrated driving behavior modeling［D］. Cambridge：Massachusetts Institute of Technology，2003.

［11］ Sukthankar R. Situation awareness for tactical driving［PhD］. Pittsburgh：Carnegie Mellon University，1997.

［12］ Heckman J. Statistical models for discrete panel data［M］//Manski C F, McFadden D. Structural Analysis of Discrete Data with Econometric Applications. Cambrige：MIT Press，1981.

［13］ Walker J L. Extended discrete choice models：Integrated framework, flexible error structures and latent variables［PhD］. Cambridge：Massachusetts Institute of Technology，2001.

［14］ Simon H A. A behavioral model of rational choice［J］. Quarterly Journal of Economics，1955，59：99—118.

［15］ Mahmassani H, Sheffi Y. Using gap sequences to estimate gap acceptance functions［J］. Transportation Research(B)，1981，15(3)：143—148.

第4章　车辆运行安全特性

在微观交通流中,车辆跟驰行为和换道行为是车辆最基本的两种驾驶行为,由于驾驶员在操作时考虑的因素较多,如周围存在的车辆、交通设施以及天气等情况,驾驶员必须尽可能地关注周边场景以便及时做出正确和安全的操作。正因为驾驶安全如此重要,研究和分析车辆安全运行特性已成为交通学者日益关注的重点。

4.1　车辆行驶特征分析

车辆在不同的交通流状态下处于不同的运行状态:在交通密度较低时,车辆可以自由不受限制地行驶(free driving);在交通密度中等情况时,车辆处于跟驰状态,车辆间有一定空间留给换道和超车,但相互之间都受限制;在交通流密度较大时,车辆处于紧密跟车状态,几乎不存在超车的空间,但是可以通过沟通和交流实现协助换道。

4.1.1　自由行驶行为

驾驶员在不受限制行驶时会根据现实的交通状况产生期望行驶速度,并通过加/减速来达到期望行驶速度,进而获得最大的行驶效率和满意度。驾驶员个性、车辆性能、道路线形以及路面状况等因素影响期望车速的大小。例如,在高速公路上行驶,小汽车和大货车的期望速度分别为120km/h 和100km/h,在不同条件的道路行驶以及操作不同的车,驾驶员所期望的车速也不同,一般认为其服从正态分布。当速度小于/大于期望车速,驾驶员相应地进行加速/减速操作,此种关系的描述如图4.1所示。

驾驶员受实际交通场景的影响最终行驶速度为实际车速。当有突发情况时,期望车速与实际车速之间的差异越大,驾驶员采取的动作就越大,导致车辆事故发生的可能性就越大。

4.1.2　跟驰行驶行为

在中等交通流密度状态下,车辆以车队形式跟车,此时,驾驶员行为主要由车流的整体运行特征所决定,车辆性能和驾驶员个性的影响显得小一些。驾驶员通常会根据前导车速度、自身速度、加速度以及车间距等因素来选择对应的驾驶行

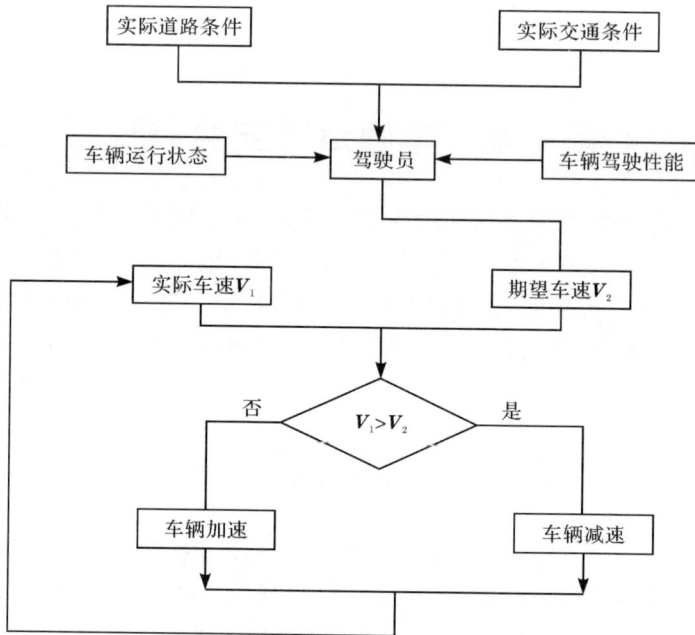

图 4.1　驾驶员自由行驶下操作变化图

为,如加速/减速、换道/超速等。而制约性、延迟性及传递性构成了车辆加/减速行驶的基本特征,同时也是建立车辆跟驰模型的理论基础。

1. 制约性

车辆在跟车行驶时需要与前导车保持一定的间距,即前导车在紧急停车时跟随车不与之发生碰撞。同时,跟随车基于自身的行驶效率,不愿离前导车太远,车速在前导车速度上下稍有波动,以此紧跟着前导车。车辆就是在安全和效率双重因素影响下跟车行驶。

2. 延迟性

驾驶员会随着前导车的状态改变而改变,但这种改变不是同步的而是经过一定反应之后才进行操作,具有一定的延迟。一般反应过程由感觉、认识、判断和操作四个连续阶段组成,那么这些阶段所需的时间之和叫做反应时间[1]。其中,前三个阶段为意识反应阶段,第四个阶段为动作时间。反应时间一般为 0.3~1.0s,当驾驶员因素和外界影响突出时,该值变化将较大。跟随车制动时间过程如图 4.2 所示。

图 4.2 中,F_p 为踏板制动力,j 为指汽车制动减速度。假设 τ_1 记为反应时间,

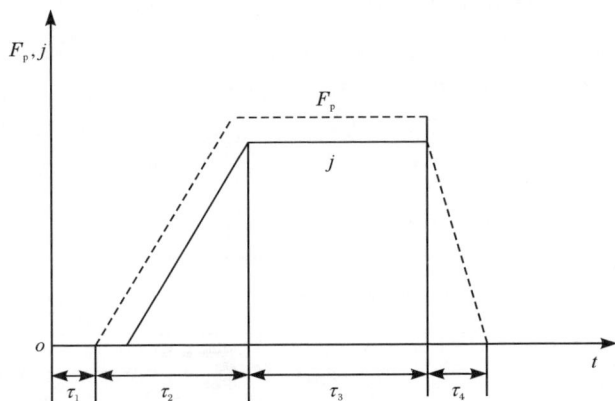

图 4.2　跟驰车制动时间过程

由于存在反应时间,跟随车驾驶员的操作会慢于前导车一段时间。

3. 传递性

跟驰车行驶的车队中,车辆间的相互影响作用总是不可避免的。车队中头车的运行状态会影响紧跟其后的车,同样这辆车的运行状态又会影响其身后的车,依次类推。当第一辆车突然刹车时,第二辆车的驾驶员会根据驾驶经验选择制动减速度刹车,紧接着第三辆车也会做几乎同样的操作。这样就产生了一种向后传递推移的阻尼波。总而言之,车队中任何一辆车运动状态的改变都将传递到其后的跟随车辆上。

4.1.3　换道行为

在交通流密度较大时,车辆间存在一定空间可以实现换道。若驾驶员想提高车速或不想受慢车、大货车的限制就会进行换道,获得当前状况下最大行驶效益或完成驾驶目的,如离开匝道口或交叉口转向。根据换道需求的不同种类可以将换道分为判断性换道(discretionary lane changing,DLC)和强制性换道(mandatory lane changing,MLC)两类[2]。

判断性换道行为产生的主要动机有提高车速、避开大型车或载重车以及离开交织区等;判断性换道通常由需求产生、间隙检测、换道执行 3 个步骤组成[3]。驾驶员在判断性行为过程中首先比较两个车道的车速是否有必要进行换道;接着根据自身驾驶经验和目标车道的运行速度估测目标车道潜在的前导车和跟随车之间的间隙能否满足安全换道的标准间隙,若满足标准间隙则执行换道,反之继续在原车道行驶。

　　强制性换道与判断性换道最主要不同的是——换道行为必须发生。驾驶员产生强执行换道意图后,首先考虑目标车道的选择;确定车道之后再判断换道是否可行。若换道可行则跟判断性换道一样实施操作;否则车辆需慢慢减速甚至可能停下来等待时机直到机会出现再实施换道。总而言之,驾驶员产生换道动机后不仅要观察附近车辆的信息,还需要了解道路条件的信息,为安全换道做准备。图 4.3 显示了几种常见的强制性换道场景。

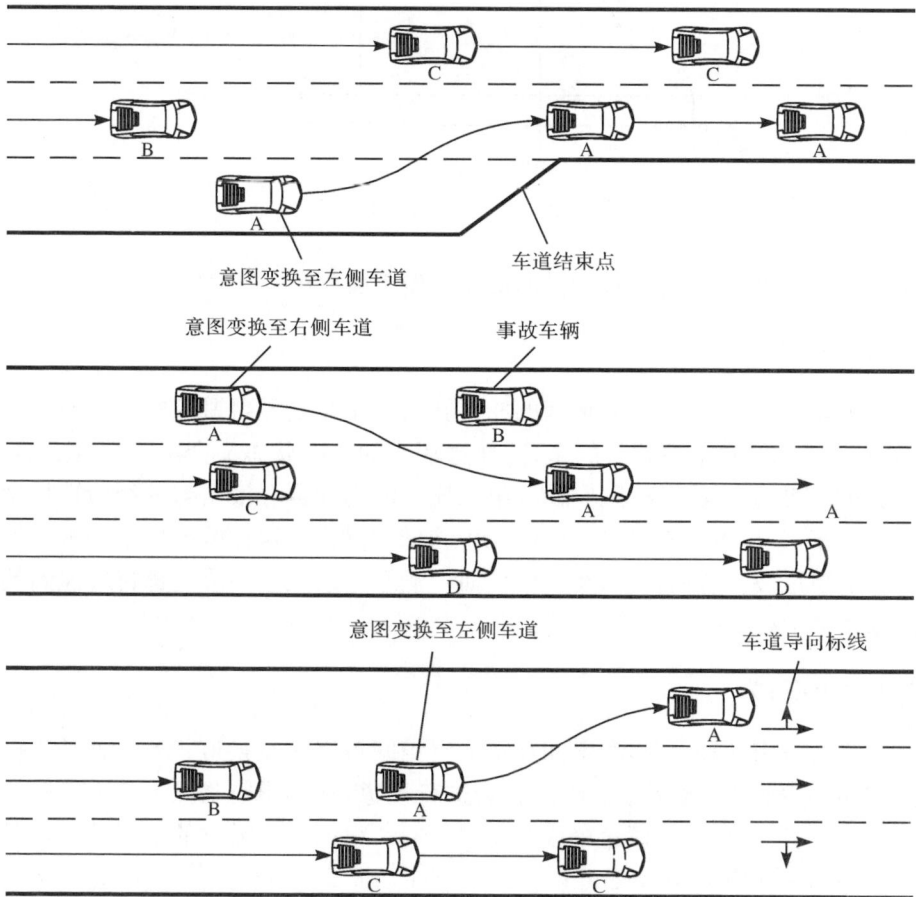

图 4.3　常见的强制换道情况

　　从图 4.3 可以看出,驾驶员认为在前面的某一关键点必须完成换道行为,而且重要的是车辆与关键点之间的距离直接决定换道发生的紧急程度:越靠近关键点越紧急;反之则相反。该距离的大小与驾驶员个性以及车辆性能有关。

4.2　车辆行驶安全特性分析

通常认为驾驶员的行驶是一个连续的、动态变化的、被动的操作过程,短时间内的一个连续路段上车辆可能完成好几个行为的转换,如自由行驶、跟驰、换道以及超车。由于周围场景的时变性以及驾驶员本身技术等方面,很有可能在行驶过程中存在潜在的危险,稍有不当将会诱发交通事故。因此,深入分析这些行为有利于提高道路行车安全性。

4.2.1　超速行驶安全性分析

道路上引发交通事故的一大原因就是超速行驶。在交通流密度很小的情况下,由于高速公路是封闭的且横向干扰较小,给驾驶员超速提供了方便。当遇到突发状况时,驾驶速度很快导致反应和操作时间很短,极易造成交通事故。另外,超速行驶时间长易出现爆胎,从而导致事故发生。虽然我国在高速公路上对汽车的最高行驶速度和设计车速都有明确的限制,但是实际生活中车速高于设计车速的比比皆是。国外对实际车速和设计车速两者之间做过相关的研究,指出在实际车速高于设计车速时,道路已不能为驾驶员提供安全行驶的场景,所以,必须对高速公路超速行驶的车辆进行惩戒。图 4.4 是国内某高速公路关于事故组成的分布图。

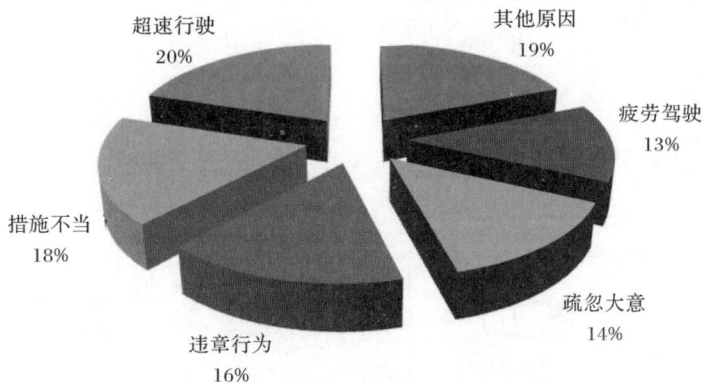

图 4.4　某高速公路事故成因状况

从图 4.4 可以明显看出,由超速和措施不当导致的交通事故都约占总数的五分之一,疏忽大意占总数的 14%,驾驶员在超速行驶时遇到突发状况会来不及反应,会使其中的一部分人神经紧张从而导致操作不当。可以这么认为,超速行驶引发的交通事故占到三分之一。

早在 1980 年,外国对车辆在自由行驶时的运行安全特性研究比较著名的是

Gipps。其提出当实际车速小于期望车速时，车辆会加速行驶；当车速等于期望车速时，车辆保持原来的速度，此时加速度为0；当车辆的实际车速大于期望车速时，驾驶员则会减速直到等于期望车速，过程变化如图4.1所示。他通过反复试验建立了车辆基于自由行使状态下的安全行驶模型，之后Gipps仿真分析了不同期望车速下车辆的运行车速变化，发现驾驶员对车速的选择受期望车速一定的影响：自由流状态下速度小于期望速度时缓慢增加速度；速度大于期望车速时缓慢减小速度，这样车辆加/减速会比较平缓，反应时间长一点可以保证安全行驶。

4.2.2　跟车行驶安全性分析

　　车辆在交通流密度较大时会紧跟着前导车行驶，驾驶员为了不让相邻车道的车辆插入而保持比较小的间距跟车前进。跟驰行驶且车队速度较高时，前导车突发情况紧急刹车，跟随车由于跟车间距较小很容易发生追尾碰撞。国外学者通过建立微观跟驰模型来阐述跟车行为，本书第1章国内外研究现状对现有跟驰模型作了较详细地介绍。

　　跟车理论从20世纪50年代初开始研究，经过60多年的发展为微观交通流奠定了坚实的基础。然而，其中许多模型多是为了仿真，且对模型的数据收集以及参数标定都存在一定的困难。因此，从动力学角度分析跟车的安全性很有必要。图4.5为跟随车在前导车紧急刹车状况下的运动变化，假设前后车在 t 时刻的间距为 $S(t)$，停下来两车间距为 d（这里包括前导车车长）。

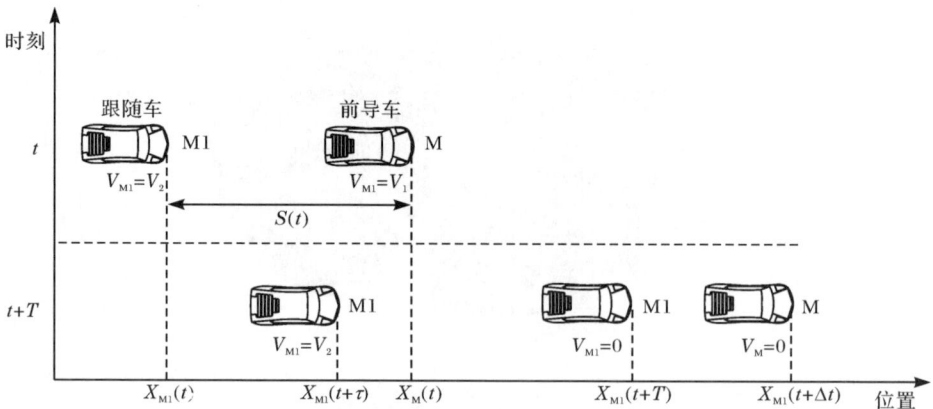

图4.5　车辆紧急制动下后车运动变化示意图

　　假设 M 车在 t 时刻开始紧急刹车，车辆在 $X_M(t+\Delta t)$ 处停车，其计算公式：

$$X_M(t+\Delta t) = X_M(t) - \frac{V_1^2}{2a_M} \tag{4.1}$$

式中，$X_M(t)$ 为 M 车在 t 时刻的位置；$X_M(t+\Delta t)$ 为 M 车在 $t+\Delta t$ 时刻的位置；a_M

为车辆 M 的减速度, m/s²。

M1 车需要经过反应时间 τ 后作出操作, 那么 M1 车最终在 $X_{M1}(t+T)$ 停车, 表达式为

$$X_{M1}(t+T)=X_{M1}(t)+V_2\tau-\frac{V_2^2}{2a_{M1}} \tag{4.2}$$

式中, $X_{M1}(t)$ 为 M1 车在 t 时刻的位置; $X_{M1}(t+T)$ 为 M1 车在 $t+T$ 时刻的位置; a_{M1} 为 M1 车的减速度, m/s²。

为了保证安全, 跟随车 M1 的驾驶员必须让 $X_{M1}(t+T)$ 小于或等于 $X_M(t+\Delta t)-d$, 表示为

$$X_M(t+\Delta t)-d \geqslant X_{M1}(t+T) \tag{4.3}$$

假设以此为标准, M1 车的驾驶员不存在操作失误的情况, 不符合实际情况。所以本书考虑更为安全的情况: 跟随车在对前导车反应之前引入驾驶员的富余延误时间 θ, 假设这段时间的速度为 V_2。换句话说, τ 是真实的反应时间, 而 $\tau+\theta$ 为保险的反应时间。那么安全限制条件可表示为

$$X_M(t)-\frac{V_1^2}{2a_M}-d \geqslant X_{M1}(t)+V_2(\tau+\theta)-\frac{V_2^2}{2a_{M1}} \tag{4.4}$$

令 $S(t)=[X_M(t)-X_{M1}(t)]$, 那么

$$\frac{V_2^2}{2a_{M1}}-V_2(\tau+\theta)-\frac{V_1^2}{2a_M}+S(t)-d \geqslant 0 \tag{4.5}$$

引进富余延误时间 θ 主要是让跟随车 M1 的驾驶员有足够的时间来准确操作, 而且 τ 和 θ 的相对数量级对车辆安全行驶的程度有很大影响。研究表明 $\theta=\dfrac{\tau}{2}$ 时, 即使驾驶员失误车辆将可以保证跟车的安全。那么式(4.5)可转化为

$$\frac{V_2^2}{2a_{M1}}-\frac{3}{2}\tau V_2-\frac{V_1^2}{2a_M}+S(t)-d \geqslant 0 \tag{4.6}$$

整理得

$$V_2^2-3a_{M1}\tau V_2-\frac{a_{M1}V_1^2}{a_M}+2a_{M1}(S(t)-d) \leqslant 0 \tag{4.7}$$

可以看出, 模型是关于变量 V_2 的一元二次不等式, 让不等式判别式 $\Delta \geqslant 0$, 可以保证不等式有解, 表示为

$$9a_{M1}^2\tau^2+4a_{M1}\frac{V_1^2}{a_M}-8a_{M1}(S(t)-d) \geqslant 0 \tag{4.8}$$

式(4.8)所表达的是前导车在时刻 t, 速度为 V_1 且车间距为 $S(t)$ 时, 跟随车在 t 时刻的安全速度范围在两根之内。但考虑车辆速度不可能为负, 所以去掉负根的情况, 解得不等式:

$$V_2 \leqslant \frac{3}{2}a_{M1}\tau+\frac{1}{2}\sqrt{9a_{M1}^2\tau^2+4a_{M1}\frac{V_1^2}{a_M}-8a_{M1}(S(t)-d)} \tag{4.9}$$

从式(4.9)中可以看出,假设跟随车 M1 的制动性能不变,前导车制动性能的降低会使 M1 车的安全跟车速度逐渐变大。

然而这里考虑前导车和跟随车都行驶在一条直线上,没有涉及跟随车或前导车驾驶员偏离车道线行驶,此时跟随车安全行驶的约束条件有何不同,以下会系统阐述此种跟驰行为的一系列问题。

4.2.3 换道行驶安全性分析

1. 影响驾驶员换道的因素

在交通流密度中等状态下,车辆存在一定的间隙,车辆想达到某些驾驶目的而发生换道/超车,但换道/超车行为比跟驰行为复杂很多,考虑的因素和受影响的情况也比较多,此时,驾驶员务必对周围的场景有所感知并基于此做出正确的判断。因此,深入讨论这些因素对换道/超车产生的影响显得尤为必要,主要有以下几个影响因素。

1) 驾驶员的因素

能否安全换道不仅与驾驶员技术有关,还和其性格、年龄等相关。在现实交通中,男性的、青年的、性格急躁的驾驶员行车速度较快;而女性的、中年的、温和的驾驶员行车速度慢一些。依据刚才的观点可将驾驶员的性格分为三类:普通型、冲动型和冷静型,驾驶员自身的心理和生理方面是区分性格的主要因素。同时在反应时间方面,年轻的男性驾驶员相对快一些。一般说来,驾驶员行驶过程中的反应时间和速度变化可以较全面地展现驾驶员的行为特性。驾驶员性格越冲动越倾向换道和超车,反之亦然;其反应越快,对换道的时机把握也越好,换道就易于发生。表4.1总结了关于驾驶员性别、年龄及倾向性对换道行为的影响比较。

表 4.1　不同类型驾驶员特性比较表

分类		特性的相关描述	是否对换道易发生影响
性别	男	反应快、易高速行车、紧急情况下多想办法摆脱等	易发生
	女	反应慢、慎重对高速行车、紧急情况下比较紧张	易发生
年龄	青年	身体素质好、精力旺盛、反应快、易高速行车	易发生
	中老年	身体素质、精力均有衰退,反应时间较长,更愿意低速行驶	易发生
驾驶员倾向性	冲动型	反应迅速、注意力转移快、易高速行车和超车	易发生
	保守型	沉稳、慎重、注意力比较集中且不易转移、善于忍耐、易低速行车且少超车	易发生

2) 车辆的因素

车辆故障引起的交通事故在事故统计中所占比例不是很大,但是并不妨碍它的重要性。其中,国内对高等级道路上的安全性能检查和车辆废旧淘汰力度不够,以致行驶过程中车辆存在故障危险。还有车辆本身的性能(如转向性、制动性等)及其检测维修都会对车辆行驶安全造成影响。车辆行驶特性一些常见评价指标包括动力性、制动性、机动性、操纵性[4]等。

道路中车型比例的大小也会对换道的安全产生影响:当大型车、重型车和货车所占的比例较大时,行车时延误有所增加,大车操作较困难不利于换道行为的发生;相反,小型车比例较大时其转向性、稳定性、操作性等都较好,换道易于发生。

3) 道路的因素

通常人们在分析交通事故成因时都偏向驾驶员和车辆方面,这在一定程度上让学者对道路因素的关注度逐渐下降,缺乏改善道路环境积极性。从表面上来看,诱发交通事故直接原因更多是司机的失误驾驶和违规行驶,其实,更深层次已牵扯到道路平曲线设计、路面路基情况、交通流量分布与交通组成成分等。道路的几何特性以及线形设计对道路安全和通行能力有很大的影响。道路中将交通事故的分布分为两种:分散型和密集型。分散型事故分布主要与驾驶员的违章违规行为以及车辆突发故障有关;而密集型的事故分布则与道路环境关联很大。高速公路和城市道路复杂路段中的交织区经常发生换道行为,如合流/分流。

4) 交通量的影响

交通流量的大小与交通事故发生也有很大的关联性,主要有车道宽度、路肩宽、视距及路侧状况等。在流量较小时,车辆行驶主要靠道路场景和车辆自身的性能,事故也主要和这两者相关;流量的增大会使交通条件占主导地位,车辆之间干扰增大从而导致事故发生。一定条件下流量和交通密度越大,车速就会越低,超车和换道就越困难;流量密度越小,车辆间的间距越大,越易于发生换道。

5) 交通场景特性

事故研究分析表明,除了上述影响交通事故的主要方面以外,还包括交通环境这个重要影响。交通环境其实是指驾驶员在行车时的客观条件,包括车内和车外的:车内主要是指车内温度、湿度、仪表、座椅等;车外包括天气、道路条件、道路设施等。很明显,在天气晴朗时驾驶员能见度大,路面状况好,这样易于换道发生;反之,当驾驶员遇到恶劣天气时,能见度降低,路面状况差,轮胎与路面的正常接触失衡,极易诱发交通事故,驾驶员对换道/超车比较慎重,具体分析如表 4.2 所示。

表 4.2 交通场景包含的因素

车内环境	车外环境
车内温度——是否合适	行车时间——白天、傍晚、夜间
车内湿度——是否正常	天气——晴、雨、雪、雾
噪声及振动——是否偏大	道路条件——道路线形、坡度以
车内仪表——是否易于观察	及位于市区、郊区、山区等
座椅——乘坐是否舒适	交通条件——通畅或拥挤
与其他乘者的关系——和睦或紧张	道路安全设施——完善或不完善

通过以上的分析可以看出,影响换道行为的主要因素有两方面:一是主观因素,即驾驶员的因素;二是客观因素,包括车辆的性能、道路条件、交通流状况和周围的交通环境等。

2. 安全换道的必要条件

驾驶员换道时一般都经过三个过程:换道意图产生、间隙选择、判断和执行换道。间隙选择是否适当,在一定程度上决定换道能否安全和成功:当驾驶员确定目标间隙时,则会调整自身车速进入目标间隙。事故统计研究表明,此过程中可能发生几种碰撞:①目标车 M 与当前车道前车 M1 追尾;②目标车 M 与目标车道后车 M3 相撞;③目标车 M 与目标车道前 M2 车追尾。可以说这三种状况成为安全换道的必要条件。只有同时满足这三个必要条件,安全换道才可能发生,具体位置如图 4.6 所示。

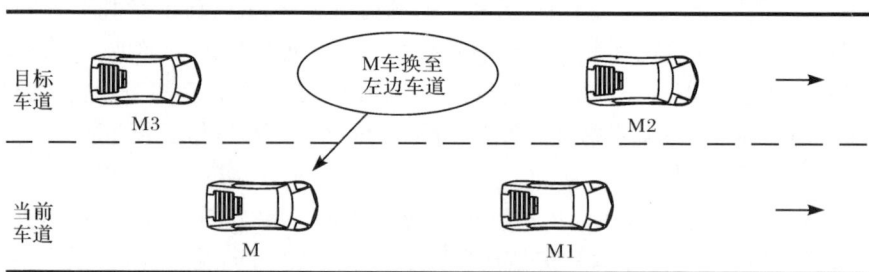

图 4.6 换道场景示意图

假设车辆行驶的方向为纵向,则垂直于车辆行驶的方向为横向。一般目标车的横向位移 L 为 3.75m,那么执行换道操作的时间 t 为

$$\Delta t = \frac{L}{v_y} \tag{4.10}$$

式中,v_y 为车辆的横向速度,m/s。

车辆的横向速度一般情况下为 1.0~1.5m/s,那么 Δt 为 2.5~3.75s。

假设换道时车辆在两个车道行驶的时间相等,即为 1.25~1.875s。根据图 4.6,可以预测到 M 车换道时与其附近的车辆主要发生的碰撞有如下几种情况:

(1) 车辆在第一个换道过程中间时刻所受的约束条件:在 M 车辆加速换道时,如果其与 M1 车间的纵向间距不能满足安全要求,则可能会与 M1 车发生斜向碰撞或追尾碰撞。

(2)在下半个时间段内驾驶员主要是在新车道中调整自身的位置和车速满足安全条件,须有两个约束条件:①在目标车道上,M 车可能由于加速度过高,与 M2 车之间的纵向间距不满足安全间距要求,则 M 车可能与 M2 车发生侧向刮擦或追尾碰撞;②M 车在换道时没有对 M3 车速度以及其间距判断正确,则可能与 M3 车发生斜向碰撞和追尾碰撞。

这里没有考虑 M 车与当前车道后车的关系,是因为这种安全关系主要是由后车来控制,所以不予考虑。若车辆换道时能同时满足上述的三个约束条件,车辆就可以安全完成换道。这里先简要分析 M 车换道时的三个约束条件,第 4 章会通过数学建模具体阐述车辆之间(M 车与其他三辆车)的动力学特性关系,研究避免发生碰撞的具体操作。

4.3　换道安全距离建模

换道安全是研究车辆行驶安全的重要组成部分,其中涉及的因素也很多,在第 2 和第 4 章均有提及。这些通过数学模型很难准确地描述,导致换道模型发展很慢。由于换道行为的复杂性和不确定性,需要大量车辆单元信息的支撑和行为数据,但是这些数据搜集又很困难。本章主要依据第 2 章和第 4 章对换道行为的综合分析,建立换道安全距离模型。

4.3.1　换道场景

如图 4.7 所示,M 车期望从当前车道上换至目标车道上,在 M 车的前方有 M1 车,后方有 M4 车;在目标车道上,左前方有 M2 车,左后方有 M3 车。根据跟驰安全特性分析,M 车与 M4 车之间的关系属于车辆跟驰,安全间距应由 M4 车来控制,所以 M 车不用加以考虑[5]。假设 M 车在 $t=0$ 时刻开始换道,持续时间由三部分组成:施加换道操作之前的准备时间 t_p、换道中施加侧向加速度的时间 t_l 及完成后的调整时间,并假设除 M 车之外的其他任何车辆横向加速度均都为 0,即行驶过程横向位移为 0。

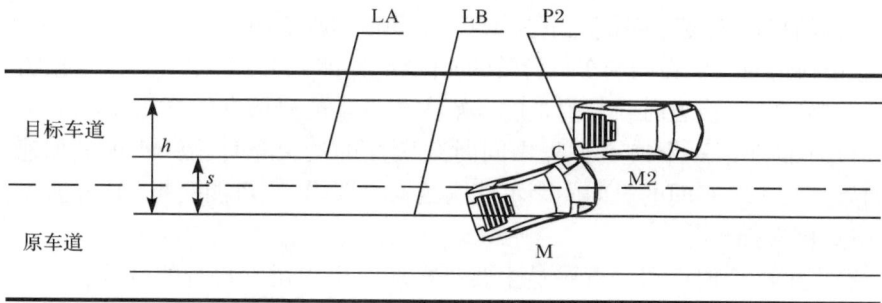

图 4.7　M 车和 M2 车的碰撞示意图

4.3.2　车辆换道的最小纵向安全距离模型

如图 4.7 所示,建立的安全距离模型是用来描述 M 车在具体的时间内不与其他车发生任何碰撞。其中,假设换道车 M 在 $t=0$ 时产生换道需求并调整它的纵向位置和速度,然后在 $t=t_p$ 时施加横向加速度。

1. M 和 M2 之间的最小纵向安全距离

假设 s 为 M 车上边界和 M2 下边界的横向间距。如图 4.7 所示,M2 始终在目标车道行驶,定义 t_p+t_C 为 M 车右上角 P2 点在 C 点的瞬间时刻,M 车和 M2 车可能发生的碰撞类型有斜向碰撞或追尾碰撞。当 M 车换道时,M 车的右上角首先经过 LB 线,与 LA 线交于 C 点。当 M 车右上角通过 LA 线之前,易与 M2 车的 P4 点发生斜向碰撞;$t \geqslant t_p+t_C$ 时,当 M 车完成大部分换道时,易与 M2 车发生角碰或追尾碰撞。所以在 $t \geqslant t_p+t_C$ 时刻及以后的时间段为相对危险期(已假设过 M2 车的横向位移为 0)。

当 $t=t_p+t_C$ 时,P2 的横向位移应满足:

$$y_l(t)=s=y_{M2}-W_{M2} \tag{4.11}$$

结合式(3.33),得

$$y_l(t)-L_M \frac{v_l(t)}{\sqrt{v_l^2(t)+v_M^2(t)}}=S \tag{4.12}$$

把可能发生碰撞的形式都考虑进去,它们之间避免发生碰撞的条件为

$$x_M(t)<x_{M2}(t)-L_{M2}-W_M \sin(\theta(t_p+t_C)),t \in [t_p+t_C,T] \tag{4.13}$$

式中,L_{M2} 为 M2 车的长度,m;$W_M \sin(\theta(t))$ 是为保证在 t_p+t_C 时刻后,M 车的前保险杠与 M2 的 P4 位置不会发生任何碰撞。

在式(4.13)中,$t_p+t_C \geqslant \left(\dfrac{t_l}{2}\right)+t_p$,即 $a_l(t_p+t_C)<0$,因此,$\theta(t)$ 和 $\sin(\theta(t))$ 在 t_p+t_C 时取得最大值。令

$$l_{M2}=L_{M2}+W_M \text{Maxsin}(\theta(t))=L_{M2}+W_M \sin(\theta(t_p+t_C)) \quad (4.14)$$

式(4.14)可以简化为

$$x_M(t)<x_{M2}(t)-l_{M2}, \quad t\in[t_p+t_C,T] \quad (4.15)$$

令两车的纵向间距

$$S_纵=x_M(t)-L_M-x_{M2}(t), \quad t\in[0,t_p+t_C] \quad (4.16)$$

在 $t\geqslant t_p+t_C$ 时,只要保证 $S_纵(t)>0$,则不会发生任何碰撞。式(4.16)可以表示为

$$S_纵(t)=S_纵(0)+\int_0^t\int_0^\tau (a_{M2}(\tau)-a_M(\tau))\mathrm{d}\tau\mathrm{d}\lambda$$

$$+(v_{M2}(0)-v_M(0))t>0, \quad t\in[t_p+t_C,T] \quad (4.17)$$

式中,$S_纵(0)$ 为两车初始纵向间距;$a_{M2}(t)$ 为 M2 车纵向加速度。

　　M 车和 M2 车不发生碰撞的 $S_纵(0)$ 最小值,就是要求换道时 M 车和 M2 车不发生任何碰撞的最小纵向安全距离 $S_{MLSD}(M,M2)$(minimum longitudinal safety distance,MLSD)。因此,

$$S_{MLSD}(M,M2)=\max\Big(\int_0^t\int_0^\tau (a_M(\tau)-a_{M2}(\tau))\mathrm{d}\tau\mathrm{d}\lambda$$

$$+(v_M(0)-v_{M2}(0))t,0\Big), \quad t\in[t_p+t_C,T] \quad (4.18)$$

$S_{MLSD}(M,M2)$ 主要取决于 M 车和 M2 车之间的相对纵向速度、相对纵向加速度和时间 t_p+t_C。t_p+t_C 取决于横向距离 s、横向偏移时间 t_l 和准备时间 t_p。

　　2. M 和 M3 之间的最小纵向安全距离

　　如图 4.8 所示,M3 车始终在目标车道行驶,M 车在 $t=0$ 时刻开始换道,t_p+t_C 为 M 车行驶到 C 点所用的时间。由于 M3 车在原车道行驶,所以当 M 车左下角(P3 点)通过 LA 线之前,易发生斜向碰撞;当 $t_p\leqslant t\leqslant t_p+t_C$ 时,M 车容易与 M3 车发生斜向碰撞或斜向刮擦;M 车换道完成时与 M3 可能发生追尾。

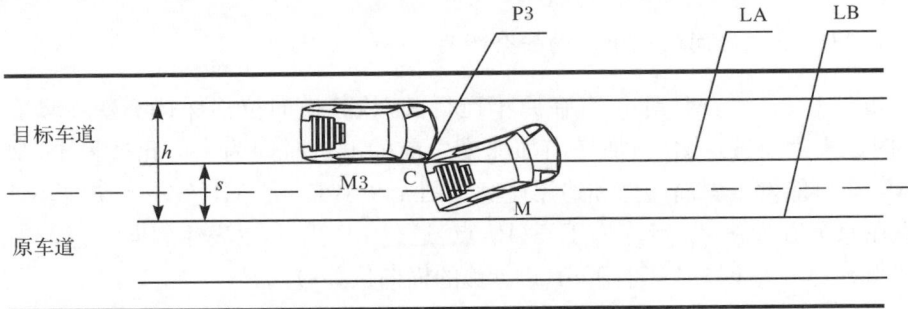

图 4.8　M 车和 M3 车的碰撞示意图

当 $t=t_p+t_C$ 时,M 车左下角(P3 点)的横向位移应满足:

$$y_1(t)-L_M\cos(\theta(t))=S \tag{4.19}$$

由式(4.19)得

$$y_1(t)-L_M\frac{v_1(t)}{\sqrt{v_1^2(t)+v_M^2(t)}}=S \tag{4.20}$$

把可能发生碰撞的形式都考虑进去,它们之间避免发生碰撞的条件为

$$x_{M3}(t)<x_M(t)-L_M\cos(\theta(t)),\quad t\in[t_p+t_C,T] \tag{4.21}$$

式中,$x_{M3}(t)$ 为 M3 车的纵向位移。

可以看出,在 $t{\geqslant}t_p+t_C$ 时,$\cos(\theta(t))$ 取最大值,式(4.21)可以简化为

$$x_{M3}(t)<x_M(t)-L_M,\quad t\in[t_p+t_C,T] \tag{4.22}$$

设 M 的尾部和 M3 的头部之间的纵向距离为

$$S_{纵}(t)=x_M(t)-L_M-x_{M3}(t) \tag{4.23}$$

在 $t{\geqslant}t_p+t_C$ 时,只要保证 $S_{纵}(t)>0$,就不会发生任何碰撞。所以式(4.23)可以转化为

$$S_{纵}(t)=S_{纵}(0)+\int_0^t\int_0^\tau(a_M(\tau)-a_{M3}(\tau))\mathrm{d}\tau\mathrm{d}\lambda$$
$$+(v_M(0)-v_{M3}(0))t>0,\quad t\in[t_p+t_C,T] \tag{4.24}$$

式中,$a_{M3}(t)$ 为 M3 车纵向加速度,m/s²;$S_{纵}(0)=x_M(0)-L_M-x_{M3}(0)$ 为 M 车和 M3 车的初始纵向间距;M 车和 M3 车不发生任何碰撞的 $S_{纵}(0)$ 最小值就是要求车辆换道时 M 车和 M3 车的最小纵向安全距离,即

$$S_{MLSD}(M,M3)=\max\Big(\int_0^t\int_0^\tau(a_{M3}(\tau)-a_M(\tau))\mathrm{d}\tau\mathrm{d}\lambda+(v_{M3}(0)$$
$$-v_M(0)\Big)\cdot t,0\Big),\quad t\in[t_p+t_C,T] \tag{4.25}$$

从式(4.25)可以看出,两车之间的相对纵向加速度,相对纵向速度和时间 t_p+t_C 决定 M 车和 M3 车之间的最小纵向安全距离。

3. M 和 M1 之间的最小纵向安全距离

如图 4.9 所示,M1 车一直在原车道行驶,故其横向位移保持不变。M 车在 $t=0$ 时刻产生换道意图,施加横向加速度之前的准备时间为 t_p。此过程中,M 车与 M1 车可能发生斜向碰撞和追尾碰撞。图 4.9 中 LB 是 M1 车左侧切线,M1 车一直在原车道行驶,当 M 车右下角(P1 点)通过 LB 线时,易发生斜向碰撞。

当 $t=t_p+t_C$ 时,M 车右下角(P1 点)的横向位移应满足:

$$y_1(t)-W_M\cos(\theta(t))=W_{M1} \tag{4.26}$$

联立式(3.33)和式(4.26),得

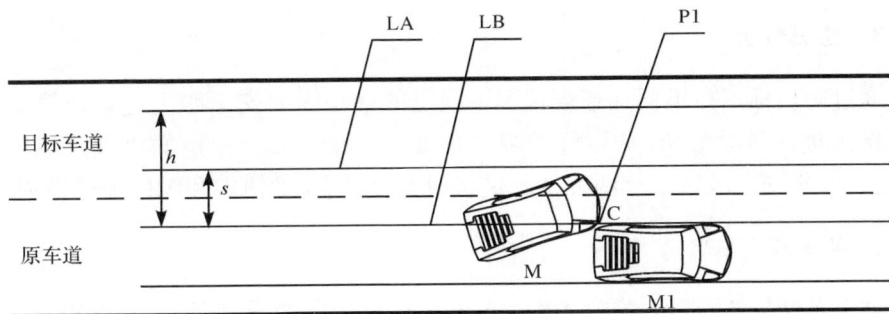

图 4.9 M 车和 M1 车的碰撞示意图

$$y_1(t) - W_M \frac{v_M}{\sqrt{v_M^2 + v_1^2}} = W_{M1} \tag{4.27}$$

可见,如果 M 与 M1 车之间避免碰撞,必须满足:

$$x_M(t) \leqslant x_{M1}(t) - L_{M1} - W_M \sin(\theta(t)), \quad \forall t \in [t_p + t_C, T] \tag{4.28}$$

式中,$x_{M1}(t)$ 为 M1 车的纵向位移。

由式(4.28)可以看出,在 $t = t_p + t_C$ 时刻,$\sin(\theta(t))$ 取得最大值,式(4.28)可简化为

$$x_M(t) \leqslant x_{M1}(t) - L_{M1}, \quad t \in [0, t_p + t_C] \tag{4.29}$$

设 M 的尾部和 M1 车的头部之间的纵向距离为

$$S_{纵} = x_M(t) - L_M - x_{M4}(t), \quad t \in [0, t_p + t_C] \tag{4.30}$$

在 $t \leqslant t_p + t_C$ 时,如果满足 $S_{纵} > 0$,可以保证不发生任何碰撞,则式(4.30)可表示为

$$S_{纵}(t) = S_{纵}(0) + \int_0^t \int_0^\tau (a_{M1}(\tau) - a_M(\tau)) d\tau d\lambda + (v_{M1}(0) - v_M(0))t > 0 \tag{4.31}$$

式中,$S_{纵}(0)$ 为两车初始纵向间距,m;$a_{M1}(t)$ 为 M1 车纵向加速度,m/s²,统计结果研究表明:一般情况下,$a_M(t)$ 不宜超过 6m/s²[7]。

令 $S_{MLSD}(M, M1)$ 为最小纵向安全距离,有

$$S_{MLSD}(M, M1) = \max\left(\int_0^t \int_0^\tau (a_M(\tau) - a_{M1}(\tau)) d\tau d\lambda + (v_M(0)\right.$$

$$\left. - v_{M1}(0))t, 0\right), \quad t \in [0, t_p + t_C] \tag{4.32}$$

车辆换道行驶时,要求 M 车和 M1 车不发生任何碰撞的最小纵向安全距离即为 $S_{纵}(0)$ 的最小值。分析得出,$S_{MLSD}(M, M1)$ 主要由相对纵向加速度、相对初始速度以及时间 $t_p + t_C$ 所决定的,而 $t_p + t_C$ 取决于横向偏移时间、M1 车宽和准备时间 t_p。

4.3.3　仿真分析

通过对目标车在不同加速度情况下换道的最小纵向安全距离进行数值仿真，并对结果进行科学分析，从更好的视觉角度深入研究安全换道的机理，确定换道时的安全/非安全区域。分两种情况进行讨论：纵向速度恒定和纵向加速换道。

1. 纵向速度恒定

如果车速较高，那么换道时横向和纵向行驶的夹角就比较小，一般认为在 5°左右，所以换道时纵向速度可以认为变化很小。假设图 3.25 的车辆都保持恒定速度行驶，即 $a_i(t)=0$，其中，$t \in [0, T]$，$i \in \{M, M1, M2, M3\}$，则可计算 M 车与相邻各个车辆的最小纵向安全距离。

1）M 和 M2 之间的最小纵向安全距离

根据式（4.32），M 车和 M2 车之间在速度恒定下不发生碰撞的临界条件可以简化为

$$S_{纵}(t) = (S_{纵}(0) + (v_{M2} - v_M)t) > 0, \quad t \in [t_p + t_C, T] \tag{4.33}$$

因此，

$$S_{MLSD}(M, M2) = \max\{(v_M - v_{M2})t\}, \quad t \in [t_p + t_C, T] \tag{4.34}$$

因为 M 车和 M1 车的相对速度恒为常数，式（4.34）又可以改为

$$S_{MLSD}(M, M2) = \max \begin{cases} (v_M - v_{M2})T, & (v_M - v_{M2}) \geqslant 0 \\ (v_M - v_{M2})(t_p + t_C), & 其他 \end{cases} \tag{4.35}$$

M 车与 M2 车初始纵向间距仿真结果如图 4.10 所示。

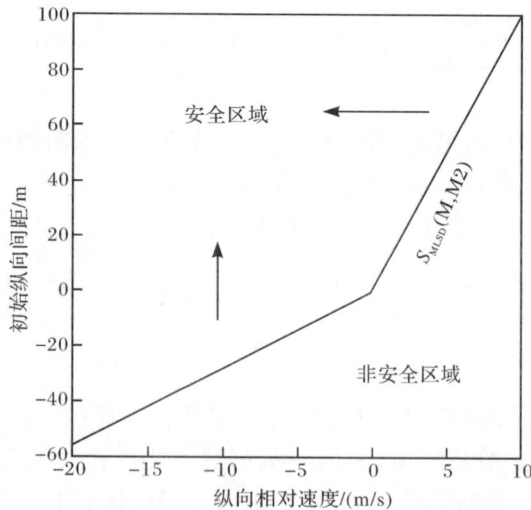

图 4.10　速度恒定下换道车 M 与 M2 车的碰撞区域

2)M 和 M3 之间的最小纵向安全距离

根据式(4.31),在速度恒定下 M 车和 M3 车之间不发生碰撞的临界条件可简化为

$$S_{\text{纵}}(t)=(S_{\text{纵}}(0)+(v_{\text{M}}-v_{\text{M3}})t)>0, \quad t\in[t_{\text{p}}+t_{\text{C}},T] \tag{4.36}$$

因此,

$$S_{\text{MLSD}}(\text{M},\text{M3})=\max((v_{\text{M3}}-v_{\text{M}})t), \quad t\in[t_{\text{p}}+t_{\text{C}},T] \tag{4.37}$$

因为 M 车和 M3 车的相对速度恒为常数,式(4.37)可转化为

$$S_{\text{MLSD}}(\text{M},\text{M3})=\max\begin{cases}(v_{\text{M3}}-v_{\text{M}})T, & v_{\text{M3}}-v_{\text{M}}\geqslant 0\\(v_{\text{M3}}-v_{\text{M}})(t_{\text{p}}+t_{\text{C}}), & \text{其他}\end{cases} \tag{4.38}$$

M 车与 M3 车初始纵向间距仿真结果如图 4.11 所示。

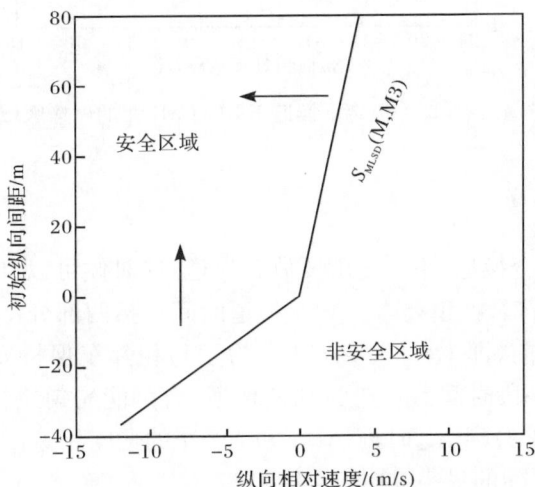

图 4.11　速度恒定下换道车 M 与 M3 车的碰撞区域

3) M 和 M1 之间的最小纵向安全距离

根据式(4.31),M 车和 M1 车之间在速度恒定下不发生碰撞的临界条件可以简化为

$$S_{\text{纵}}(t)=(S_{\text{纵}}(0)+(v_{\text{M1}}-v_{\text{M}})t)>0, \quad t\in[0,t_{\text{p}}+t_{\text{C}}] \tag{4.39}$$

因此,

$$S_{\text{MLSD}}(\text{M},\text{M1})=\max\{(v_{\text{M}}-v_{\text{M1}})t,0\}, \quad t\in[0,t_{\text{p}}+t_{\text{C}}] \tag{4.40}$$

因为 M 车和 M1 车的相对速度恒为常数,式(4.30)又可以写成为

$$S_{\text{MLSD}}(\text{M},\text{M1})=\max\begin{cases}(v_{\text{M}}-v_{\text{M1}})(t_{\text{p}}+t_{\text{C}}), & v_{\text{M}}-v_{\text{M1}}\geqslant 0\\0, & \text{其他}\end{cases} \tag{4.41}$$

M 车与 M3 车初始纵向间距仿真结果如图 4.12 所示。

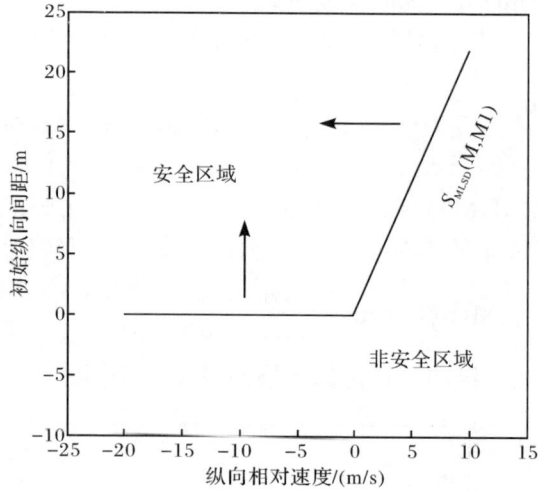

图 4.12　速度恒定下换道车 M 与 M1 车的碰撞区域

2. 车辆加速换道

如果当前不适合换道,不一定就要放弃换道,这时候可以利用准备时间,调整速度和加速度直到符合换道要求。M 车换道时间包括两部分:t_p 和 t_{long},如图 4.13 所示。在换道行驶前,即 $t=0$ 时刻,M 车为了与相邻车保持安全间距可以先减速,减速状态持续一段时间后在进行加速换道(有可能先匀速行驶一段时间再换道,视情况而定)。在 t_p+t_{long} 时刻,M 车和 M2 车的速度相等,之后加速度为零。

1) M 和 M2 之间的最小纵向安全距离

(1) $t_p=0$,在这种情况下,除了 M 车以外,其他周边车辆均为匀速行驶,M 车在 t_{long} 后速度等于 v_{M2},之后加速度为零,所以 M 车换道时的纵向加速度 a_M 为

$$a_M = \begin{cases} \dfrac{v_{M2}-v_M}{t_{long}}, & t \leqslant t_{long} \\ 0, & 其他 \end{cases} \tag{4.42}$$

代入式(4.17),则 M 车与 M2 车不发生碰撞的条件为

$$S_{纵}(t) = \left(S_{纵}(0) + (v_{M2}-v_M(0)) \left(t - \dfrac{t^2}{2t_{long}} \right) \right) > 0, \quad t \in [t_C, t_{long}] \tag{4.43}$$

考虑到纵向相对速度 v_M-v_{M2} 不同,$S_{MLSD}(M,M2)$ 可以表示为

$$S_{MLSD}(M,M2) = \max \begin{cases} (v_M-v_{M2})t_{long}, & (v_M-v_{M2}) \geqslant 0 \\ (v_M-v_{M2})t_C, & 其他 \end{cases} \tag{4.44}$$

通过数据仿真对比图 4.10,图 4.14 的安全区域变大,因此,这种变化的纵向加速度策略换道比纵向速度恒定更为可行。

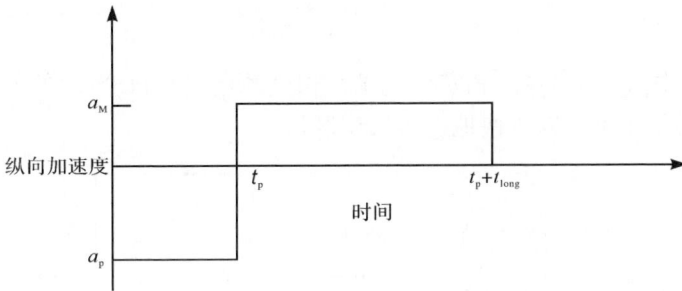

图 4.13　转换的换道车纵向加速曲线

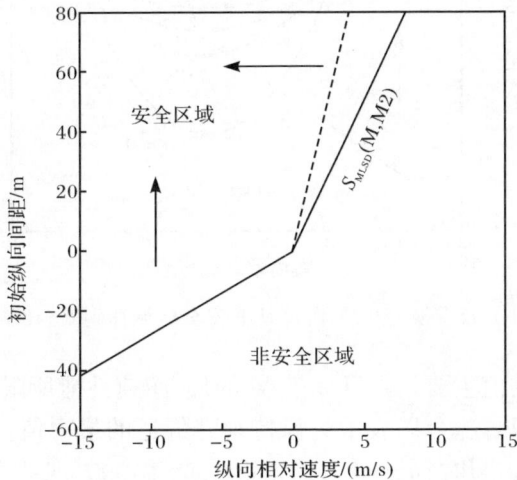

图 4.14　匀加速条件下换道车 M 与 M2 车的碰撞区域

········. 速度恒定；———. $a_i \neq 0$, $t_{adj} = 0$

(2) 当 $t_p > 0$, 定义 M 车与 M2 车的初始间距为一个点, 如果这个点在安全区域内, 则无需调整直接换道, 如果这个点不在安全区域内, 我们应用变换的加速度策略, 以在换道操作前达到安全区域内, 即把这个点从非安全区域调整到安全区域内然后开始换道。

$$x_1 = x_{M2} - x_M - l_{L_1}$$
$$x_2 = v_M - v_{M2} \tag{4.45}$$

对式 (4.45) 求导, 得

$$\dot{x}_1 = \dot{x}_{M2} - \dot{x}_M = v_{M2} - v_M$$
$$\dot{x}_2 = \dot{v}_M - \dot{v}_{M2} = a_p \tag{4.46}$$

结合式 (4.17) 可得

$$x_1 = -\frac{x_2^2}{2a_p} + \upsilon \tag{4.47}$$

图 4.15 中，a_p 的曲线图和安全边缘线相交的点代表每个 a_p 的 t_p 最小值。a_p 的绝对值越大，M 车可以越快地进入安全区域。

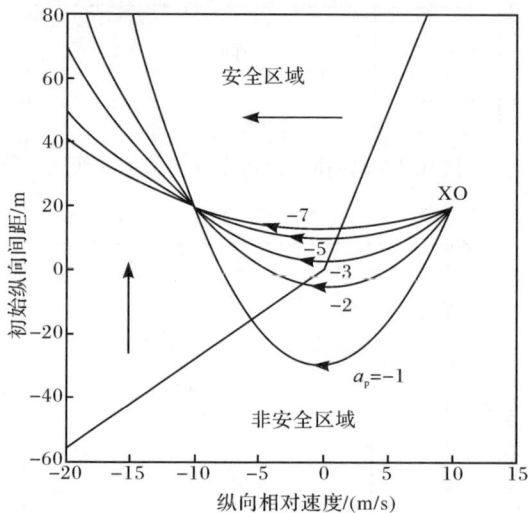

图 4.15　换道车应用 a_p 从非安全区域移到安全区域

需要注意，a_p 的值主要是由目标车 M 的加/减速性能所限制。为了保证乘客舒适，文献[7]认为 $a_{comfort}$ 可以表示为保持乘客舒适的最大值，所以加速度 $|a_p|$ 不会超过这个最大值。同时 $|a_p|$ 很大的情况会产生激波，使车辆间初始纵向间距 $S_纵(0)$ 变大，从而使道路的流量变小，影响通行能力。

在上述讨论中，假设 M 车应用 a_p 持续一段时间，这并非一直可行，因为 M 车的速度可能达到极限，甚至减速为零。在这种情况下，不能再应用图 4.13 的加速度曲线，一个修正过的加速度曲线如图 4.16 所示。

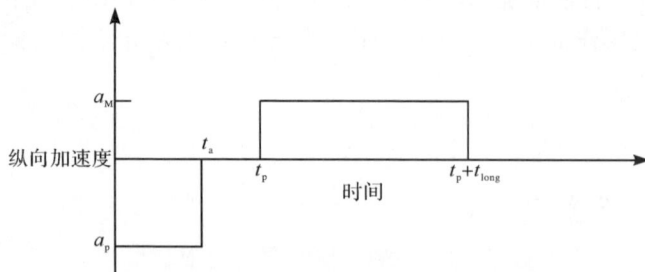

图 4.16　调整过的换道车纵向加速度曲线

M 车在$[t_a,t_p]$这段时间内速度恒定,可以帮助车辆扩大间距进而使目标车 M 在换道时进入安全区域。式(4.47)可以改写为

$$\begin{cases} \dot{x}_1 = -x_2 \\ \dot{x}_2 = 0 \end{cases} \tag{4.48}$$

可以推出,

$$\begin{cases} x_2 = v = x_2(t_a) = v_M(t_a) - v_{M2}(t_a) \\ x_1 = (-x_2(t_a))(t-t_a) + x_1(t_a) \\ \quad = (-v_M(t_a) - v_{M2}(t_a))(t-t_a) + x_{M2}(t_a) - x_M(t_a) - l_{L_1} \end{cases} \tag{4.49}$$

如果想让 x_1 变大,就必须确保 x_2 为负值。换句话说,当 $t=t_a$ 时,图 4.17 中必须在越过中心线到左半部分,然后为了使换道车进入安全区域,让 a_p 直接等于 0。图 4.17 显示着从非安全区域到安全区域的轨迹。

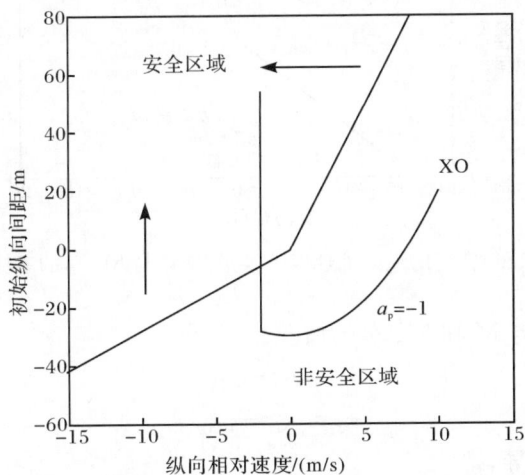

图 4.17　换道车应用 a_p 从非安全区域移到安全区域

2) M 和 M3 之间的最小纵向安全距离

(1) 当 $t_p=0$,假定除了 M 车,其他周边车辆的纵向速度均为恒定的。M 车通过转换加速度,直到 $t=t_{long}$ 时,M 车纵向车速等于 M3 车的速度,此时加速度为零。

$$a_M = \begin{cases} \dfrac{v_{M3} - v_M}{t_{long}}, & t \leqslant t_{long} \\ 0, & 其他 \end{cases} \tag{4.50}$$

根据式(4.24),M 车与 M3 车不发生碰撞的条件:

$$S_纵(t) = \left(S_纵(0) + (v_M - v_{M3}(0)) \left(t - \dfrac{t^2}{2t_{long}} \right) \right) > 0, \quad t \in [t_C, t_{long}] \tag{4.51}$$

考虑到相对速度不同,最小安全距离可以表示为

$$S_{MLSD}(M,M3)=\begin{cases}(v_{M3}-v_M)t_{long}, & (v_{M3}-v_M)\geqslant0\\(v_{M3}-v_M)t_C, & 其他\end{cases} \tag{4.52}$$

仿真结果显示如图 4.18 所示,如果 $(v_{M3}-v_M)\geqslant0$,安全区边界是斜率为 t_{long} 的直线,如果 $(v_{M3}-v_M)<0$,则直线斜率为 t_C,与图 4.13 对比显示安全区域变大。

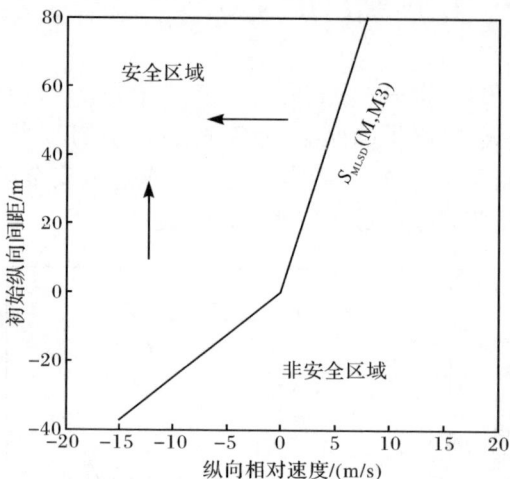

图 4.18　转变的纵向加速度下换道车 M 与 M3 车的碰撞区域

(2) 当 $t_p>0$,与 M 和 M2 车的情况类似,令

$$\begin{cases}x_1=x_M-x_{M3}-l_M\\x_2=v_{M3}-v_M\end{cases} \tag{4.53}$$

对式(4.53)求导,得

$$\begin{cases}\dot{x}_1=\dot{x}_M-\dot{x}_{M3}=v_M-v_{M3}=-x_2\\\dot{x}_2=\dot{v}_{M3}-\dot{v}_M=-a_{adj}\end{cases} \tag{4.54}$$

结合式(4.24)可得

$$x_1=\frac{x_2^2}{2a_p}+v \tag{4.55}$$

这里,v 取决于 $x_1(0)$ 和 $x_2(0)$ 的初始值。通过调整加速度,车辆换道时可进入安全区域。a_p 越大,进入安全区域就越快。t_p 的最小值由 a_p 曲线和安全区域边界的交点决定,如图 4.19 所示。

换道车 M 的纵向速度有一个上限,决定于车辆的性能和驾乘舒适性。类似于 M 车和 M2 车,利用图 4.16 修正的曲线。这里也是相同,我们需要确保曲线 a_p 在左半部分。图 4.20 显示从非安全区域进入安全区域的轨迹。

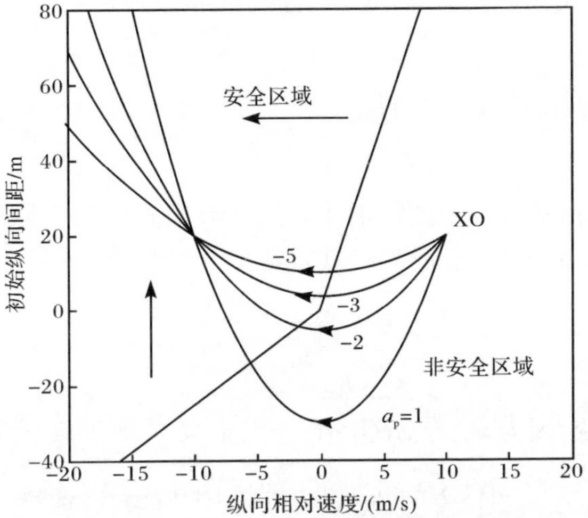

图 4.19　换道车应用 a_p 从非安全区域移到安全区域

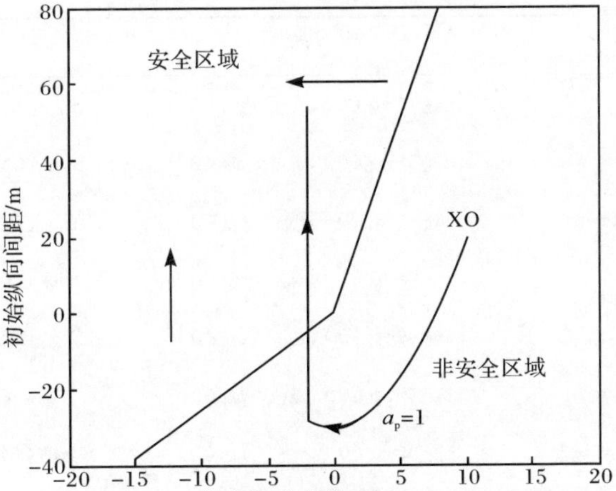

图 4.20　换道车应用 a_p 从非安全区域移到安全区域

3) M 和 M1 之间的最小纵向安全距离

(1)当 $t_p=0$,在这种情况下,除了 M 车匀变速,其他周边车辆均为匀速行驶, M 车在 t_{long} 过后车速等于目标车道的车速,即为 $[t_{long},T]$ 时, $v_M=v_{M2}=v_{M3}$,此后加速度为零。车辆 M 变道时的加速度 a_M 为

$$a_M=\begin{cases}\dfrac{v_{M1}-v_M}{t_{long}}, & t\leqslant t_{long}\\ 0, & \text{其他}\end{cases} \tag{4.56}$$

不失一般性，我们假定 $t_{\text{long}} > t_C$，结合式(4.31)，M1 与 M 车不发生碰撞的条件为

$$S_1(t) = \left(S_1(0) + (v_{M1} - v_M(0)) \left(t - \frac{t^2}{2t_{\text{long}}} \right) + (v_{M1} - v_{M2}) \frac{t^2}{2t_{\text{long}}} \right) > 0, \quad t \in [0, t_C] \tag{4.57}$$

这里需要注意，式(4.57)虽然不受 v_M 影响，但是取决于原车道和目标车道的速度差，为了更好地分析 $S_{\text{MLSD}}(M, M1)$，定义下述变量：

$$\alpha = \frac{v_{M1} - v_M(0)}{v_{M2} - v_M(0)} \tag{4.58}$$

$$t_{\max} = \alpha t_{\text{long}} \tag{4.59}$$

上式是可行的，因为 $v_{M2} - v_M(0)$ 不为 0；如果 $v_{M2} - v_M(0)$ 为 0，则 a_M 为 0。

$$S_1(t) = \left\{ (v_M(0) - v_{M1}) \left(t - \frac{t^2}{2t_{\text{long}}} \right) + (v_{M2} - v_{M1}) \frac{t^2}{2t_{\text{long}}}, 0 \right\} \tag{4.60}$$

利用以上定义，分析式(4.60)的结果如表 4.3 所示。

表 4.3 $S_{\text{MLSD}}(M, M1)$ 的分析值

条件	条件	条件	结果
$\alpha < 0$		$v_{M2} < v_M(0), v_{M1} > v_M(0)$	$S_{\text{MLSD}}(M, M1) = S(0)$
		$v_{M2} > v_M(0), v_{M1} < v_M(0)$	$S_{\text{MLSD}}(M, M1) = S(t_C)$
$\alpha > 0$	$t_{\max} > t_C$	$v_{M2} < v_M(0), v_{M1} < v_M(0)$	$S_{\text{MLSD}}(M, M1) = S(t_C)$
		$v_{M2} > v_M(0), v_{M1} > v_M(0)$	$S_{\text{MLSD}}(M, M1) = S(0)$
$\alpha > 0$	$t_{\max} < t_C, t_{\max} > \dfrac{t_C}{2}$	$v_{M2} < v_M(0), v_{M1} < v_M(0)$	$S_{\text{MLSD}}(M, M1) = S(t_{\max})$
		$v_{M2} > v_M(0), v_{M1} > v_M(0)$	$S_{\text{MLSD}}(M, M1) = S(0)$
$\alpha > 0$	$t_{\max} < \dfrac{t_C}{2}$	$v_{M2} < v_M(0), v_{M1} < v_M(0)$	$S_{\text{MLSD}}(M, M1) = S(t_{\max})$
		$v_{M2} > v_M(0), v_{M1} > v_M(0)$	$S_{\text{MLSD}}(M, M1) = S(t_C)$

通过运行仿真软件来描述理论结果。在仿真中，设定 $T = 20s$，$t_{\max} = 5s$，$h = 3.65m$，$t_{\text{long}} = 10s$，M1 车和 M2 车的相对速度为 $-20 \sim 20$km/h，安全区域和非安全区域显示如图 4.21 所示。对比图 4.18 和图 4.21，斜率基本一样，在安全边界上有一个"水平移动"。

(2) 当 $t_p > 0$，可以定义：

$$\begin{cases} x_1 = x_{M1} - x_M - l_M \\ x_2 = v_M - v_{M3} \end{cases} \tag{4.61}$$

在获得状态方程式(4.61)之后，可以转换成为

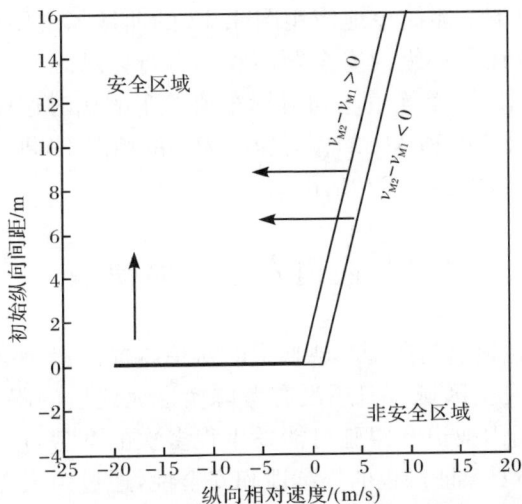

图 4.21 转变的纵向加速度条件下换道车 M 与 M1 车的碰撞区域

$$x_1 = \frac{x_2^2}{2a_p} + c \tag{4.62}$$

其中,c 取决于 $x_1(0)$ 和 $x_2(0)$ 的值。

图 4.21 显示不同的 a_p 值对应的曲线。最初的点应该出现非安全区域内。通过调整 a_p,准备换道时进入安全区域内。可以发现,只有 $a_p = -5$ 或 -7 可能实现。在 $[0, t_p]$ 时间内的某个时间,其他值结果会使 $S_1(t) < 0$,导致 M 车和 M2 发生碰撞(图 4.22)的阴影部分对应着 $S_1(t)$ 为负的部分,是不可行的。

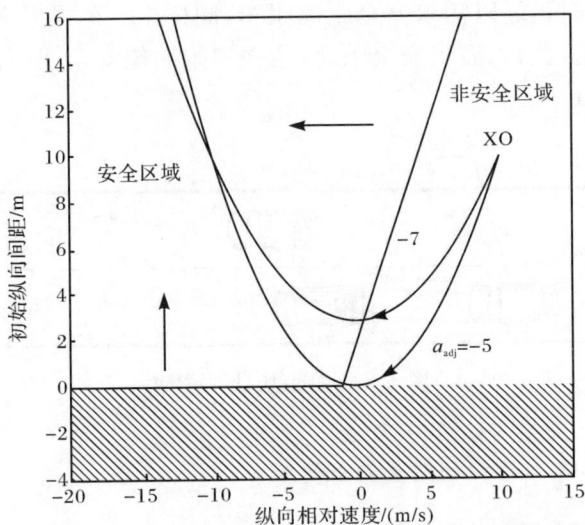

图 4.22 换道车应用 a_{adj} 从非安全区域移到安全区域

　　然而,这种情况下不能简单地应用图 4.12 的曲线。主要取决于不可行区域的存在,这个小区域在最小纵向安全距离和不可行区域之间。需要注意的是,在上述情况下,我们利用这个换道车与目标车道的车的相对速度为负的区域,调整纵向加速度进入。在 M2 和 M1 的相对速度为正的情况下,即 $v_{M2} > v_{M1}$,利用调整的加速度曲线不现实,如图 4.22 所示。

4.4　换道安全距离模型

　　上述模型是考虑换道与周围车辆换道时避免碰撞的最小纵向安全距离,并界定了安全区域和非安全区域。但还没有考虑换道完成后的跟驰关系。在第 2 章已经提过,一段时间内换道和跟驰可能发生很多次的交替,这是一个连续动态变化的过程,所以有必要保证过程的连续性和安全性,通过引入需求安全距离概念,研究车辆换道前后车辆安全跟驰距离的动态转换。

4.4.1　初始期望安全间距模型

　　通过第 3 章对车辆换道行为进行分析可知,换道开始时和结束时目标车应与前导车(或目标车道前导车)以需求安全距离行驶,目标车道后车与目标车亦保持此运行状态,如图 4.23 所示。假定在自由换道过程中,换道车 M 由于当前的环境(如速度或车间距)不能满足自身需求,寻求相邻车道,即与 M2 车的间距是否大于需求安全距离,若大于则相邻车道驾驶环境优于当前车道,M 车则会考虑换道,否则继续等待机会。若换道,M 车会根据 M2 车的状态调整自身速度和间距,保证横向加速度为零时正好以需求安全距离跟车,同样 M3 车根据 M 车自身做出反应。因此,本节通过引入需求安全距离,建立初始期望安全间距模型来描述车辆运行的动态变化过程。

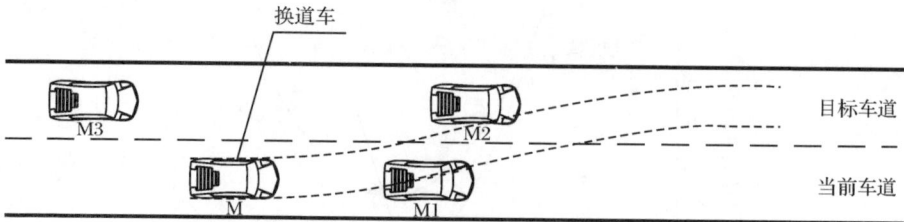

图 4.23　换道场景示意图

1. M 车与 M3 车的初始期望安全间距

图 4.24 为在换道过程中,M 车与 M2 车在需求安全距离影响下的位置示

意图。

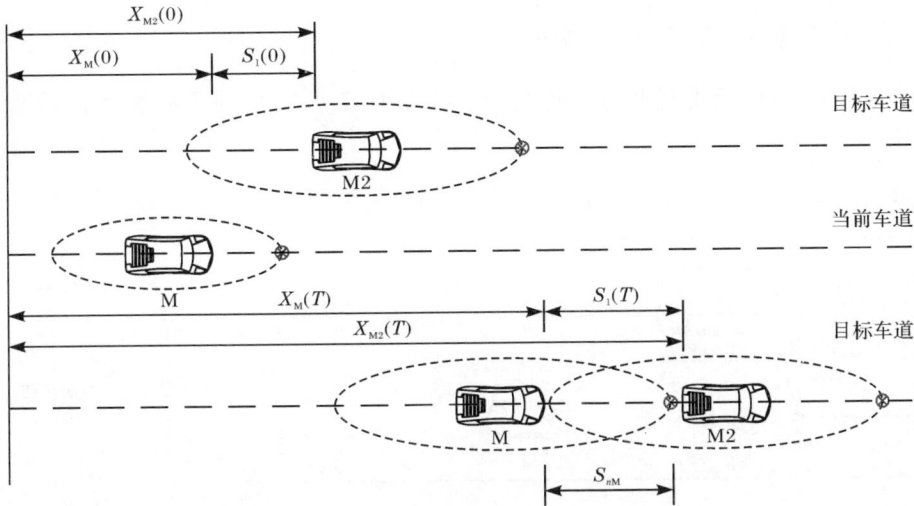

图 4.24　换道过程中 M 车和 M2 车的位置关系图

图中，$x_i(t)$ 表示车辆 i 在 t 时刻的纵向位置，$S_1(0)$ 和 $S_1(T)$ 分别为 M 车与 M2 车的初始纵向间距和换道完成时的间距。根据换道过程中两者之间的动力学关系，计算可得

$$S_1(T) = S_1(0) + (x_{M2}(T) - x_{M2}(0)) - (x_M(T) - x_M(0)) \qquad (4.63)$$

式中，$x_M(T)$、$x_{M2}(T)$ 为目标车 M、M2 换道完成的位置。

由式(2.5)可得

$$C_M = \frac{S_{nM}}{S_1(T)} \qquad (4.64)$$

要保证 M 车换道完成时可以安全跟随 M2 车，则 $C \leqslant 1$，转换可得

$$S_1(0) \geqslant S_{nM} + (x_M(T) - x_M(0)) - (x_{M2}(T) - x_{M2}(0)) \qquad (4.65)$$

初始期望安全间距即根据前后车的状态信息，驾驶员希望换道完成时可以以需求安全距离继续跟驰行驶的初始间距。M 车与 M2 车的初始期望安全间距可表示为

$$S_{DSS}(M, M2) = S_{nM} + \int_0^t \int_0^\tau (a_M(\tau) - a_{M2}(\tau)) d\tau d\lambda + (v_M(0) - v_{M2}(0))t$$

$$\qquad (4.66)$$

从式(4.66)可以看出，$S_{DSS}(M, M2)$ 取决于两车初始纵向速度、纵向加速度和换道完成时间 T。传统的安全间距作为一个参数固定下来，而本书提的初始期望安全间距是动态的，是上述因素相互作用确定的。而 S_{nM} 与 M 车的瞬时速度有关，瞬时速度又由初始速度、加速度和换道时间的大小决定，而加速度和换道时间

之间又相互作用,这些相互作用的动态因素直接反馈给期望安全间距。

2. M 车与 M3 车的初始期望安全间距

图 4.25 为在换道过程中,M 车与 M3 车在需求安全距离影响下的位置示意图。

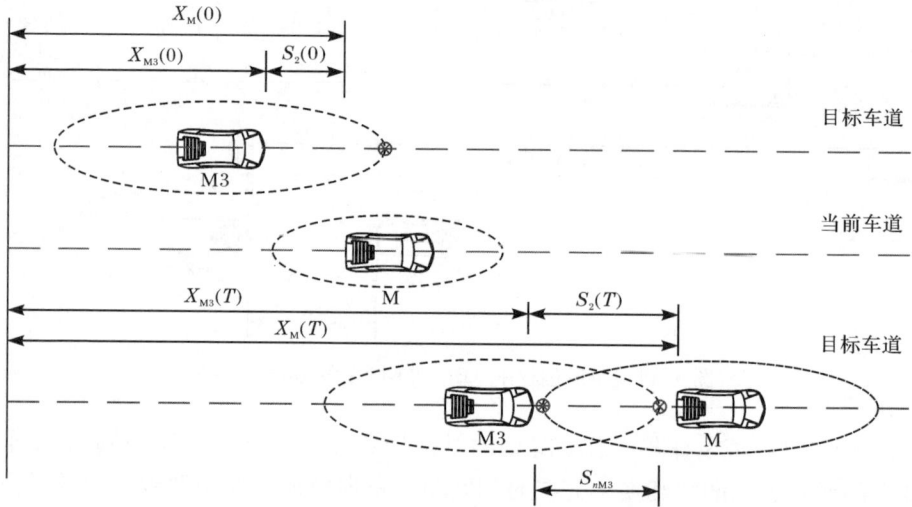

图 4.25　换道过程中 M 车和 M3 车的位置关系图

$S_2(0)$ 和 $S_2(T)$ 分别为 M 车与 M3 车的初始纵向间距和换道完成时的间距。M 车换道完成时与 M3 车的间距 $S_2(T)$,可表示为

$$S_2(T) = S_2(0) + (x_M(T) - x_M(0)) - (x_{M3}(T) - x_{M3}(0)) \tag{4.67}$$

由式(2.5)可得

$$C_{M3} = \frac{S_{nM3}}{S_2(T)} \tag{4.68}$$

式中,S_{nM3} 为 T 时刻 M3 车的需求安全距离。

为保证 $t = T$ 时刻,M3 车相对安全,则 $C_{M3} \leqslant 1$,式(4.68)可改写为

$$S_2(0) \geqslant S_{nM3} + (x_{M3}(T) - x_{M3}(0)) - (x_M(T) - x_M(0)) \tag{4.69}$$

那么 M 车与 M3 车的期望安全间距可表示为

$$S_{DSS}(M, M3) = S_{nM3} + \int_0^t \int_0^\tau (a_{M3}(\tau) - a_M(\tau)) d\tau d\lambda + (v_{M3}(0) - v_M(0))t \tag{4.70}$$

从式(4.70)可以看出,$S_{DSS}(M, M3)$ 取决于两车初始的纵向速度、纵向加速度和换道完成时间 T。S_{nM3} 由 M3 的即时速度决定,但 M3 的速度由 M 车制约着,根据 M 车的状态进行调整,再传递给期望安全间距。

4.4.2　数值仿真

上述建立的期望安全间距模型是准确的安全条件,这里稍作简化一下,假设目标车道中 M2 车的加速度为 0,即 $a_{M2}=0$ 且 $v_{M2}(0)=v_{M3}(0)$,M 车纵向为匀加速运动,且在 T 时刻 M 车的速度等于 M2 车的速度,即 $v_{M2}(0)+a_M T=v_{M2}(T)$,则式(4.66)可简化为

$$S_{DSS}(M,M2)=S_{nM}-\frac{1}{2}a_M T^2 \tag{4.71}$$

由于 $a_M=\dfrac{v_{M2}(T)-v_M(0)}{T}$,$S_{nM}=\beta v_{M2}+\alpha v_{M2}^2$,那么式(4.71)可转化为

$$S_{DSS}(M,M2)=\beta v_{M2}+\alpha v_{M2}^2-\frac{1}{2}(v_{M2}-v_M(0))T \tag{4.72}$$

M2 车速度不变可假定为 60km/h,反应时间 β 一般为 1.4s,α 取值为 0.07m/s^2,期望安全间距主要跟 M 车初始速度和换道时间 T 有关。运用 Matlab 仿真软件对 $S_{DSS}(M,M2)$ 进行分析,并对式(4.72)中 $v_M(0)$ 和 T 两个变量进行范围标定,仿真结果如图 4.26 所示。

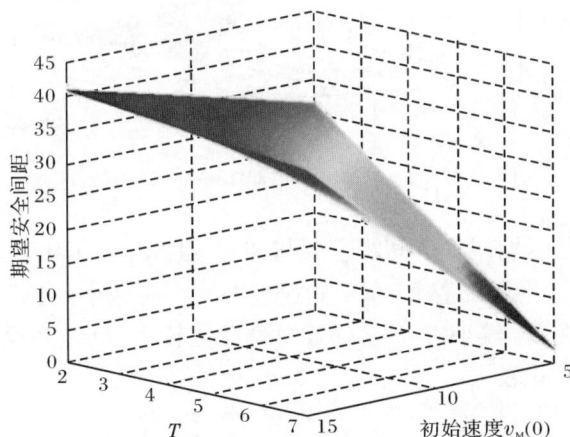

图 4.26　M 车与 M2 车期望安全间距示意图

从图 4.26 可以看出,换道时间越长,期望安全间距越小;初始速度 $v_M(0)$ 越大,期望安全间距越大。在 T 较小时,$S_{DSS}(M,M2)$ 变化较小,而 T 较大时,$S_{DSS}(M,M2)$ 变化较大。在 $v_M(0)$ 较小时,$S_{DSS}(M,M2)$ 变化较大,而在 $v_M(0)$ 较大时,$S_{DSS}(M,M2)$ 变化较小。

由于 M 车的插入导致 M3 车的车间距变小,此时,M3 车一般会通过减速保证足够的间距安全跟驰。M3 车的运动分为两个过程(假设 M3 车此过程中都是匀变速运动):先减速一段时间记为 T_1,此时 M3 车速度为 $v_{M3}(T_1)$,当与 M 速度接

近时停止减速;这时 M 车还在加速,M3 车为了使车间距不会拉大则加速行驶,此段时间记为 T_2,$T=T_1+T_2$。那么式(4.70)可以转化为

$$S_{\text{DSS}}(\text{M},\text{M2})=\beta v_{\text{M3}}+\alpha v_{\text{M3}}^2+\frac{1}{2}(v_{\text{M3}}-v_{\text{M}}(0))T_1 \qquad (4.73)$$

对其进行仿真,假设 M3 车的初始速度为 60km/h,其他意义同上,结果如图 4.27所示。

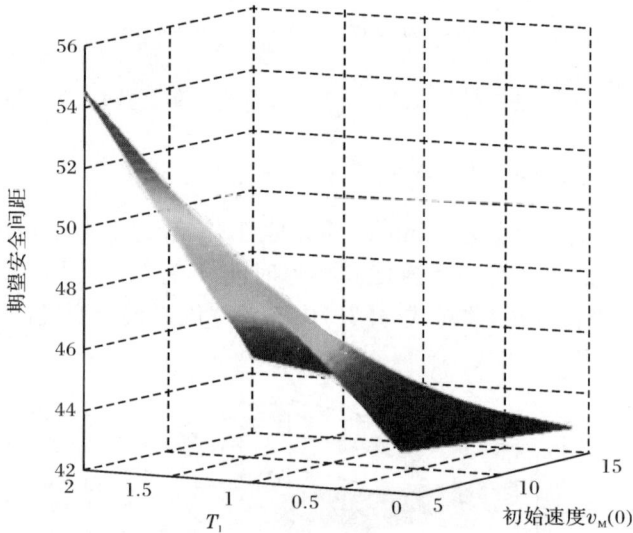

图 4.27 M 车与 M3 车期望安全间距示意图

由图 4.27 可知,期望安全间距主要与初始速度 $v_{\text{M}}(0)$ 和 M3 车的减速时间段 T_1 有关。期望安全间距随着 M 车初始速度的减小而减小,也随着减速时间段 T_1 的增加而增大。在 T_1 较小时,$S_{\text{DSS}}(\text{M},\text{M3})$ 变化较小,反之亦反。在 $v_{\text{M}}(0)$ 较小时,$S_{\text{DSS}}(\text{M},\text{M3})$ 变化较大。

4.5 本 章 小 结

基于假设的换道场景,阐述换道过程中换道车与周围车可能发生碰撞的行驶,运用动力学关系描述换道车与周围车避免发生碰撞的条件,建立了最小纵向安全距离模型,并界定了安全区域和非安全区域。接着通过引入需求安全距离,建立初始期望安全间距,把换道和跟驰行为相结合,保证了换道完成时目标车即可积极跟进又能维持安全。

针对车辆行驶过程中的安全特性进行阐述,根据交通流密度可能出现的不同的运行状态,如自由行驶、跟驰、换道行为,对各自的运行特性进行分析,并在此基

础上研究各行为的安全运行特征,以及总结车辆在各个状态安全行驶时的影响因素,为进一步深入研究和建模奠定理论基础。

参 考 文 献

[1] 任福田,刘小明. 交通工程学[M]. 北京:人民交通出版社,2003.

[2] 李力. 现代交通流理论与应用(卷 I:高速公路交通流)[M]. 北京:清华大学出版社,2011.

[3] 蒋锐. 高速公路基本路段交通安全分析[D]. 福州:福建农林大学,2005.

[4] 余志生. 汽车理论[M]. 北京:机械工业出版社,2002.

[5] 许伦辉,倪艳明,罗强,等. 基于最小安全距离的车辆换道模型研究[J]. 广西师范大学学报(自然科学版),2011,29(4):2—6.

[6] Treiber D M,Helbing. Memory effects in microscopic traffic models and wide scattering in flow density data[J]. Physical Review(E),2003,68(4):352—375.

[7] Kanaris A,Kosmatopoulos E B,Ioannou P A. Strategies and spacing requirements for lane changing and merging in automated highway system[J]. IEEE Transactions on Vehicular Technology,2001,50(6):1568—1581.

第5章 道路交通运行时空特征

交通流特性是指交通运行特征的变化规律,主要通过一些交通参数来标定。城市道路交通存在三种交通运行状态:低密度的畅行交通(自由流)、各车道车辆齐头并进的高密度同步交通(同步流)和更高密度的拥堵交通(宽运动阻塞流)。为了使城市快速路长时间处于自由流或同步流状态,就要熟悉掌握城市快速路交通流时空特性。本章将对城市快速路交通状态转变过程中匝道分合流区交通流时空变化规律进行分析,为下一步研究做好铺垫。

5.1 交通流特性参数分析

研究交通流特性的基本参数有三个:流量、速度和密集度,也称为交通流三要素[1~3]。本章主要对城市快速路匝道分合流区交通流三要素进行了分析。

5.1.1 流量

单位时间内,通过道路某一点、某一断面或某一条车道的交通数称为流量,一般通过折算系数转为标准车进行衡量,用 q 表示。在交通调查中,流量计算公式为

$$q = \frac{N}{T} \tag{5.1}$$

式中,T 为时段长度;N 为时段内的当量车辆数。

5.1.2 速度

速度是指单位时间内车辆行驶的路程,一般将其分为地点速度和平均速度[4]。

1. 地点速度

地点速度为车辆通过道路某一点的瞬时速度,由于车辆速度较快,调查人员很难直接测量得到,一般通过布设检测器方法得到。用 u 表示,理论计算公式为

$$u = \frac{\mathrm{d}x}{\mathrm{d}t} = \lim_{t_2 \to t_1} \frac{x_2 - x_1}{t_2 - t_1} \tag{5.2}$$

式中,x_1、x_2 为时刻 t_1、t_2 的车辆位置。

2. 平均速度

1）时间平均速度

某一时间段内通过道路某一点的所有车辆的瞬时速度的平均值称为时间平均速度，一般用 $\bar{u}_t$ 表示：

$$\bar{u}_t = \frac{1}{N}\sum_{i=1}^{N} u_i \tag{5.3}$$

式中，u_i 为第 i 辆车的瞬时速度；N 为通过的车辆数。

2）区间平均速度

道路沿线某一区间内所有车辆通过该区间的速度平均值称为区间平均速度。一般用 $\bar{u}_s$ 表示：

$$\bar{u}_s = \frac{D}{\dfrac{1}{N}\sum_{i=1}^{N} t_i} \tag{5.4}$$

式中，t_i 为车辆 i 通过该区间所用的行程时间。

对式（5.4）进行变形：

$$\bar{u}_s = \frac{D}{\dfrac{1}{N}\sum_{i=1}^{N} t_i} = \frac{D}{\dfrac{1}{N}\sum_{i=1}^{N} \dfrac{D}{u_i}} = \frac{1}{\dfrac{1}{N}\sum_{i=1}^{N} \dfrac{1}{u_i}} \tag{5.5}$$

式（5.5）表明区间平均速度是该区间内所有车辆行程速度的调和平均值。

5.1.3　密集度

一般将某一道路上车辆之间的紧密程度称为密集度，用时间占有率或密度两个指标来表示。

1. 时间占有率

某一段时间内，通过道路某一断面的车辆所占用的时间与该段时间的比值称为时间占有率，一般用检测器进行检测，用 o 表示：

$$o = \frac{\sum_{i=1}^{N} \Delta t_i}{T} \tag{5.6}$$

式中，N 为时间段 T 内通过断面的车辆数；Δt_i 为第 i 辆车通过断面的时间。

2. 密度

某段道路上某个时刻行驶的车辆数（换算为标准车）与该段道路长度的比值称为密度。一般用 k 表示：

$$k = \frac{N}{L} \tag{5.7}$$

式中，N 为某一时刻道路上存在的车辆数；L 为道路长度。

5.2　交通流特性调查

　　进出匝道分合流区作为城市快速路交织区的主要组成部分，是内部车流和外部车流相互作用的联系纽带，是快速路主线和城市路网关联交叉的关键节点，该区域的交通运行状况直接影响着快速路系统功能的有效发挥和城市路网交通的运行状态，城市快速路交织区如图 5.1 所示。

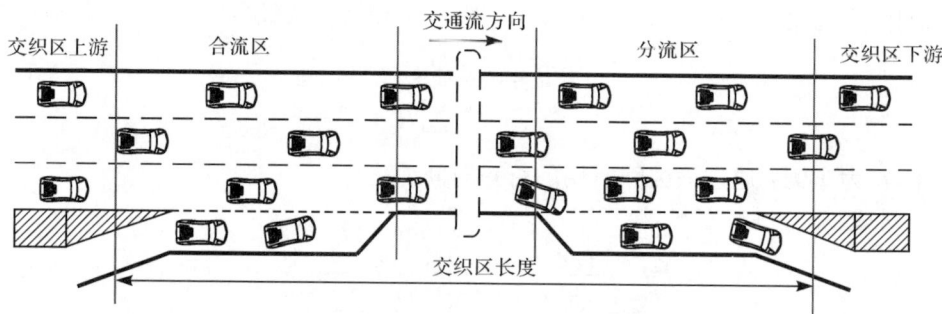

图 5.1　城市快速路交织区示意图

5.2.1　调查方案

　　交通调查是指调查人员为了采集表征交通流特性的数据，而选择某一地点或者某段道路进行调查的行为，交通调查对研究交通流特性具有重要意义。单纯依靠预测数据在一定程度上很难准确地发现交通流规律或者交通问题，只有通过大量的实地交通调查，采集大量的交通数据，对数据进行数理统计分析，才有可能挖掘出道路的交通流特性及交通问题，从而针对不同的交通问题而展开研究。因此，为了更好地研究城市快速路匝道分合流区交通流特性，需要采集实际交通流数据。根据研究的需要，将对流量、速度和时间占有率三个交通流基本参数数据进行采集。

　　选取青岛市有代表性的快速路段，利用实测的交通流参数数据来分析交通流参数的内在规律。本部分主要对快速路匝道区域早晚高峰交通流参数变化规律进行探讨，为研究城市快速路分合流区交通特性和管控策略提供依据。

5.2.2　调查方法和时间

考虑到交通调查具体情况,经综合考虑将采取录像调查方法、感性线圈采集以及人工记录与处理相结合的方法。在调查位置,选某一制高点将摄像机进行安置,镜头对准调查位置进行拍摄,之后将拍摄视频进行数据统计分析,此方法称为录像调查法[5]。根据青岛市交通状况特点,调查时间段选为 2014 年 4 月 21 日至 25 日(周一到周五)每天的早高峰时段 7:00～9:30 和晚高峰时段 16:30～20:00(青岛市晚高峰时间持续较长)。

5.2.3　调查位置

选取一条青岛市快速路含有出入口匝道的路段进行调查,具体位置为杭鞍快速路山东路与鞍山二路之间路段。杭鞍快速路,起于环湾路,终于南京路,建成于 2012 年,以高架道路和地面道路结合为主,全长约 6.5km,高架道路设双向 3 车道,地面道路为双向 4/6 车道,是青岛市一条重要的东西向交通要道。调查路段位于青岛市市北区,交通压力较大,早晚高峰呈现明显的潮汐现象,交通运行常现拥挤状态,为青岛市快速路交通特性比较典型的路段,是该条快速路的主要瓶颈区域。

高速公路交织区是指受匝道附近的分合流以及其他换道车流影响的路段。由于城市快速路与高速公路交通特性的相似性,交织区具体位置一般因地制宜,依据大量实测数据及研究得出:交织区路段一般为进口匝道的上游 150～200m、下游 600～650m,出口匝道的上游 600～650m、下游 150～200m 之间的路段。城市快速路同高速公路相比,进出口较多,与其他快速路衔接点多,出入口与辅路之间没有缓冲道路,直接相连。当其他道路发生交通拥堵时,很可能直接向快速路漫游,致使快速路交通运行受到影响,因此,在快速路的出入口附近都是交织区。综上所述,选取的调查位置如图 5.2 所示。

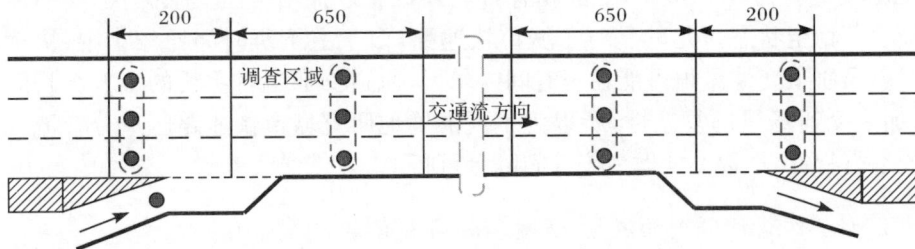

图 5.2　调查位置示意图(单位:m)

5.2.4　数据处理

本次数据处理主要采用模拟线圈方法,即在电脑屏幕上通过一些措施标注线圈的位置,通过回放录像资料,对调查数据进行统计分析,具体过程如下。

1. 获取每辆车的基本信息与时间信息

记录车辆的车头通过屏幕模拟线圈两个端点的时刻与车尾通过白线末端的时刻 t_1、t_2、t_3,这样就可以通过式(5.8)得出每辆车通过 6m 线圈的地点速度,并将每辆车的车型进行统计。

$$U_i = \frac{6}{t_2 - t_1} \tag{5.8}$$

由于模拟线圈和实际线圈跨度不同,为了得到实际车辆的时间占有率,通过式(5.9)计算得出车辆通过距模拟线圈末端 2m 处的时刻 t_4:

$$t_4 = t_2 - \frac{t_2 - t_1}{3} \tag{5.9}$$

2. 统计间隔的选择

统计间隔是交通调查中的一个重要标定参数。统计间隔的大小可能直接影响到调查数据的直观性,甚至影响到交通运行规律的探索。合理的统计间隔不仅可以减小数据处理的工作量,还可以比较明显地发现交通时空变化规律。统计间隔的大小不是随意确定的,必须因地制宜,根据不同的交通场景以及调查目的,通过综合分析,最终确定一个有代表性的时间作为统计间隔,不宜过大也不宜过小。

根据国内外交通调查经验,考虑我国城市快速路的实际交通特性,本章选取 20s 作为统计间隔。因为对于青岛这样的城市,在早晚高峰小时期间,交通整体状态是比较脆弱的,一个小的干扰就有可能导致交通拥堵甚至交通瘫痪,交通流处于极度不稳定状态。尤其是对于城市快速路,由于上下班时间比较集中,快速路主线以及匝道交通量很可能在短时间内暴增,匝道交通流对主线的影响会瞬间增大,加之交通场景的复杂性,所以为了更准确地研究城市快速路匝道分合流区的交通运行特性,选取 20s 作为统计间隔是可行的。

3. 计算统计间隔内的流量、速度和时间占有率

在基础数据整理完善的情况下,利用式(5.3)和式(5.4)得到 20s 统计间隔内通过观测区域所有车辆的时间平均速度 $\bar{u}_t$ 与区间平均速度 $\bar{u}_s$。

将车辆利用折算系数进行转换,得到标准车辆数,并以 20s 为统计间隔分别进

行整理分析,通过累加各个统计间隔的车辆数与整体车辆数进行对比,验证数据处理的准确性。

时间占有率是指在统计间隔内观测区域车辆通过检测器的时间与统计间隔的比值。在对时间占有率进行统计分析时,必须严格分析是否有两辆车并列通过检测器,如果有这种现象需对数据进行修正处理。

5.2.5　数据统计分析

城市快速路匝道分合流区交通流时变特性就是指快速路分合流区交通流基本三要素:流量、速度、时间占有率随时间和空间的变化特性。本书在每个路段同时观测了单向三条车道,三条车道由中间带向外依次命名为内侧车道、中间车道和外侧车道。

在观测中发现,4 月 22 日早高峰时段出口匝道 A 处和 4 月 24 日晚高峰时段入口匝道 B 处,交通流出现较为明显的拥堵状况,整个过程没有出现特别严重的交通瘫痪现象,而且整个过程交通流状态依次表现为自由流状态、车辆齐头并进的同步流状态、高密度的宽运动堵塞状态,而后又逐渐恢复到同步流状态,表现出较为明显的交通流特性,具有很好的研究价值,因此本章将主要选取这两个时段进行分析。

当同一方向车行道大于等于两条时,各车道的使用率以及其他参数往往有一定的差别。交通流在车道上的分布主要取决于交通管控策略、交通组成、车速和交通量、道路进口的位置和数量、驾驶员出行的起讫点位置、出行时间以及道路环境和驾驶员的习惯等[6]。但是在研究过程中发现三条车道的交通流特性比较相似,本书将选取各个代表位置的内侧车道来研究城市快速路匝道分合流区交通流基本参数的时变特性。

5.3　交通流时空特性研究

5.3.1　匝道 A 处交通流时空特性分析

匝道 A 为一个出口匝道,影响主线车流运行状态的因素主要为分流区通过变道行为即将驶出快速路的车辆。

图 5.3～图 5.5 为匝道 A 路段发生交通拥堵过程交通流基本参数流量、速度及时间占有率的时变规律。

由图 5.3～图 5.5 可知,在 7:00～7:20 时段,交通流运行状况良好,整体比较稳定;7:20～8:20 时段,交通流量逐渐增大而后发生交通拥堵状况,车流运行较

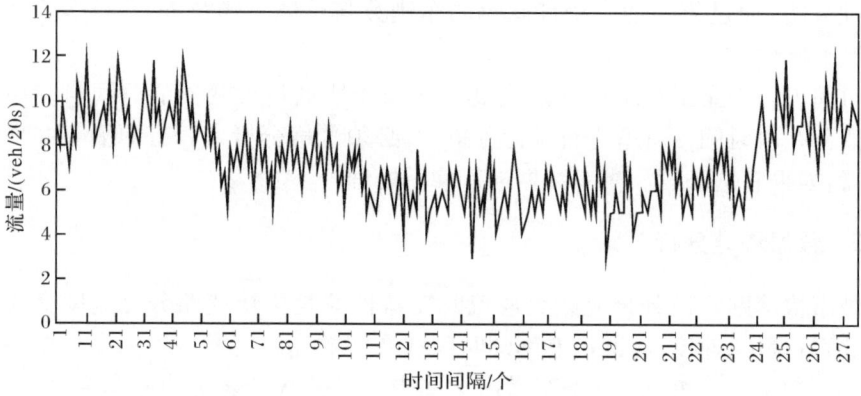

图 5.3　匝道 A 上游内侧车道流量时变特性

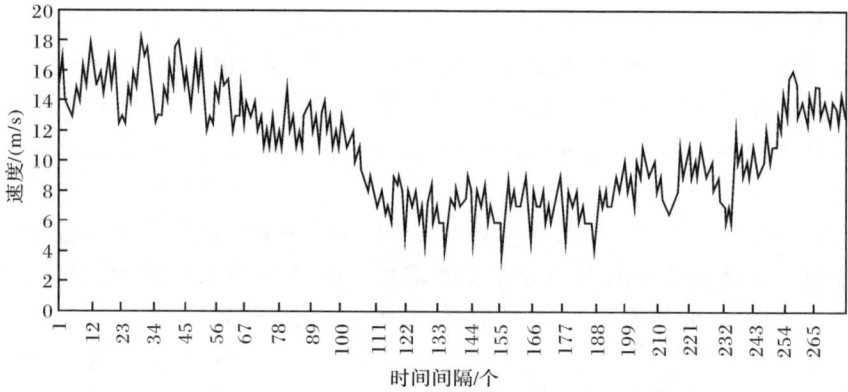

图 5.4　匝道 A 上游内侧车道速度时变特性

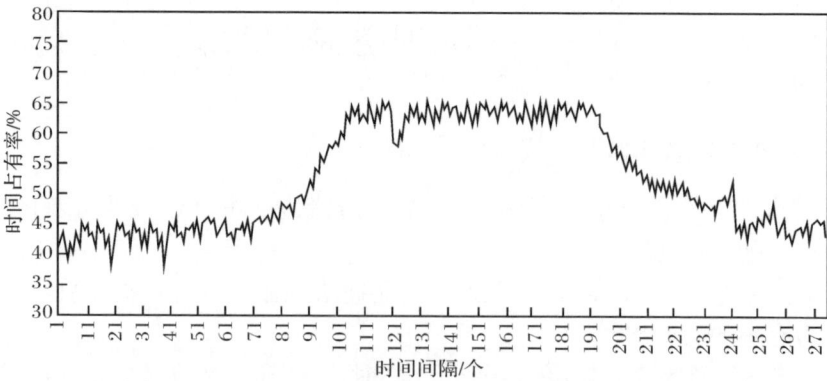

图 5.5　匝道 A 上游内侧车道时间占有率时变特性

慢;8:20～8:30 时段,车流量逐渐减小,交通拥堵现象逐渐消失,车流变成同步流稳定行驶。通过对匝道 A 处上下游的交通参数进行数理统计分析可知,发生交通拥堵的主要原因是大部分人员的上班时间集中为 8:30,快速路上大批车辆需要驶出快速路,大量的换道行为对交通流运行状态产生干扰,最终演化为交通拥堵现象,当大批车辆驶出快速路后,交通又逐渐恢复正常。

5.3.2　匝道 B 处交通流时空特性分析

匝道 B 为一个入口匝道,影响城市快速路主线交通流运行状态的因素主要为合流区从匝道 B 汇入主线的车辆。

图 5.6～图 5.8 为匝道 B 路段发生交通拥堵过程时交通流基本参数流量、速度及时间占有率的时变规律。

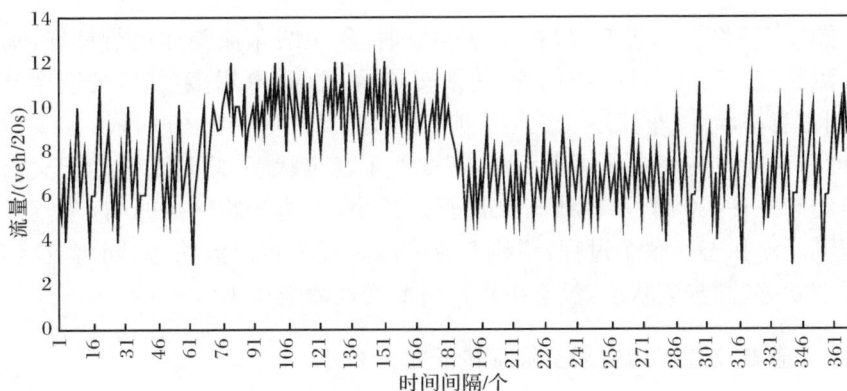

图 5.6　匝道 B 上游内侧车道流量时变特性

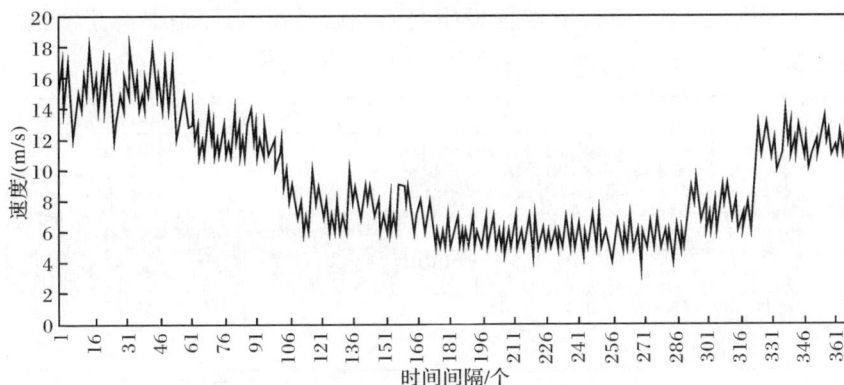

图 5.7　匝道 B 上游内侧车道速度时变特性

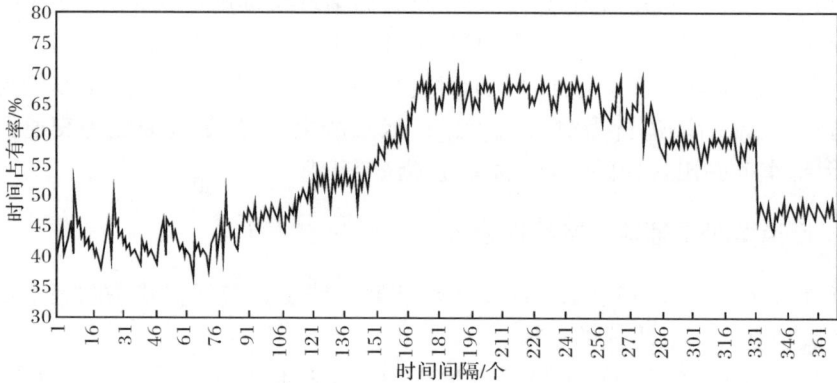

图 5.8　匝道 B 上游内侧车道时间占有率时变特性

由图 5.6~图 5.8 可知,17:00~17:20 时段,主线车流整体运行良好,基本处于自由流状态;17:20~17:40 时段,主线车流量开始逐渐增多,相应的速度开始降低,时间占有率增大,车流逐步发展到拥堵状态;17:40~18:40 时段,主线车流流量、速度和时间占有率变化幅度不大,基本处于稳定状态,此时车流处于交通拥堵状态;18:40~19:00 时段,主线车流量开始减小,车速开始逐步回增,车流开始逐渐恢复同步流状态。整个过程,主线车流依次呈现为自由流状态、同步流状态、宽运动阻塞状态、同步流状态,没有出现严重的交通瘫痪现象。

5.3.3　匝道 B 交通流对主线交通流的干扰分析

匝道交通流对主线交通流的影响主要表现为入口匝道交通流在汇入主线时,会对主线交通流的运行产生干扰,尤其是对外侧车道交通流影响更为显著。

图 5.9~图 5.11 为匝道 B 路段发生交通拥堵过程时,匝道 B 与主线路段交通流基本参数流量、速度及时间占有率的时变规律对比图。

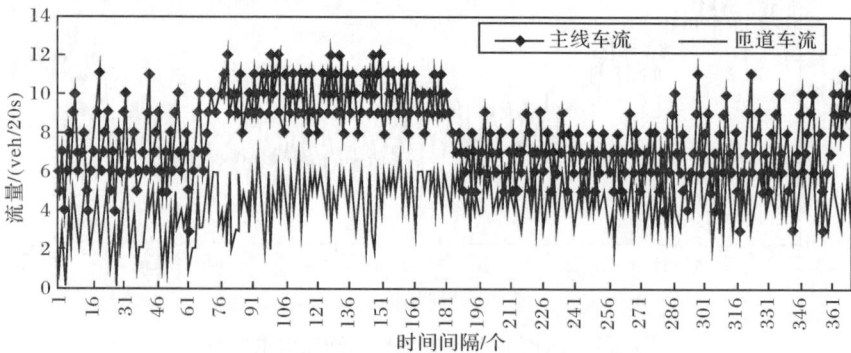

图 5.9　匝道 B 与主线车道流量时变特性

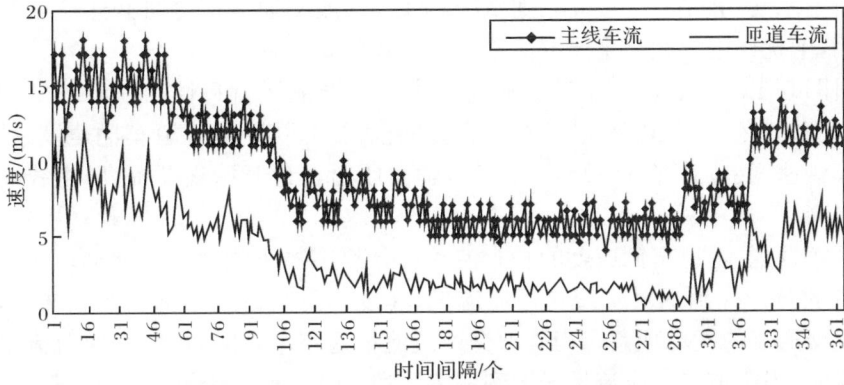

图 5.10　匝道 B 与主线车道速度时变特性

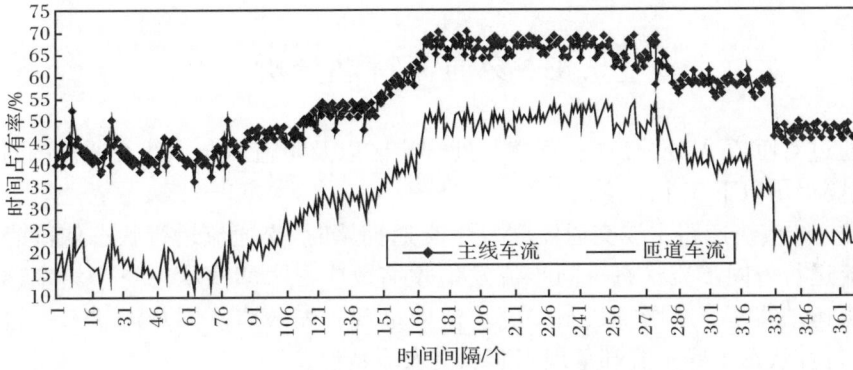

图 5.11　匝道 B 与主线车道时间占有率时变特性

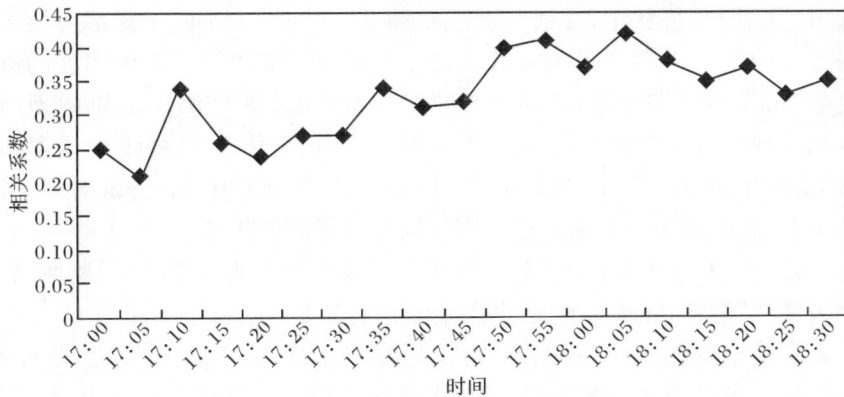

图 5.12　匝道与主线车流相关性分析

由图 5.9～图 5.11 可知,在匝道合流区,两股交通流汇合时必然产生相互干扰作用,干扰作用的大小主要取决于汇合车流的交通特性。

由图 5.12 可以看出,匝道交通流与主线交通流运行特性存在着一定的相关性,相关系数在 0.1～0.5 波动,在调查时间段内,起初随着匝道车辆速度的降低,主线车辆速度也随着降低;18:00 以后,随着匝道车速开始逐渐提高,主线速度也随之提高。

观察发现,匝道车辆速度的一个波动会导致主线车辆速度的波动。入口匝道交通量的脉冲式到达对主线交通流流量、速度和时间占有率都会产生冲击,造成了主线交通流的扰动现象。当匝道交通流流量逐步增多时,主线交通流流量最初不受影响,当匝道交通流流量增大到一定阶段,主线交通流流量开始下降,并且车速开始下降,时间占有率开始增大。伴随着匝道交通流流量的下降,主线交通流又逐步恢复稳定行驶状态。

5.4　交通流特性分析

通过对匝道 A 处分流区、匝道 B 处合流区以及匝道 B 与主线交通流的对比分析,主要得出以下三个结论:

(1) 城市快速路主线交通流在发生交通拥堵时,交通流运行状态依次表现为自由流运行→同步流状态→同步流发生收缩效应→窄堵塞状态→窄堵塞逐渐融合为宽运动堵塞→窄堵塞状态→同步流中呈现收缩效应→同步流状态→自由流运行,每种状态主线车流都呈现不同的交通流特性。

当交通流处于自由流运行状态时,主线车流和匝道车流都以较快的速度运行,主线车流受匝道车流影响较小。随着主线和匝道车辆的增多,交通流呈现车辆齐头并进的同步流状态,交通状态比较脆弱,任何一个小的干扰都可能导致交通失稳现象的发生,匝道车流对主线车流干扰较大。随着主线车流密度的进一步增大,同步流发生收缩效应,道路通行效率开始下降,速度减小,逐渐出现断断续续的窄拥堵现象,最终,在匝道车流不停汇入主线的干扰下,主线出现宽拥堵现象,交通流整体运行缓慢,可能出现一定时间内停滞不前现象。随着时间的推移,交通流量开始减小,主线交通状态逐渐恢复自由流运行状态。

(2) 城市快速路匝道分合流区主线交通流主要表现为一定的"周期性"、"脉冲性"和"波动性"规律,主要原因是匝道车流运行特性的影响。匝道车辆速度的波动会引发主线车辆速度的波动。匝道交通量所呈现出的"周期性"、"脉冲性"及"波动性"规律主要由于受城市地面道路交叉口信号灯的强制调节作用所引起。"周期性"的周期时长与匝道上游交通信号的周期时长基本相等,而且同一匝道不同时段交通流量的周期时长大致相等,不同匝道周期时长不相等。"脉冲性"和

"波动性"的明显程度与匝道基本属性和匝道上游交通信号灯的距离有关,匝道和匝道上游信号灯的距离越小,"脉冲性"和"波动性"越明显,反之则越不明显。

(3) 在高峰期间,匝道交通流与主线交通流交通特性具有一定程度的相关性。在交通拥堵发生前期,当匝道车辆运行速度开始逐渐减小时,主线车辆运行速度也减小;当交通拥堵发生后期,匝道车辆运行速度开始增大,随之主线车辆运行速度也增大,并且通过数理统计分析验证了两者之间的相关性。在此期间,匝道车辆速度的波动会引发主线车辆速度的波动。

5.5　车辆运行特性

汇入或汇出匝道的车辆为影响城市快速路匝道分合流区主线交通流运行状态的主要因素。在这个特殊的区域,车辆之间存在着频繁的交互行为,运行车辆为了达到各自的运行目的而发生跟驰或者换道行为,研究该区域车辆之间的交互特性对于更好的解析交通流失稳现象以及如何采取有效措施减少出入匝道的车辆对主线车流的影响具有极其重要的现实意义。本章将基于博弈论思想,深入研究运行车辆之间的微观特性。

5.5.1　车辆交互行为的动态博弈理论基础

1. 博弈论

博弈论又称对策论,是使用严谨的数学模型研究现实世界中冲突对抗条件下最优决策问题的理论,简单地说,博弈论研究决策主体在给定信息结构下如何决策以最大化自己的效用,以及不同决策主体之间决策的均衡[7]。

一个完整的博弈由五部分组成,博弈论模型可以用以下模型描述[8,9]:

$G = (P, A, S, I, U)$,其中,

P:为局中人,即在参与博弈并且可以承担决策责任的个人或组织,目标是在博弈过程中使得自己的收益最大化。

A:决策行为,即参与者在依据相关信息的条件下做出的全部决策行为的集合。

S:博弈的进程,博弈的先后,即不同参与者做出决策的先后次序,有静态博弈和动态博弈之分。

I:博弈信息,即为参与者做出决策提供的相关信息。

U:参与者的收益,此处收益包括参与者在此次博弈过程中的所得和所失。

2. 纳什均衡

纳什均衡是一种策略组合,使得每个参与人的策略是对其他参与人策略的最

佳对策。当有多个参与者参加博弈时,如果在某种情况下,每个参与者选择对自己利益最大的策略,所有参与者选择策略的组合被称为纳什均衡。

纳什均衡达成时,博弈参与者一般处于运动状态,在顺序博弈中纳什均衡是在参与者连续的动作与反应中达成的。纳什均衡并不意味着博弈参与者达到了一个整体的最优状态,实为一种非合作博弈。需要注意的是,只有最优策略才可以达成纳什均衡,严格劣势策略不可能成为最佳对策,而弱优势和弱劣势策略是有可能达成纳什均衡的,在一个博弈中可能有一个以上的纳什均衡。

5.5.2　车辆交互行为动态博弈特性

1. 车辆动态博弈可行性分析

在研究中,之所以把城市快速路分合流区车辆交叉行为看作是一种动态交叉博弈行为,是因为其符合一个完整的博弈过程。

G＝(P,A,S,I,U),其中,

P:分合流区参与交叉行为的所有车辆。

A:所有参与车辆可能采取的策略或者行动:跟驰或者换道。

S:发生交叉行为过程中,车辆之间的动态交流。

I:发生交叉行为过程中,车辆及驾驶员所变现出的驾驶行为。

U:驾驶员在分析、判断、决策以及执行策略后,车辆最终能否成功达到驾驶目的。

综上所述,对于城市快速路匝道分合流区这一特定区域,交通流频繁交叉、汇合和分叉,存在当事车辆和目标车道的车辆"竞争或冲突"现象,视为动态交叉博弈行为是完全合理可行的,发生交互作用的博弈双方根据对方的策略优化自身的策略,以实现驾驶目的。

2. 车辆博弈过程描述

城市快速路匝道分合流区出入匝道的车辆需要根据主线车流的运行状态来做出动态决策,同时出入匝道的车辆也会对主线车辆的运行行为产生反作用。这种交互作用可看做是一种博弈关系:汇入车和主线车具有各自不同的驾驶目标,且它们之间存在竞争,均通过预测对方的行为力图选取对自身最为有利或最为合理的决策。合流车辆或者分流车辆可能与主线车进行一一动态博弈,主线车辆与出入匝道的车辆在一定概率下产生冲突并参与博弈,其主要取决于具体的交通场景。但是在车辆交互过程中,行驶车辆之间无法交换执行汇入和让步的决策信息,因此,出入匝道的车辆和主线车辆之间的博弈可定义为一个"独立"和"非合作"的双方博弈,主要取决于具体的交通场景,如图 5.13 和图 5.14 所示。

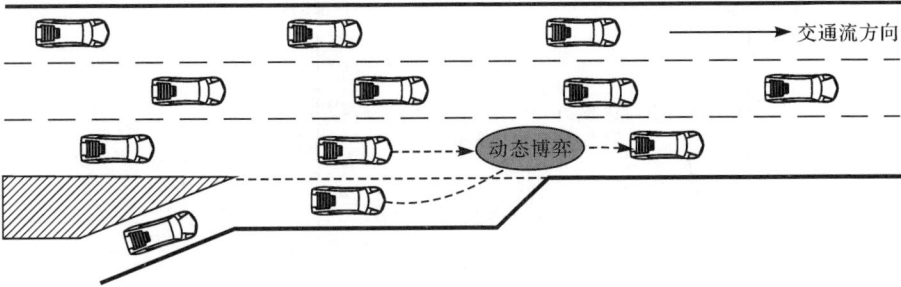

图 5.13　快速路入口匝道车辆博弈特性示意

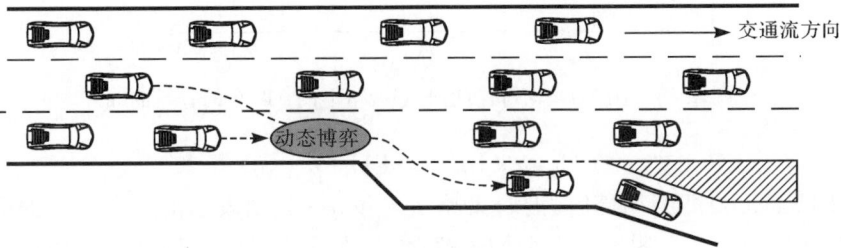

图 5.14　快速路出口匝道车辆博弈特性示意

3. 纳什均衡描述

在城市快速路匝道分合流区,出入匝道的车辆一般都是通过换道行为来达到自己的驾驶目的。在换道过程中,何时、何地以及车辆采取的换道方式(加速、减速、不变速)成为影响主线车流和匝道车流运行效率的主要因素。如何使换道车辆与主线车辆行驶状态均达到最优,是本书研究的一个主要目标。

如图 5.15 所示,M1 车为换道车辆,M2 车为目标车道上与 M1 车发生交叉行为的车辆。图中显示假定 P1 在不同概率下汇入 P2 选择不同策略的期望收益。从图中可定性地分析和总结:当 $P \leqslant P_a$ 时,选择保持当前状态是最佳对策;在 $P_a \leqslant P \leqslant P_b$ 时,选择换道期望收益较高;当 $P \geqslant P_b$ 时,选择减速避让时最佳对策。这说明主线车会随着汇入车汇入概率不同而选取不同的最佳对策。

驾驶员选择纯策略时赋予一定的概率,即双方都采用混合策略,那么在双人博弈的混合策略中至少有一个均衡解。纳什均衡是一种策略组合,使得每个参与者的对策是其他参与者策略的最佳对策。如果在某种情况下,只有参加组合时才能增加收益,则此策略组合被称为纳什均衡。最佳混合策略可以表示为 $(p*, q*)$,此处 $p*$ 和 $q*$ 分别满足条件:

$$EU_1(p*, q*) \geqslant EU_1(p, q*) \tag{5.10}$$

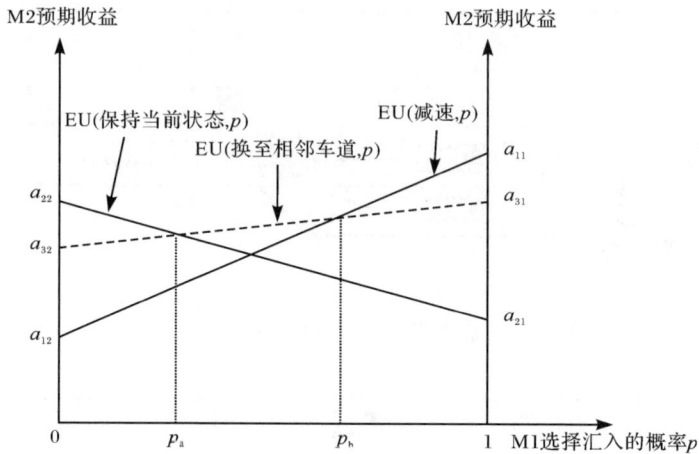

图 5.15　在 M1 车不同换道概率策略下的 M2 车的收益曲线

$$\mathrm{EU}_2(p*,q*) \geqslant \mathrm{EU}_2(p*,q) \tag{5.11}$$

$(\mathrm{EU}_1,\mathrm{EU}_2)$ 即为均衡解,混合策略 $p*$ 和 $q*$ 分别表示汇入车汇入的概率和主线车减速的概率。假设有多个均衡解存在,则采用对双方驾驶员收益最高的均衡解。

5.5.3　跟驰特性分析

在城市快速路匝道分合流区,当交通流处于高密度同步流或者拥堵状态时,部分车辆为了完成换道行为或者驾驶员试图获取前方路况信息而出现车辆偏移车道中心线行驶的现象。在这一特性区域,车辆在发生换道的同时也在发生跟驰行为,也就是说,在车辆从初始产生换道意图至完成换道的整个过程中,该车都处于跟驰状态。

车辆跟驰的基本假设是所有车辆在车道中心线上行驶[10,11]。然而,由于实际驾驶行为的复杂性,为了达到纳什均衡,驾驶员不可能完全依据交通规则在车道中心线上行驶,而是存在一定程度的偏移,并会随着车道宽度的增加而越发明显。所以,传统的跟驰模型已不能适用于这种交通场景,本书把这种跟驰行为定义为交互跟驰。在快速路匝道分合流区,交互跟驰现象比较严重,本部分将在传统 OV 模型的基础上考虑车辆偏移行驶对车辆跟驰行为的影响,建立交互跟驰模型,这种模型将可以很好的应用于此种交通场景。研究交互跟驰现象对揭示城市快速路匝道分合流区车辆交叉特性以及保障车辆行驶安全具有重要的现实意义。

1. 车辆侧向偏移分析

城市快速路匝道分合流区这一特殊区域,交通流特性比较复杂,部分驾驶员不能完全依照交通规则在车道中心线上行驶,而是存在或多或少的偏移。图 5.16 为主线车辆发生偏移时车辆位置图。

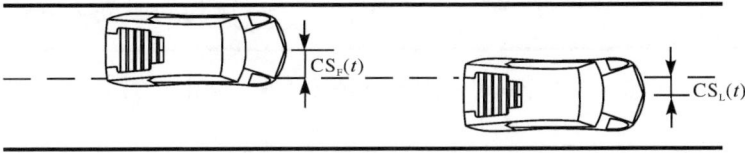

图 5.16　车辆侧向偏移示意图

图中,$CS_F(t)$ 为跟驰车偏移中心线距离的时间函数,$CS_L(t)$ 为前导车偏移中心线距离的时间函数。

由于车辆的侧向偏移导致相邻跟驰两车横向位置产生偏移。本文用侧向偏移距离对前后两辆车偏移中心线之间的距离进行命名。这样,前后两车之间的侧向偏移距离可以表示为

$$LS_F(t) = \left| CS_F(t) - CS_L(t) \right| \tag{5.12}$$

式中,$LS_F(t)$ 为跟随者与前导车侧向偏移距离的时间函数;$CS_F(t)$、$CS_L(t)$ 大于 0 为向左偏移行驶,小于 0 为向右偏移行驶。

2. 交互跟驰模型分析

之后,国内外众多交通学者对跟驰理论进行了深入研究,其中,Bando 等[12,13] 在式(3.10)基础上建立了优化速度(optimal velocity,OV)模型,该模型可以更好的应用与实际交通场景。OV 模型的刺激是本车速度与优化速度之差,其控制方程为

$$a_F(t+T) = \alpha \left[V(\Delta x_{L,F}(t)) - v_F(t) \right] \tag{5.13}$$

式中,α 为灵敏度系数;$V(\,\cdot\,)$ 表示优化速度函数,它单调递增且有上界。

然而,在城市快速路匝道分合流区,交通特性比较复杂,车辆在发生换道的同时也在发生跟驰行为,也就是说,在车辆从初始产生换道意图至完成换道的整个过程中,该车都处于跟驰状态,车辆之间处处存在着博弈。行驶中的车辆由于各种因素不时的偏移道路中心线行驶。此时,OV 模型将不能很好的应用于这种交通场景。研究表明,车辆发生偏移行驶时,驾驶员的生理-心理特性将会发生变化,表现在车辆的行为中,此时:

$$\bar{a}_F(t) = a_F(t) + a_F^*(t) \tag{5.14}$$

式中,$\bar{a}_F(t)$ 为跟随车发生偏移行驶后的加速度;$a_F(t)$ 为跟随车沿中心线行驶时的加速度;$a_F^*(t)$ 为由于跟随车的偏移行驶而产生的额外加速度。

如图 5.17 所示,$D(t)$ 为车辆间距变化函数,ω 为车辆宽度(假设车辆宽度相同),$\theta(t)$ 为前导车在跟随车驾驶员视觉中投影夹角变化函数。

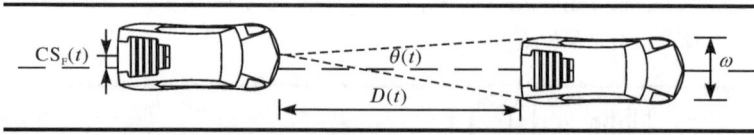

图 5.17　车辆跟驰过程中驾驶员视角的变化示意图

当跟随车辆或者前导车发生偏移行驶时,前导车在跟随车驾驶员视觉中投影夹角将随着发生变化,当前导车沿着中心线行驶时,可得

$$\theta(t) = \arctan\left(\frac{\frac{\omega}{2} - CS_F(t)}{D(t)}\right) + \arctan\left(\frac{\frac{\omega}{2} + CS_F(t)}{D(t)}\right) \tag{5.15}$$

当前导车发生偏移行驶时,可得

$$\theta(t) = \arctan\left(\frac{\frac{\omega}{2} + CS_L(t) - CS_F(t)}{D(t)}\right) + \arctan\left(\frac{\frac{\omega}{2} - CS_L(t) + CS_F(t)}{D(t)}\right)$$

$$\tag{5.16}$$

研究表明,前导车在跟随车驾驶员视觉中投影夹角的变化将会引起跟随车加速度的相应变化。由式(5.15)和式(5.16)可知,前导车在跟随车驾驶员视觉中投影夹角的大小与车辆宽度、两车间距以及两个偏移车道中心线的距离大小有关。所以,由于跟随车的偏移行驶而产生的额外加速度为

$$a_F^*(t+T) = \frac{[\Delta v_{F,L}(t)]^2}{2[S - \Delta D_{F,L}(t)]} + \beta a_L(t) + \delta LS_F(t) \tag{5.17}$$

式中,β、δ 为无量纲常数;S 为最小安全距离,m;$\Delta D_{F,L}(t)$ 为两车水平间距,m。

由式(2.13)可知,当前导车发生紧急制动时,如果跟驰车辆的初始速度和最终速度分别为 v_2 和 v_1,有

$$\int_0^\infty a_F(t+T)\mathrm{d}t = v_2 - v_1 \tag{5.18}$$

由式(2.13)可得

$$\lambda \int_0^\infty [v_L(t) - v_F(t)]\mathrm{d}t = \lambda \Delta D \tag{5.19}$$

即

$$\Delta D = \int_0^\infty [v_L(t) - v_F(t)]\mathrm{d}t = \frac{v_2 - v_1}{\lambda} \tag{5.20}$$

当前导车最终速度降为 0 时,则 $v_2 = 0$,车头间距的总变化量为 $-\frac{v_1}{\lambda}$。因此,跟驰车辆为了保证行车安全,车辆最小间距为

$$S=\frac{v_1}{\lambda} \tag{5.21}$$

结合式(5.14)和式(5.17)可得

$$\overline{a}_{\mathrm{F}}(t+T)=\alpha\big[V(\Delta x_{\mathrm{L,F}}(t))-v_{\mathrm{F}}(t)\big]+\frac{\big[\Delta v_{\mathrm{F,L}}(t)\big]^2}{2\Big[\dfrac{v_1}{\lambda}-\Delta D_{\mathrm{F,L}}(t)\Big]}+\beta a_{\mathrm{L}}(t)+LS_{\mathrm{F}}(t)$$

$$\tag{5.22}$$

由式(5.22)可知,当处于城市快速路匝道分合流区的车辆发生交互跟驰时,跟随车加速度不仅与前导车速度、相对间距有关,还与两车的侧向偏移距离有关[14,15]。式(5.22)可以更好地描述城市快速路匝道分合流区的车辆跟驰场景。如图 5.18 所示为城市快速路合流区车辆交互跟驰行为示意图。

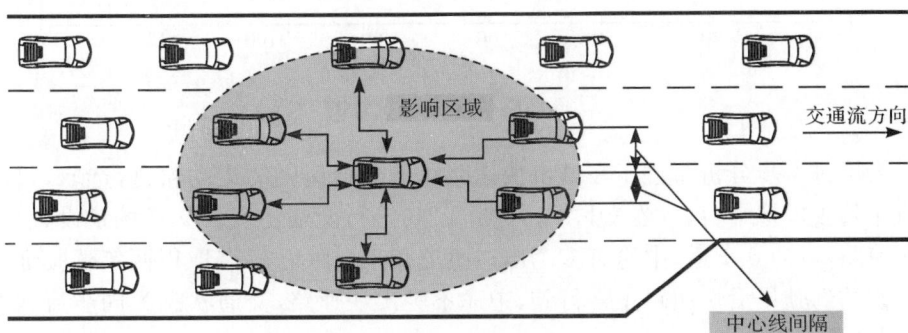

图 5.18　车辆交互跟驰行为示意

3. 交通仿真及数值分析

为了更好地分析城市快速路匝道分合流区车辆的跟驰特性以及验证交互跟驰模型的准确性和实用性,本部分将对实测数据以及交通仿真数据进行深入分析。

首先对交互跟驰特性进行验证。选择青岛市城市快速路出口匝道上游 150m 处为观测点进行调查,时间为 20min,调查位置如图 5.19 所示。

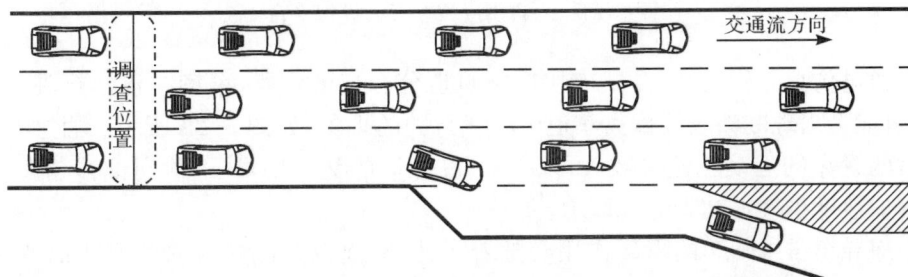

图 5.19　调查位置图

　　通过对调查数据进行数理统计分析可知,通过调查点车辆的 CS 大小整体服从正态分布。如图 5.20 所示,横坐标为时间,纵坐标为车辆偏移中心线的距离,正为向左偏移,负为向右偏移。车辆绝大部分集中在−0.2~0.2m。

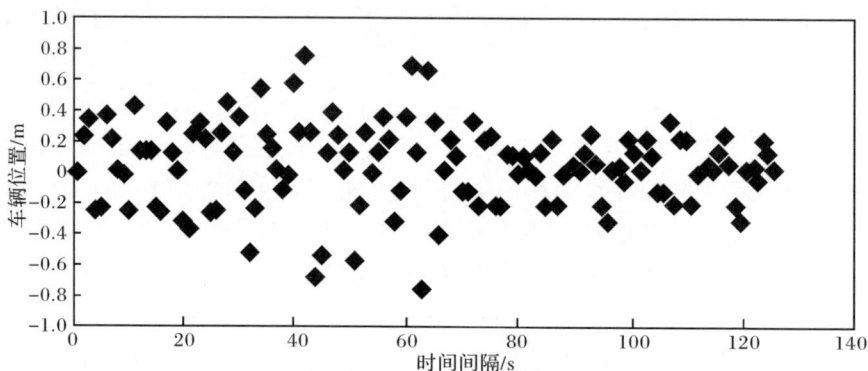

图 5.20　车辆位置统计图

　　为了进一步分析每辆车在城市快速路匝道分合流区的运动轨迹,选取六自由度汽车驾驶模拟平台(宣爱 QJ-4B1)(图 5.21)进行交通仿真。交通场景设置为城市快速路,双向 6 车道,中途有多个出口匝道和入口匝道,5 名取得两年驾驶证、经验丰富的驾驶员沿快速路正常行驶,中途不驶出快速路,交通状态为同步流状态,天气情况良好。

图 5.21　六自由度汽车驾驶模拟平台

　　通过仿真分析可知,在城市快速路匝道分合流区路段,车辆在正常行驶过程中,可能会出现断断续续偏离车道中心线行驶的现象,如图 5.22 所示。通过对比前后两辆车的运动轨迹参数,可以得知,在相同的交通场景下,侧向偏移越大,车辆的加速度越大,如图 5.23 所示。

　　前导车对跟随车的阻碍作用会随着车速、距离以及侧向偏移的变化而变化。对于侧向偏移,主要是由于正前方前导车的影响。随着前导车侧向偏移距离的增

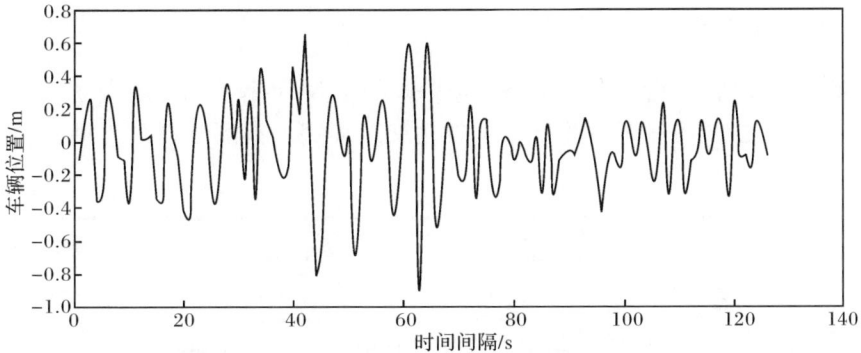

图 5.22　测试车在出口匝道区域的运行轨迹

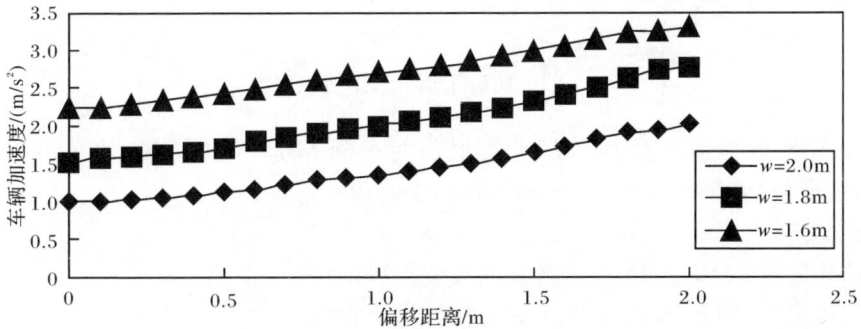

图 5.23　侧向偏移距离与加速度的关系

加,跟随者受到的阻碍作用会随之减小,跟随者可以更好的预知前方交通状况,以便及时采取有效措施。交互跟驰模型可以很好的反应与 OV 模型类似的交通流特性,同时还能够形象的描述出城市快速路匝道分合流区车辆跟驰行为。通过引入侧向偏移距离参数,能够更加真实地表现出城市快速路匝道分合流区的车辆交互特性,交互跟驰模型的建立对研究城市快速路匝道分合流区车辆运行特性具有重要意义。

5.5.4　车辆换道动态特性分析

在城市快速路匝道分合流区域,车辆换道是影响主线车流运行状态的主要因素之一。在该区域内,出入匝道的车辆必须选择合适的位置、时机以及行驶行为完成换道,已达到尽量在保证自身安全换道的情况下对冲突车辆产生较小干扰。如图 5.13 和图 5.14 所示,在主线车流处于同步流状态下,车辆在换道过程中会和与其发生冲突的车辆发生博弈。本部分将主要针对入口匝道车辆汇入主线车流的换道过程进行详细分析。

1. 博弈换道模型

如图 5.24 所示,行驶在快速路加速路段的车 M 准备汇入主线交通流,在换道过程中与位于主线内侧车道的车 F 会发生交通冲突。本部分将对车辆 M 能否成功安全汇入主线车道进行分析。

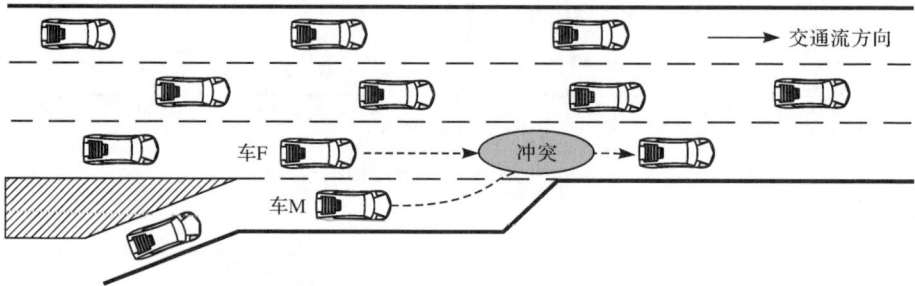

图 5.24　匝道车辆汇入主线轨迹图

在车辆 M 换道过程中,车辆 F 驾驶员对车辆 M 运行状态的改变有一个反应过程,主要包括感觉、认识、决策和执行四个阶段[16]。

感觉阶段:车辆 M 运行状态的改变被车辆 F 驾驶员察觉。

认识阶段:对车辆 M 运行状态的改变加以认识。

决策阶段:对车辆 M 将要采取的措施做出判断。

执行阶段:从大脑到手脚的操纵动作。

在决策时刻,后方车辆 F 需要对是否做出友好避让或者是维持当前跟驰前方车辆行驶的状态,该时刻两车将进行动态博弈。首先,考虑车辆 F 选择以加速度 a_f(决策时刻的直接可观测量)维持当前的跟驰状态这种情况。如果车辆 M 在加速车道上选择等待下一个可利用的换道间隙,那么车辆 F 就能如自己所愿维持当前的行驶状态。在此情况下,车辆 F 的结果就是以加速度 a_f 跟随前方车辆继续行驶。然而,如果换道车辆 M 决定立刻换道,此时车辆 F 可能需要不情愿地采取制动措施以规避潜在的碰撞来应对突然冲入的车辆 M。在决策时刻,这种突然且不利的减速度则是间接可观测量,因此,需要根据车辆 M 和车辆 F 的瞬时状态进行计划。而此计划时间就是车辆 F 预期换道车辆 M 汇入主线车道的时间。

决策时刻的初始状态通过以下参数表示:

v_m 为换道车辆 M 决策时刻的瞬时速度;v_f 为主线车辆 F 决策时刻的瞬时速度;a_m 为换道车辆 M 决策时刻的瞬时加速度;a_f 为主线车辆 F 决策时刻的瞬时加速度;$D_{m,f}$ 为车辆 M 在决策时刻到换道过程中的车辆行驶距离;X 为决策时刻车辆 F 与车辆 M 之间的初始间距。

从车辆 F 的角度,换道过程中车辆状态通过以下方式表示:

v'_m 为换道车 M 在执行换道过程中的瞬时速度；v'_f 为换道过程中车辆 F 的瞬时速度；t'_m 为车辆 F 预计车辆 M 在加速车道上从变道时刻起所持续的时间；X' 为当换道车 M 成功汇入主线后，车辆 F 与车辆 M 的间距。

根据决策时刻的初始状态，换道过程车辆 M 瞬时速度可表示为

$$v'_m = \sqrt{v_m^2 + 2a_m D_{m,f}} \tag{5.23}$$

$$t'_m = \frac{v'_m - v_m}{a_m} \tag{5.24}$$

$$v'_f = v_f + a_f t'_m \tag{5.25}$$

$$X' = (v_m - v_f)t'_m + \frac{1}{2}(t'_m)^2(a_m - a_f) + D_{m,f} \tag{5.26}$$

由式(5.26)可知，当两个初始速度确定后，车辆 F 和车辆 M 换道完成时的间距是由各自采用的加速度决定的，而各自的加速度是驾驶员在博弈过程中的策略选择反应在车辆运行状态的结果。所以，车辆 M 能否在有效时间内成功安全换道，主要因素来源于车辆 F 的行为决策。对于换道车辆 M 突然汇入主线车道，车辆 F 驾驶员依据驾驶经验以及实时动态交通变量就能够估计出采取不同措施后所产生的后果。X' 近似于制动距离，a_s 表示车辆 F 的此时的加速度：

$$a_s = \begin{cases} \beta_1 \dfrac{2(X' - v'_f t_b)}{t_b^2} + \beta_2, & X' > 0 \\ a_f, & X' < 0 \end{cases} \tag{5.27}$$

式中，t_b 是车辆 F 预计的制动时间；β_1 和 β_2 根据数据估计的无量纲系数；$X' \leqslant 0$ 表示当换道车辆 M 驶入快速路主线时，车辆 F 应该超越车辆 M。对于齐头并进的同步流，车辆 F 很难在此情况下完成超车，为了防止交通事故的发生，车辆 F 必须被迫减速，避让车辆 M 安全完成汇入行为；对于密度较小的自由游，车辆 F 无需制动而仅需以 a_f 来保持初始的跟驰行驶状态。a_s 大小的取决是由实际交通场景、两车驾驶员经验及心理-生理因素、车辆速度、车道宽度等综合因素作用的结果。

车辆 F 的另一个选择是提前进行友好的避让，为车辆 M 汇入主线给出一个明确的邀请信号。当车辆 F 驾驶员通过一个适当的减速度使车速缓慢下降时，车辆 M 驾驶员就会接收到车辆 F 的邀请，在确认车辆 F 确实发送邀请的情况下，加速完成换道行为。因此 a_y 的计算式为

$$a_y = \beta_3 \max\left[\frac{v_m - v_f}{t'_m - 1.0}, -10\right] \tag{5.28}$$

其中，β_3 是观测数据中的一个标定参数，1.0 是假设的安全时间边界。

式(3.26)给出了制动加速度，而此制动加速度能够保证在换道车辆驶入主线车道前，车辆 F 某个时间能够获得相对较低的速度。如果换道车辆 M 的速度 v_m 比车辆 F 的速度 v_f 小，那么后方车辆将在 -3.048m/s^2 效率范围内制动，这个值

是交通工程手册建议的适当减速度的限定值。车辆 F 的行为矩阵见表 5.1。

表 5.1 快速路后方车辆的行为矩阵

局中人		车辆 F	
	行为	避让	不避让
车辆 M	换道	a_y	a_s
	等待	a_y	a_f

2. 车辆换道结果分析

换道车辆进入加速路段并且识别出主线交通条件后,换道车辆的驾驶员就会创造结果矩阵式。这里提出的结果函数是驶入城市快速路所要求的次数,这些次数根据两车的初始条件和城市快速路车辆将要采取的预计行动来计算。正如前面指出的,这些次数与换道车辆预计主线车辆所执行的加/减速度有关,因此反映出两个决策者之间密切地相互联系性和博弈性。

在换道结果分析过程中,首先考虑换道车辆决定换道而不是等待下一个可利用间距的情况。若快速路车辆 F 选择避让,那么当换道点不存在冲突时,换道车辆就能够很顺畅地以一个适当的加速度 $a_{comfort}$ 汇入主线路;若车辆 F 选择不避让,那么换道车辆为了避免潜在的碰撞危险先于车辆 F 到达换道点而需要采取一个较快的加速度 a_{max},此种行为表达式如下所示:

$$t_{w-y} = \beta_8 t_0 + \beta_9 \frac{-v_m + \sqrt{v_m^2 + 2a_{comfort}(\text{RD} - v_m t_0)}}{a_{comfort}} + \beta_{10} \tag{5.29}$$

$$t_{m-ny} = \beta_6 \frac{-v_m + \sqrt{v_m^2 + 2a_{max}\text{RD}}}{a_{max}} + \beta_7 \tag{5.30}$$

式中,t_{m-y} 为若车辆 F 选择避让,换道车辆需要驶入快速路的时间,s;t_{m-ny} 为若车辆 F 选择不避让,换道车辆需要驶入快速路的时间,s;β_4、β_5、β_6、β_7 为观测数据标定的自由系数;v_m 为当进入加速车道时,换道车辆的初始速度,m/s;$D_{m,1}$ 为在加速车道上保持的间距,m;$a_{comfort}$ 为若车辆 F 选择避让,换道车辆采取的加速度,m/s²;a_{max} 为若车辆 F 选择不避让,换道车辆采取的最大加速度,m/s²。

另外,换道车辆也可以选择下一个可利用间距而不是与主线车辆 F 竞争。在此情况下,若一直做出友好的避让,给换道车辆先行指出明确的邀请,换道车辆无需必须等到下一个可利用间距,而是等一段时间直到识别出避让行为,就可以以一个适当的加速度 $a_{comfort}$ 加速立即换道。然而,若车辆 F 选择不避让但是保持初始加速的跟驰行驶状态,换道车辆就需要等待直至车辆 F 超过它,然后再以较快的加速度 a_{max} 加速到下一个车辆间距,此种情况的结果可表达为

$$t_{w-y} = \beta_8 t_0 + \beta_9 \frac{-v_m + \sqrt{v_m^2 + 2a_{comfort}(D_{m,f} - v_m t_0)}}{a_{comfort}} + \beta_{10} \tag{5.31}$$

$$t_{w-ny} = \beta_{11} t_0' + \beta_{12} \frac{-v_m + \sqrt{v_m^2 + 2a_{max}(D_{m,f} - v_m t_0')}}{a_{max}} + \beta_{13} \tag{5.32}$$

$$t_0' = \frac{(v_m - v_f) + \sqrt{(v_m - v_f)^2 + 2a_f X}}{a_f} + 1.0 \tag{5.33}$$

式中,t_{w-y}为若车辆 F 选择避让,换道车辆在加速车道上行驶的时间,s;t_{w-ny}为若车辆 F 选择不避让,换道车辆在加速车道上行驶的时间,s;β_8、β_9、β_{10}、β_{11}、β_{12}为观测数据标定的自由系数;t_0为在识别车辆 F 的避让方式之前换道车辆需要等待的时间,s;t_0'为直到车辆 F 超过它,换道车辆需要等待的时间,s。

换道车辆的结果矩阵式见表 5.2 和表 5.3。

表 5.2　匝道换道车辆的行为矩阵

局中人	后方车辆		
	行为	避让	不避让
换道车辆	换道	t_{m-y}	t_{m-ny}
	等待	t_{w-y}	t_{w-ny}

表 5.3　换道-避让概率统计

局中人	后方车辆			
	行为		避让	不避让
	概率		q	$1-q$
换道车辆	换道	p	(a_y, t_{m-y})	(a_s, t_{m-ny})
	等待	$1-p$	(a_y, t_{w-y})	(a_l, t_{w-ny})

5.6　交通仿真分析

为了进一步分析城市快速路入口匝道区域车辆汇入主线的运动特性以及验证博弈换道模型的准确性和实用性,选取城市快速路网为试验交通场景,利用六自由度汽车驾驶模拟平台进行交通仿真,通过分析从入口匝道汇入主线车辆的行驶轨迹数据对模型进行评价和验证。

试验过程中,选取城市快速路为交通背景,双向六车道,主线交通流处于同步流状态,天气情况良好,5 名具有两年以上的驾驶经验、操作熟练驾驶员。驾驶员驾驶车辆从辅路进入加速车道,而后汇入主线,5 名驾驶员分别进行两次试验。对试验所得的交通流参数数据,包括运行车速、加速度、车间距、冲突率、车辆运行轨迹等参数进行数理统计分析。

　　通过对所提取的数据集进行仔细地试验来判定汇入情况与之前所描述的假设一致。通过对车辆运行轨迹分析,选定全部 10 次试验结果都符合模型假设的汇入情况。在每一种汇入情况中,对主线前车、主线后车和汇入车的轨迹进行仔细地研究和分析。汇入车和主线后车在四种类型的汇入情境下速度时空变化规律如图 5.25～图 5.28 所示。图中,汇入车汇入主线的时间通过垂直线标记为"汇入点",汇入车速示意图中的第一个点代表所有参与者的决策点。这样,就可以利用汇入点和决策点之间的速度示意图对汇入情况进行推导和重建。例如,在后车选择避让而汇入车选择等待这一情境中(图 5.28),可清楚地发现,后车会缓慢地减速表明其避让的意图,而汇入车会有一段相对较长的加速时间,表明后者选择不立即汇入而是等待。同样的,当后车选择不避让而汇入车选择立即汇入时(图 5.26),相应的速度示意图会显示汇入车速度急剧增加,而后车的速度恰好在汇入点之前有一段下降。这就表明汇入车的突然插入导致后车意外地减速。

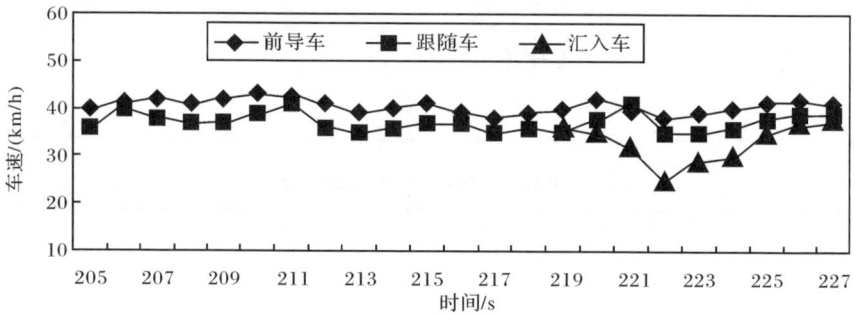

图 5.25　策略 A 车速变化图

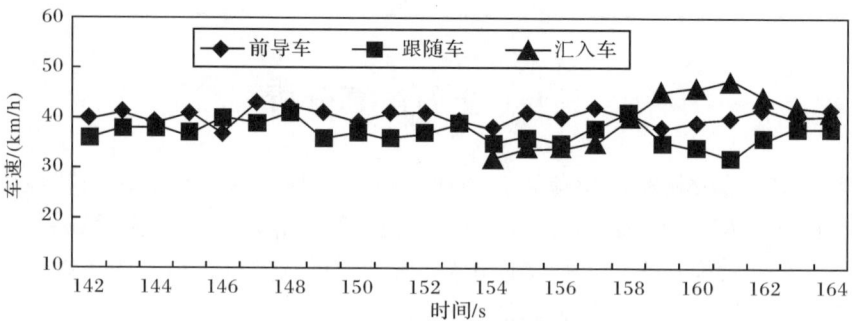

图 5.26　策略 B 车速变化图

　　图 5.25～图 5.28 中,策略 A 为跟随车不等待、汇入车等待;策略 B 为跟随车、汇入车均不等待;策略 C 为跟随车等待、汇入车不等待;策略 D 为跟随车、汇入

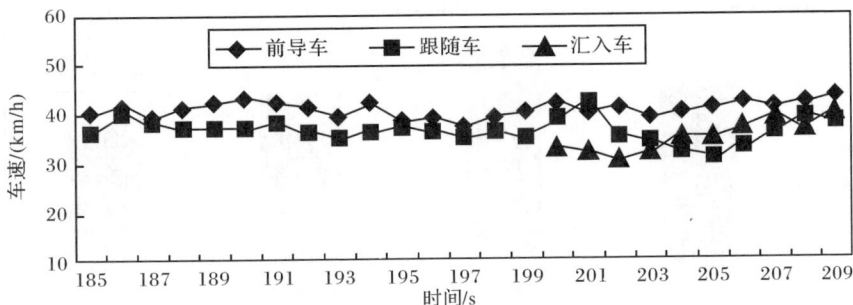

图 5.27　策略 C 车速变化图

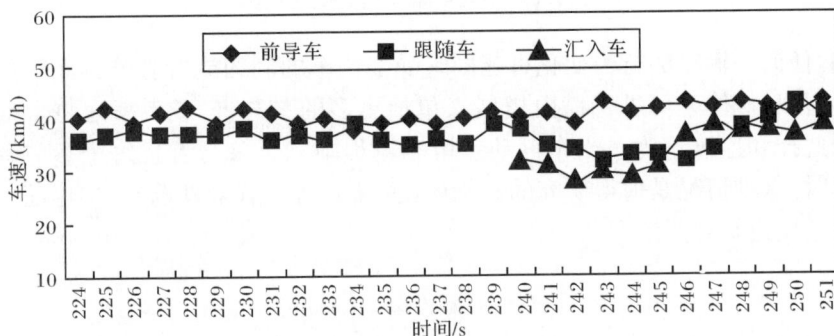

图 5.28　策略 D 车速变化图

车均等待。

通过以上分析说明,本部分所建立的博弈换道模型能够很好地再现和预测车辆在汇入过程中的行为。

本部分基于博弈论建立一种能够模拟城市快速路匝道合流区域换道车道的行为体系。在博弈过程中,城市快速路主线行驶的车辆旨在保持初始的跟驰状态,减小速度波动。然而匝道车辆迫于汇入主线行驶,想在最短的时间内汇入主线车流。这样的行为规则会纳入冲突车辆各自的支付函数中,所选择的行为会成为每个参与者博弈过程中试图使自己的收益最大化。如图 5.29 所示,跟随车与汇入车选择不同的策略其各自的延误会不同,当跟随车与汇入车选择策略 D 时,两车延误总和最小。表明在一定的道路交通条件下,从整体考虑,策略 D 为最佳策略。由于跟随车和汇入车行驶状态是动态变化的,所以两车分别采用何种等待方式(速度随时间的变化)能达到策略 D 中的最佳策略是难以确定的。

本部分研究试图从博弈的角度去更好地描述车辆的汇入行为。目前,在博弈过程中,仅考虑有两个参与者,且每一个人有两种选择,整体有四种策略组合。然而,对于城市快速路匝道分合流区,交通特性比较复杂,车辆之间存在着严重的交

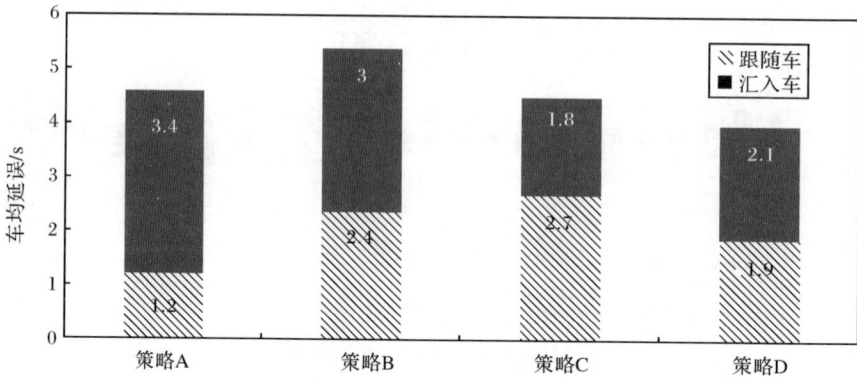

图 5.29　不同策略车辆延误对比图

互行为,任何一辆车的行为变化可能同时受多辆车的制约或者影响到车辆的行为变化。所以,此体系可进行横向扩展来包括更多的参与者,或者考虑每个参与者有多个选择和连续行为。当车辆动态博弈过程中三个参与者且每个参与者有多种选择时,这种情况是值得研究的。例如,主线车辆 F 有多种选择,加速超过汇入车或者是换道来规避潜在的冲突。

5.7　本 章 小 结

对城市快速路匝道分合流区交通流参数时空变化特性进行了分析。通过现场调查的方法,选取典型路段和时段,对交通流三参数进行数理统计分析,得出交通状态转变过程中各参数的时空变化规律。城市快速路主线交通流表现为明显的周期性、波动性和脉冲性,其原因主要是匝道交通流对其造成的影响。匝道交通流特征变化直接关系到主线交通流运行状况,为了更深入地研究匝道优化控制策略,减少匝道交通流对主线交通流的影响,后续研究将对城市快速路匝道分合流区交通流微观特性进行详细研究。

通过对城市快速路匝道分合流区车辆交互特性进行研究,深入分析了车辆动态行为的博弈特性,建立了交互跟驰模型和博弈换道模型,通过交通仿真和数值统计分析,进一步验证了模型的准确性和实用性。交互跟驰模型和博弈换道模型,形象地描述了快速路分合流区车辆运行特征,客观地揭示了快速路分合流区车辆运行的微观特性,为快速路匝道分合流区交通流宏观特性及其稳定性分析奠定研究基础。

参 考 文 献

[1] 秦雷,姚洪辉,王军. 城市快速路匝道控制设计与仿真分析[J]. 交通信息与安全,2011,29(1):117—120.

[2] 李江. 交通工程学[M]. 北京:人民交通出版社,2002.

[3] 威廉姆·劳埃茨巴赫. 交通流理论导论[M]. 徐贺文等译. 北京:北京工业大学出版社,1998.

[4] 王殿海. 交通系统分析[M]. 北京:人民交通出版社,2007.

[5] 王建军,严宝杰. 交通调查与分析[M]. 北京:人民交通出版社,2007.

[6] 杨继明. 城市快速路匝道交通运行机理研究及匝道控制设计[D]. 重庆:重庆交通大学,2008.

[7] 郭鹏,杨晓琴. 博弈论与纳什均衡[J]. 哈尔滨师范大学(自然科学版),2006,22(4):25—28.

[8] 曾庆福. 博弈论中的辩证法思想[J]. 广西民族师范学院学报,2014,31(1):58—60.

[9] 刘晓丽. 谈谈博弈论的理论框架及理论支撑[J]. 经营管理者,2014,(11):164.

[10] 曲大义,杨建,陈秀锋,等. 车辆跟驰的分子动力学特性及其模型[J]. 吉林大学学报(工学版),2012,42(5):1198—1202.

[11] 陈秀锋. 基于分子动力学的车辆运行特性研究[D]. 长春:吉林大学,2013.

[12] Bando M, Hasebe K, Nakayama A, et al. Dynamical model of traffic congestion and numerical simulation[J]. Physics Review (E),1995,51(2):1035—1042.

[13] Bando M, Hasebe K, Nakanishi K, et al. Analysis of optimal velocity model with explicit delay[J]. Physical Review (E),1998,58(5):5429—5435.

[14] 陶鹏飞. 考虑侧向车影响的跟驰行为分析与建模[D]. 长春:吉林大学,2009.

[15] 宋现敏,金盛,王殿海,等. 考虑侧向偏移的车辆跟驰模型[J]. 吉林大学学报,2011,41(2):333—337.

[16] Ann Arbor. Effect of cooperative merging on the synchronous flow phase of traffic[J]. Physica (A),2006,361:606—618.

第 6 章　车流运行稳定性分析

随着交通量剧增和智能系统的出现,交通流中各种车辆的独立性越来越小,即随机性变弱,规律性渐强。基于分子动力学模拟理论,从宏观角度来描述交通状态能更好地了解车辆的集体行为,以动态的方法分析交通流状况,从而为有效地设计交通控制策略,模拟及估计道路几何改造的效果等交通工程问题提供依据。本章将从车辆跟驰模型出发,考虑车流运行动态特性对宏观交通流的影响,导出车流密集度模型。

通过前面部分研究可知,城市快速路匝道分合流区域内车辆之间存在着复杂的交互作用,交互跟驰、强制换道等行为都会对周边车辆带来不同程度的干扰,其中,干扰最为严重的是换道车辆对目标车道上行驶在其附近车辆的影响。交通流受到行驶车辆动态重复博弈的影响,表现为很强的动态随机性和不确定性。对处于同步流状态的主线交通流,进出匝道的车辆几乎都会给其带来干扰,对快速路最外侧车道交通流的影响尤其大。所以,本章将在前部分研究的基础上,对城市快速路匝道分合流区交通流的宏观特性及其稳定性进行深入研究,深层次地揭示交通流扰动的产生、传播及交通流失稳机理。

6.1　车流运行动态特性及其密集度模型

6.1.1　分子模拟

道路上的行人或运行的车辆构成行人流或车流,统称为交通流,没有特指时交通流一般指机动车流。交通流运行状态的定性、定量特征称为交通流特性,用以描述交通流特性的一些物理量称为交通流参数,参数的变化规律反映了交通流的基本性质。交通流理论是研究交通流随时间和空间变化规律的模型和方法体系,交通流特性分析方法是研究交通流三参数(交通量、速度和密集度)的变化规律及其相互关系[1]。道路交通流的研究并不局限于某种交通个体,而是着眼于交通流的整个状态,而其中描述交通流的基本特征的宏观指标是交通量、速度和密集度三个要素。交通流特性研究表明,速度-密集度为单段式直线关系模型,交通量-密集度、交通量-速度则存在非线性关系,其中,交通量会随着速度与密集度的动态变化而变化。通过车路协同系统的特性运用分子动力学和车路之间的耦合特性,定性分析车队中车辆的运动趋势对交通量-密集度的影响,建立基于分子动力学的交通流模型。

1. 分子动力学特性

分子动力学是根据动力学特性来分析分子体系的运动,在由分子运动的不同状态构成的系统中抽取样本,统计分析系统的总体特性,得到其宏观运行规律。

分子是物质中能够独立存在的相对稳定并保持该物质物理化学特性的最小单元。而在动态运行的交通流中,车辆就是交通流里的最小单元,他的运行状态会影响到交通流的变化。交通流中车辆的运动就像运动中的分子一样,总是处在运动状态,并且有由高密集度区域向低密集度区域运动的趋势,即由拥堵车道向畅通车道运动的趋势,类似于自来水管中的水流和燃气管道中的气流等流体。微化到分子级会发现,在运动的过程中,分子总是从拥挤的分支向畅通的分支运动,并且每一个分子都会有这种运动趋势,因此,整个流体的密集度总是处于动态平衡状态。这就像河流中流淌的水流一样,当前方遇到阻碍时就会向两侧没有阻碍的线路运动;当越过障碍时,水流又会恢复到初始的状态继续流动。如图 6.1 所示,流体的运动走势会受到运动路线上出现的障碍物的影响,这正如车辆运行过程中遇到拥堵会变换车道一样。

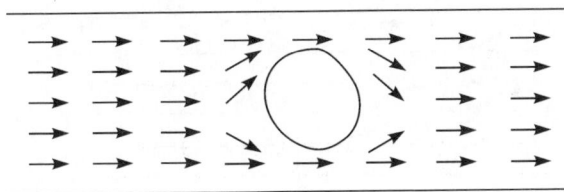

图 6.1　流体运动走势

2. 系统相似性解析

从高空上看,道路上来来往往的车流就像河流或某种连续的流体。流体的运动微化到粒子,就是当前粒子被后面的粒子推着同时被前面的粒子拉着往前运动,从动力学角度就是在引力与斥力共同作用下运动。正是由于这种相似性,经常使用交通量、密集度、速度等流体力学的术语来描述交通流的特性。

1955 年,英国学者 Whitham 将交通流比拟为流体流,提出了流体力学模拟理论。该理论运用流体力学的基本原理,模拟流体的连续性方程,建立车流的连续性方程[2~5]。流体力学模拟理论是一种宏观的模型,它假定在车流中单个车辆的形式状态与它前面的车辆完全一致,这是与实际不相符的。车辆在道路中行驶就像水流在河床上流淌一样,车辆就是水流中的分子,而分子是处于不停息的无规则运动状态。假设这束水流是由 3 小束水流构成,而这些小束中的分子都趋于向流量比较小的其他小束运动以求达到密集度的平衡。如图 6.2 所示为分子向流量较小的分子束运动。

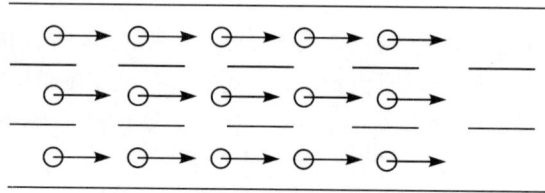

(a) 分子紧凑运行阶段

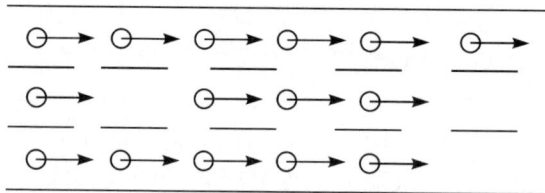

(b) 分子运行出现空隙状态

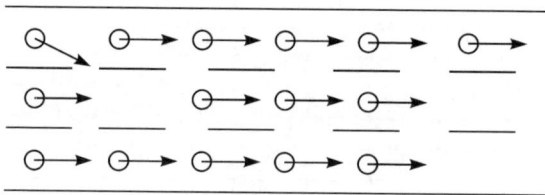

(c) 分子运行趋势

图 6.2　分子运动

　　当第 1 束中分子聚集过多时,它的分子束中的分子就会向周围相邻的分子束运动,即分子的运动是必须满足扩散的传递方式,以浓度为例就是高浓度向低浓度扩散,分子会自发地向整体平衡的趋势运动,并且扩散是循序渐进的,不会出现跳跃式的扩散,如图 6.2 所示。而其中的分子就像车队中的车辆,驾驶员在驾驶车辆的过程中观察道路车辆情况进行分析,也有趋向于把车辆驾驶到流量较小车道上的意识,从而使道路整体的车流量达到平衡。
　　在如今信息数据的动态化和实时化情况下,道路上车辆获得的道路信息会迅速而准确,并且车辆获得的信息不仅仅只停留在相邻车辆之间。如图 6.3 所示,道路上的某一辆车会在多车道多范围内接收道路和车辆的信息,并且及时作出分析决策。
　　介于此种信息共享传递的方式,本章通过分子化流量把车流量的平衡问题演变成一个平衡分子密集度的问题,建立综合密集度平衡模型。

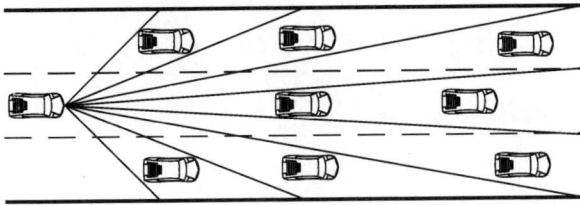

（a）放射式

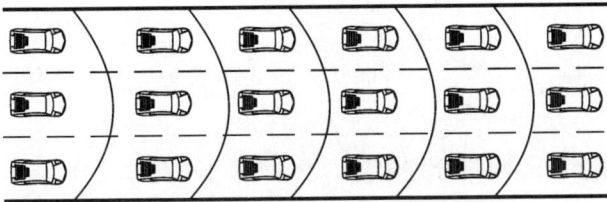

（b）波浪式

图 6.3　车辆接收信息方式

6.1.2　车流密集度模型

车流密集度是指在某一瞬时内一条车道的单位长度上分布的车辆数,它表示车辆分布的集中程度。一般用如下公式表述,即

$$K = \frac{N}{L} \tag{6.1}$$

式中,K 为车流密集度,pcu/km;N 为单车道路段内的车辆数,pcu;L 为路段长度,km。

现今城市道路的一个路段都是由 n 条车道构成的,每一条车道的密集度都不相同,对整个路段的密集度有着紧密的联系。由此可先建立其中一条车道的密集度模型。如图 6.4 所示,考虑在一条平行的直道内由 i 辆车构成的车队。

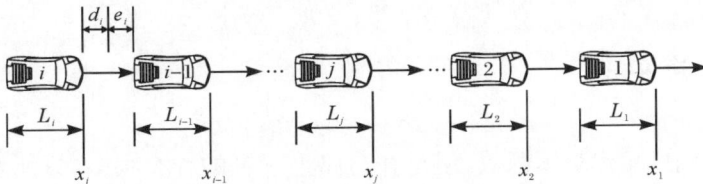

图 6.4　车队示意

L_j. 车队中第 j 辆车车体长度;d_j. 第 j 辆车安全距离;x_j. 第 j 辆车前侧保险杠的坐标;e_j. 第 j 辆车间距误差

要计算车队的长度,可把这一车队中队末车的后侧保险杠作为坐标原点,车队首车的前侧保险杠到末车后侧保险杠的距离叫做车队长度 L。

如图 6.4 所示,车队长度 L 正好等于首车前侧保险杠到原点的距离 x_1:

$$L = x_1 = x_2 + d_2 + e_2 + L_1 \tag{6.2}$$

其中,x_2 为第 2 辆车到原点的距离:

$$x_2 = x_3 + d_3 + e_3 + L_2 \tag{6.3}$$

依次类推,第 3 辆车到原点的距离:

$$x_2 = x_3 + d_3 + e_3 + L_2 \tag{6.4}$$

经过推导,得到第 j 辆车到原点的距离:

$$x_j = x_{j+1} + d_{j+1} + e_{j+1} + L_j \tag{6.5}$$

第 i 辆车到原点的距离:

$$x_i = L_i \tag{6.6}$$

式(6.1)～式(6.6)两侧分别相加,得到车队长度,即

$$L = x_1 = \sum_{j=2}^{i} d_j + \sum_{j=2}^{i} e_j + \sum_{j=1}^{i} L_j = \sum_{j=2}^{i} (d_j + e_j) + \sum_{j=1}^{i} L_j \tag{6.7}$$

其中,$(d_j + e_j)$ 为安全距离与误差之和,为了研究方便可以把不同的安全距离与误差之和均定义为一个平均安全距离 $\bar{d}$,即 $(d_j + e_j) = \bar{d}$,则

$$\sum_{j=2}^{i} (d_j + e_j) \equiv (i-1)\bar{d} \tag{6.8}$$

车辆的车型种类繁多,不能把每一种车都记数量为 1,这样影响计算准确性。所以,作者把路段中运行的车辆分为小型车、中型车、大型车 3 类。因为摩托车的数量越来越少,作者不予以考虑。一般中型和大型客车、货车禁止在城市道路中通行,所以作者不记中型和大型客车、货车,把微型货车和小型客车一并归入小型车的行列。

小型车的车身长度为 2.2～2.3m,根据研究,取值为 2.25m;中型车车身长度为 4.5～4.8m,根据研究,取值为 4.65m;大型车车车身长度在 6m 以上,因此,取值为 6m[2],即

$$\sum_{j=1}^{i} L_j = 2.25x + 4.65y + 6z \tag{6.9}$$

则式(6.7)变换为

$$L = x_1 = 2.25x + 4.65y + 6z + (i-1)\bar{d} \tag{6.10}$$

式(6.1)中,N 代表车辆数,但是在道路上车辆的种类很多,只能对其进行折算。根据《公路工程技术标准》(JTG B01—2014)关于车型分类及车辆折算系数的规定,小型车、中型车、大型车的折换系数分别为 1.0,1.5,2.0[3~5],即

$$N = 1.0x + 1.5y + 2.0z \tag{6.11}$$

式中,x 为小型车数量;y 为中型车数量;z 为大型车数量。

因此,车流密集度式(6.1)变为

$$K=\frac{1000(1.0x+1.5y+2.0z)}{2.25x+4.65y+6z+(i-1)d} \tag{6.12}$$

6.1.3　车流动态特性分析

车流密集度 K 与交通量 Q 有着密切的关系,如图 6.5 所示,交通量会随着车流密集度逐渐增大,当车流密集度达到临界密集度时,交通量是最大的;当车流密集度继续增大,则交通量会逐渐减小;当交通量 $Q=0$ 时,道路出现拥堵,此时的密集度为拥堵密集度 K_c。

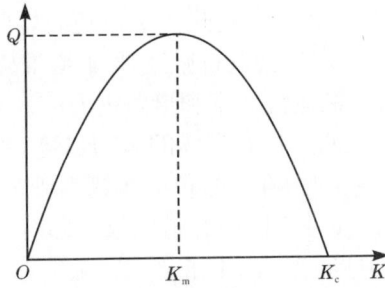

图 6.5　交通量与车流密集度关系

车辆在道路上运行时,车路协同系统中的监控、信息发布、传递等组件会保持车辆安全距离的鲁棒性,并且还会最大限度地智能调节车辆的运行以达到道路的最优占有率。图 6.6 为双向 6 车道路段车辆换道行为趋势。

图 6.6(a)为车道中出现单空位时车辆的运动趋势。例如,2 号车道出现一个空位,与这个空位相邻的 1 号与 3 号位的车辆驾驶员 A 与 B 会收到这个刺激,操纵车辆向有空位的车道运动。在常规情况下,在 A 车、B 车后方的车只能通过前方车辆的移动来判定自己是否加速、减速或者提前进行换道准备。然而,在车路

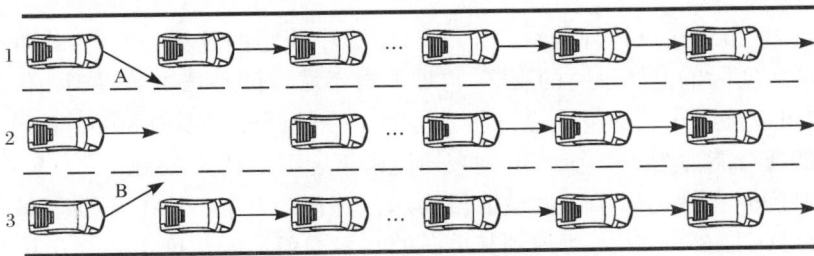

(a) 单空位时车辆的运动趋势

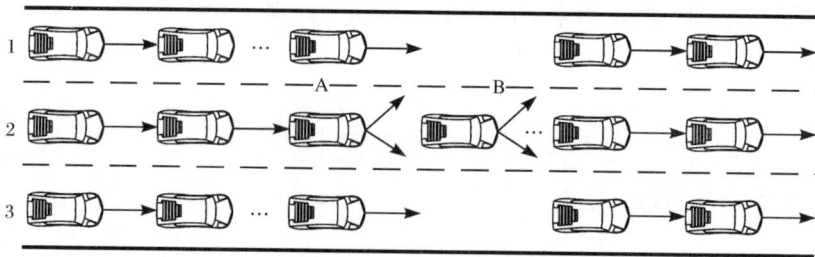

(b) 两空位时车辆的运动趋势

图 6.6　车辆换道示意图

协同系统中,前方哪条车道出现空位,会及时反馈给在这条道路中空位后方的其他车辆。如图 6.6(a)所示,当 A 要换道进入 2 车道时,同时系统做出反馈,1 车道后方的车辆会进行加速,而 2 车道会进行减速,3 车道维持不变的车速。这样可以适当减少间距误差 e,提高车辆运行效率和道路占有率。

图 6.6(b)为车道中出现两空位时车辆的运动趋势。例如,当 1 号位和 3 号位在同一位置同时出现一个空位时,在 2 号位的车辆驾驶员 A 和 B 会分别有两个选择,则 A,B 所驾驶的车会有 4 种不同的并道结果。即对多种情况,会有多种提示,不同驾驶员会做出不同的判断,得出不同的结果,无论选择结果如何,都会减少间距误差 e,从而提高车辆运行效率和道路占有率。

无论驾驶员做出怎样的判断,都是为了自己能够通畅地在道路中行驶,使道路在不拥堵的情况下达到最大的交通量。在一个路段中车辆为了通畅的行驶会在各个车道间变换车道,以求找到车流密集度较小的车道行驶。因此,每条车道的车流密集度均处在不断地变化中。

当把每条车道的密集度做平均值就会得到一个路段的平均密集度,即

$$\bar{K} = \frac{\sum_{k=1}^{n} K_k}{n} \tag{6.13}$$

式中,n 为车道数。

根据《城市道路设计规范》(CJJ 37—2012)中规定的计算公式,平均日交通量应该是通过实际的高峰小时的观察,再加上参考城市的必选参数得到。但是如果没有,也可以按照车道的设计通行能力得到。一般设计速度为 80km/h 的一条道路的可能通行能力为 1694pcu/h,则交通流密集度可得到为 66km/h。

选取广东省佛山市佛山大道北段为示范路段(双向 6 车道),根据《城市道路设计规范》(CJJ 37—2012)可得到其单向的临界交通流密集度为 66pcu/h,以单向为例调查得到以下不同时间段的交通流密集度的数据,见表 6.1。

表 6.1　交通流密集度数据

T	6:00	7:00	8:00	9:00	10:00	11:00	12:00	13:00	14:00	15:00	16:00	17:00	18:00
$\bar{K}$	48	65	58	52	47	53	70	49	41	55	66	75	87

　　经过描点得到交通流密集度与时间关系曲线如图 6.7 所示。每个时间段之间的交通流密集度差别并不算大,并且大部分时间都是超过临界密集度的,这样就会拥堵现象。

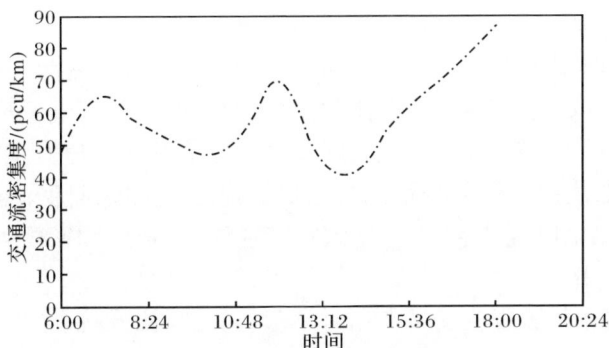

图 6.7　交通流密集度-时间关系曲线

　　试验表明,车辆运行过程中,交通流平均密集度是动态变化的,要使路段保持通畅,并且要使路段的交通达到最优,则路段的车流密集度应该保持在临界密集度附近。因此,为了改善该路段的交通在佛山大道安装了监测和通信模块后,不同时段的交通流密集度的变化见表表 6.2。

表 6.2　交通流密集度数据

T	6:00	7:00	8:00	9:00	10:00	11:00	12:00	13:00	14:00	15:00	16:00	17:00	18:00
$\bar{K}$	52	50	42	47	55	49	65	58	39	47	45	70	68

经过描点得到交通流密集度与时间关系曲线如图 6.8 所示。每个时间段之

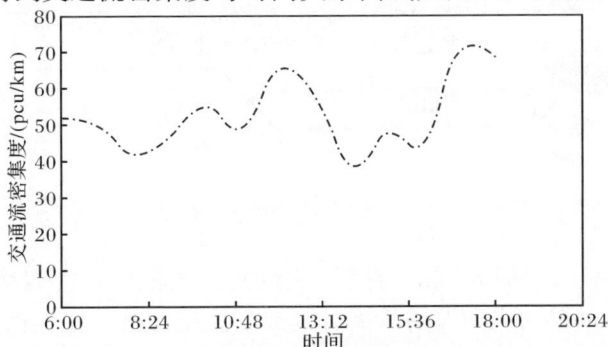

图 6.8　交通流密集度-时间关系曲线

间的交通流密集度差别并不算大,并且大部分时间都接近临界密集度的,此时路段大部分是畅通的。

6.2　匝道分合流区交通流波动机理

6.2.1　交通流波动现象解析

　　城市快速路进出匝道的交通流受行驶车辆动态重复博弈的影响,表现为很强的动态随机性和不确定性。在此进行物理解析,视匝道车流为匝道波,主线车流为主线波,车辆为介质,车流车头时距的倒数为波动频率,车辆偏离车道中心线的横向距离为振幅。匝道车流汇入主线或者主线车流驶入匝道对主线车流的影响,可以视为扰动波对主线流的干扰,这种干扰的程度或强度是随交通流运行状态变化而变化的,其作用的直接结果将反映在交通流量、速度和密度等交通流特性的量化参数指标之中。

　　当匝道波与主线波发生交叉作用时,交叉点处将激发扰动波。将扰动波分解为横向扰动波和纵向扰动波,如图 6.9 所示。横向扰动波垂直于主线车流方向传播,致使相邻车道的车辆出现横向偏移的趋势,表现为主线车辆受到侧向因素的干扰,出现偏离车道中心线行驶;纵向扰动波将沿主线车流向上游传播,在此过程中,纵向扰动波将与主线波发生叠加作用,破坏介质的波动状态,表现为各点处的车辆行驶状态发生变化,如图 6.10 所示。纵向扰动波依次向上游传播,主线中的车流运行状态依次发生变化,其行为变化强度主要取决于两波叠加作用的结果。主线车辆可能发生换道或者制动行为,执行措施的选择不仅与车辆的速度、性能、驾驶员生理和心理素质等因素有关,还与车辆周围的交通场景有关。

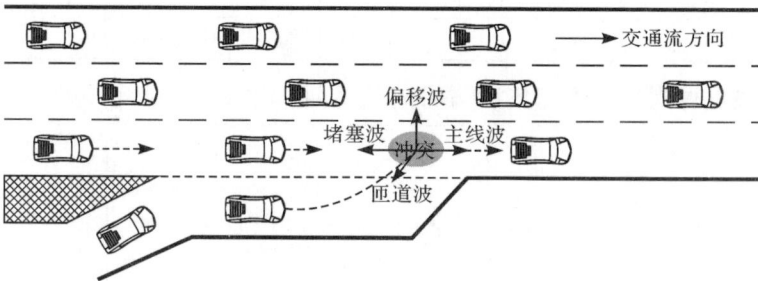

图 6.9　入口匝道合流区扰动波的形成过程

　　在此研究中,由于横向波的传播可能致使主线车辆发生偏移车道行驶的现象,所以定义为偏移波;纵向波的传播可能致使主线交通流发生拥堵,所以定义为堵塞波。此处,偏移波和堵塞波都是一种行走波。

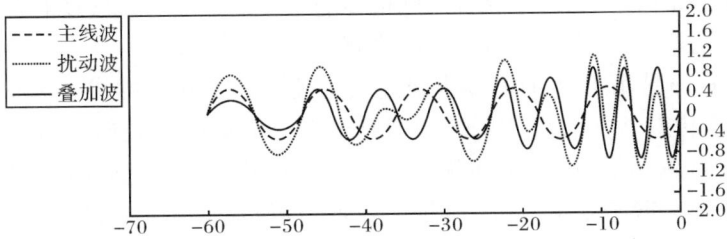

图 6.10　堵塞波与主线波叠加原理

6.2.2　扰动波的产生机理

交通扰动是破坏交通流稳定性并引起交通拥挤的一个重要原因,速度的离散波动是交通扰动的最常见形式,而交通扰动的产生除了背景交通状况,即路的因素和交通场景影响外,绝大部分来自于跟车过程和变道过程。跟驰和换道是车辆运行中两个基本的驾驶行为,而在车辆运行过程中驾驶员加减速的自发波动是不可避免的。首先驾驶员本身的交通特性具有随机性,驾驶员在道路交通系统中的心理、生理、行为特征会由于年龄、性别、个性等因素影响而呈现出差异性。其次,交通系统中的车辆在动力性能、几何尺寸等方面也不尽相同,因为车辆加减速的差异主要体现在控制车辆时的脚踏板,及车辆本身的动力性能,驾驶员不可能都在脚踏板上施加恰当的力以使车辆达到期望的加/减速度,并且其加/减速的变化幅度与车辆本身的速度也是有关的[6]。

速度的波动是交通扰动的最常见形式,速度的波动是速度扰动在向上游传播途中扩大的结果[7]。这些速度扰动可能是由不同的操作,如车道变换或者合流车辆造成的,同样的,道路特定的几何和环境条件的变化也可能会对交通流的速度造成干扰。对于没有任何外界干扰的理想道路条件,且假设车辆都是理想的、车流是均匀的,在车辆守恒方程和交通流运行规律的作用下,交通流随着交通需求的增加呈现平稳的变化。而实际上,车辆并不是理想的,车流不均匀,交通流的运行规则不是绝对的严格,车辆的运行存在随机性,这种随机性所引发的微小速度扰动的演变也是一种随机现象。此外,不同车道之间车辆的变道也会引起速度扰动。在城市快速路匝道分合流区,进出匝道的车辆存在着频繁的变道过程,这将对主线车辆的正常行驶带来干扰,致使主线车辆发生行为变化,破坏原有的行驶状态,此时,扰动波将形成并开始传播,导致同一车道或者相邻车道的车辆行驶状态发生变化。

为了更加形象地描述扰动波的产生和传播模型,可以通过以下几个图来描述。在图 6.11(a)中,交通流状态 A 的流量、密度和速度分别用 q_A、k_A 和 u_A 表示,交通流状态 B 的流量、密度和速度分别用 q_B、k_B 和 u_B 表示。由图 6.11 可知,状态

B 车辆速度明显高于状态 A，随着时间的推移，当处于两种状态的车流相遇时，将激发扰动波的产生。图 6.11(a)中 ω_{AB} 为扰动波传播速度。

图 6.11(b)是用距离-时间图来描述交通流状态变化。虚线表示状态 A 交通流，实线表示状态 B 交通流，斜率代表车辆速度，可知状态 B 交通流速度大于状态 A 交通流。可以明显看出，两种状态之间存在一种隔阂，必须通过一种不连续流才可以将两种状态连接在一起。此时，这种不连续流即为扰动波产生的影响。如果干扰较小，两种状态将可以平稳过渡，否则，可能出现交通失稳现象。

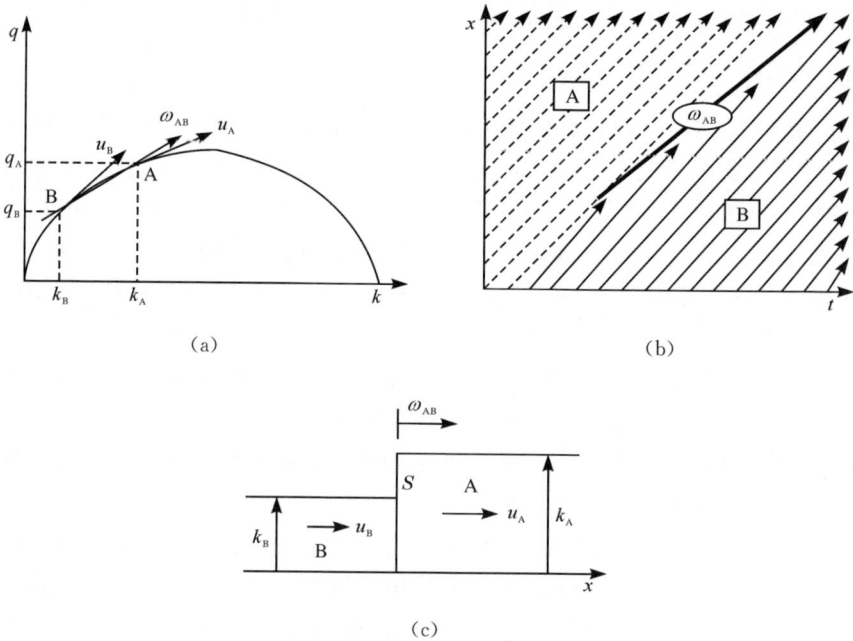

(a)　　　　　　　　　　　　　　(b)

(c)

图 6.11　扰动波基本原理及波速分析示意图

图 6.11(c)描述的是道路上两种不同状态的交通流相遇产生交通波的现象。当低密度状态 B 交通流遇到高密度状态 A 交通流时，状态 B 交通流将逐渐向状态 A 交通流转变。在两股交通流接触点将产生向前传播的扰动波。但是，在一些复杂的交通场景下，扰动波的方向是难以判别的，必须通过采集数据并进行数理统计分析来得出。

6.2.3　扰动波的传播机理

依据守恒方程，状态 A 车辆数 N_A 与状态 B 车辆数 N_B 之和保持恒定。在两种交通流交汇处，扰动波波速与状态 A、B 交通流的速度差为 $(u_A - \omega_{AB})$、$(u_B - \omega_{AB})$。因此，N_B 和 N_A 可以用下面的方法计算：

$$N_B = q_B t = (u_B - \omega_{AB}) k_B t \tag{6.14}$$

$$N_A = q_A t = (u_A - \omega_{AB}) k_A t \tag{6.15}$$

令 $N_A = N_B$，得

$$(u_B - \omega_{AB}) k_B t = (u_A - \omega_{AB}) k_A t \tag{6.16}$$

进而得

$$\omega_{AB} = \frac{q_A - q_B}{k_A - k_B} = \frac{\Delta q}{\Delta k} \tag{6.17}$$

$\omega_{AB} > 0$，表明交通波传播方向与车流方向相同；$\omega_{AB} < 0$，表明扰动波传播方向与车流方向相反。两种交通流状态之间的交通波速等于交通流量的变化量除以密度的变化量。在图 6.11 中，$q_A > q_B, k_A > k_B$，所以 $\omega_{AB} > 0$，交通波传播方向与交通流流向相同。

为了更好地研究城市快速路匝道分合流区扰动波的传播机理，选入口匝道交通流对主线交通流的扰动来分析，由物理波学得[8]

$$\begin{cases} u_{tt} - a^2 u_{xx} = 0, & -\infty < x < +\infty, t > 0 \\ u(x,0) = \varphi(x), & u_t(x,0) = \psi(x) \end{cases} \tag{6.18}$$

式中，u 为波动函数。为了方便求解，把式（6.18）转变为

$$\left(\frac{\partial}{\partial t} + a \frac{\partial}{\partial x}\right)\left(\frac{\partial}{\partial t} - a \frac{\partial}{\partial x}\right) u = 0 \tag{6.19}$$

对函数自变量进行转换，得

$$\xi = x - at, \quad \eta = x + at \tag{6.20}$$

应用复合函数求导法则，有

$$\frac{\partial u}{\partial t} = \frac{\partial u}{\partial \xi}\frac{\partial \xi}{\partial t} + \frac{\partial u}{\partial \eta}\frac{\partial \eta}{\partial t} = -a\frac{\partial u}{\partial \xi} + a\frac{\partial u}{\partial \eta} \tag{6.21}$$

$$\frac{\partial u}{\partial x} = \frac{\partial u}{\partial \xi}\frac{\partial \xi}{\partial x} + \frac{\partial u}{\partial \eta}\frac{\partial \eta}{\partial x} = \frac{\partial u}{\partial \xi} + a\frac{\partial u}{\partial \eta} \tag{6.22}$$

$$\frac{\partial u}{\partial t} - a\frac{\partial u}{\partial x} = -2a\frac{\partial u}{\partial \xi} \tag{6.23}$$

$$\frac{\partial}{\partial t} + a\frac{\partial}{\partial x} = 2a\frac{\partial}{\partial \eta} \tag{6.24}$$

代入式（6.19），可得

$$u_{\xi\eta} = 0 \tag{6.25}$$

由此可以得到通解：

$$u(x,t) = F(\xi) + G(\eta) = F(x - a) + G(x + at) \tag{6.26}$$

其中，F 和 G 是任意二阶连续可微函数。为了从通解中找出满足初始条件的解，即确定 F 和 G 的具体形式，把初始条件代入式（6.26）中，得

$$F(x) + G(x) = \varphi(x) \tag{6.27}$$

$$-aF'(x)+aG'(x)=\psi(x) \tag{6.28}$$

对式(6.28)进行两边积分,得

$$-F(x)+G(x)=\frac{1}{a}\int_{x_0}^{x}\psi(\xi)\mathrm{d}\xi+C \tag{6.29}$$

式中,C 为积分常数。

联合式(6.27)和式(6.29)可解出:

$$F(x)=\frac{1}{2}\varphi(x)-\frac{1}{2a}\int_{x_0}^{x}\psi(\xi)\mathrm{d}\xi-\frac{1}{2}C \tag{6.30}$$

$$G(x)=\frac{1}{2}\varphi(x)+\frac{1}{2a}\int_{x_0}^{x}\psi(\xi)\mathrm{d}\xi+\frac{1}{2}C \tag{6.31}$$

综上可得

$$u(x,t)=\frac{1}{2}\left[\varphi(x-at)+\varphi(x+at)\right]+\frac{1}{2a}\int_{x_0-at}^{x+at}\psi(\xi)\mathrm{d}\xi \tag{6.32}$$

式(6.32)为波动方程的形式解。然而,城市快速路匝道分合流区是一个非常复杂的交通场景,扰动波在传播的过程中,考虑车辆的类别、驾驶员的生理及心理素质等因素,波动干扰程度随着传播距离的增大而减小(图 6.12),所以,此处假设扰动波干扰车辆正常行驶的能量与扰动波传播距离 S 成反比,得

$$u(x,t)=\frac{1}{2}\left[\varphi(x-at)+\varphi(x+at)\right]+\frac{1}{2a}\int_{x_0-at}^{x+at}\psi(\xi)\mathrm{d}\xi \tag{6.33}$$

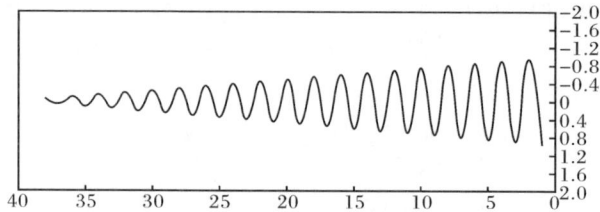

图 6.12　纵向扰动波波传播过程

6.2.4　匝道合流区交通波动特性

如图 6.9 所示,在城市快速路匝道合流区域,主线波与匝道波发生交汇,刺激扰动波的产生,进而对主线车流的正常运行造成影响,本部分主要借助交通波理论对合流区域交通特性进行解析。当城市快速路主线交通流处于同步流状态时,在匝道合流区内,车辆间距保持在最小安全间距附近摆动,车辆能够寻找到合适的换道机会较难,并且危险性较高,所以此部分研究假设外侧车道的后续车辆不发生换道行为,保持跟驰状态。然而,在合流区,主线交通流量不守恒,不能直接应用交通波理论进行分析,所以,此处对匝道车流汇入主线车流的过程分成三个阶段进行分析。

（1）第一阶段。匝道交通流的汇入过程,如图 6.13 所示。车流 B 为匝道车流,车流 A 为主线车流,处于同步流状态。由于入口匝道流量受到与其连接的辅道上游交叉口信号灯控制,车流 B 应该比车流 A 流量大、密度高,并且具有间断性。

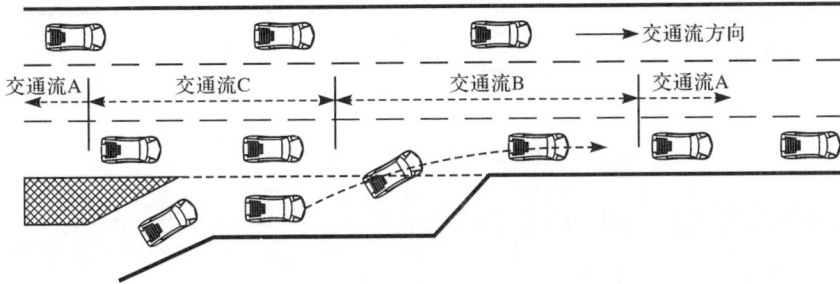

图 6.13　入口匝道车流汇入过程示意图

对于车流 B,头部和尾部将形成两个波,ω_{BA} 和 ω_{EB}。

$$\omega_{BA} = \frac{q_B - q_A}{k_B - k_A} > 0 \qquad (6.34)$$

所以,ω_{BA} 传播方向与车流 B 相同,向前。

$$T_1 = \frac{L}{u_B} \qquad (6.35)$$

式中,T_1 为第一阶段持续的时间。

对于车流 C-车流 A 阶段:

$$\omega_{CB} = \frac{q_C - q_B}{k_C - k_B} < 0 \qquad (6.36)$$

$$\omega_{AC} = \frac{q_A - q_C}{k_A - k_C} < 0 \qquad (6.37)$$

所以得 ω_{CB}、ω_{AC} 都向后传播,为压缩波。

（2）第二阶段。车流 B 汇入主线以后的排队消散过程。

此阶段形成三个波:$\omega_{BA} > 0$,向前传播;$\omega_{CB} < 0$,向后传播;$\omega_{AC} < 0$,向后传播。ω_{CB}、ω_{AC} 实际为扩展波,扩展波追上压缩波所需要的时间,也即排队的消散时间、第二阶段的持续时间,即

$$T_2 = \frac{\omega_{AD} T_1}{\omega_{CB} - \omega_{AC}} \qquad (6.38)$$

（3）第三阶段。车队 B 消散完毕以后的运行状况。

本阶段,外侧车道交通流逐步恢复稳定状态,交通流 A 和交通流 B 状态保持统一状态行驶,如图 6.14 所示。实际过程中,交通流 B 部分车辆已成功换道到第二、第三车道行驶。

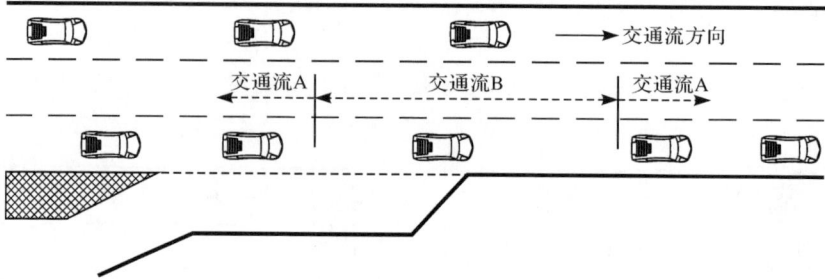

图 6.14　排队消散完毕以后交通运行状态

三个阶段用波速示意图如图 6.15 所示。

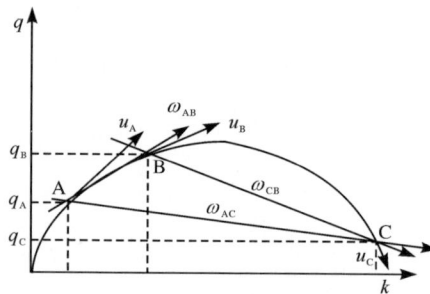

图 6.15　三个阶段波速变化示意图

6.3　交通流稳定性分析

　　由前面部分研究可知,城市快速路匝道分合流区交通流表现出很强的随机性与不确定性,微观表现为车辆的行驶状态发生波动,宏观表现为交通流的不稳定性。由于城市快速路匝道分流区和匝道合流区交通特性相似,所以本部分将主要选取入口匝道交织区进行纵向稳定性分析。

　　城市快速路合流区交通流纵向稳定性分析主要分为局部稳定性分析和渐进稳定性分析。前者是指前后两车的速度大致相等,车间距大体保持在一定范围内摆动,其关注的是跟驰车辆对前导车运行波动的反应,属于交通流的局部行为。后者主要指在车队中,一个跟驰因子的行为变化产生的扰动波向后各车传播的特性,如果扰动波的能量逐渐递减直至消失,则称交通流渐进稳定,否则称为不稳定。交通扰动是影响交通流稳定性并引发交通事故、交通拥挤等交通问题的重要原因。加速度的产生导致车辆速度发生波动,是交通扰动最常见的形式。交通流稳定性的研究对交通流特性的分析、交通拥堵和交通事故的产生原因分析与抑制方法,如何提高车辆行驶的安全性,提高道路通行能力等方面的研究都具有重要的现实意义。本书对处于同步流稳定行驶状态的车辆突然受到匝道车辆的扰动致使其运动状态发生波动,应用物理波学对该车的行驶稳定性以及交通流的整体稳定性进行分析并建模。

运动稳定性的概念最早来源于人们对最简单的运动形态——静止的稳定性认识。事实上,一个处于同步流稳定状态下的车队,车与车之间是相对静止的,所以,对其运动稳定性分析研究可以视为静止的稳定性研究。

车辆运动方程记为 $x=g(t)$,受扰运动方程为 $x(t)=x(t,\bar{x}_0,t_0)$,记 $y(t)=x(t)-g(t)$,则称 $y=y(t)$ 为车辆给定运动 $x=g(t)$ 的扰动。若给定任意小的正数 ε,存在正数 $\delta=\delta(\varepsilon,t_0)$,对于给定运动 $x=g(t)$ 的一切受扰运动 $x(t)=x(t,\bar{x}_0,t_0)$,只要其初始状态满足 $\|\bar{x}_0-g(t_0)\|\leqslant\delta$,则对所有 $t\geqslant t_0$,均有 $\|x(t)-g(t)\|<\varepsilon$ 成立,那么称给定运动 $x=g(t)$ 是稳定的。

本部分在研究同步流交通流运动稳定性时,主要表现出三种特性:局部性、同时性和初扰性。局部性表现为对于处在给定运动的领域中研究受扰运动量,或者是分析限于在原点领域中的扰动量,这个领域可以是很小的。同时性表现为受扰运动与给定运动相比较时,是按同一个时刻的数值进行比较分析的,如 $\|x(t)-g(t)\|<\varepsilon$,$t$ 是相同的。初扰性表现为受扰运动是由初始扰动引起的,在初始微扰后,系统将不再受到扰动。

6.3.1　局部稳定性分析

对处于均匀同步流状态下的交通流,车辆与车辆之间貌似存在一种力。就像分子一样,两个分子之间由于存在一定的斥力和引力的作用,既不能无限地靠近,又不能无限地离远。这种力在车队中表现为相邻车辆之间不停地彼此吸引或排斥,从而改变车辆行驶状态。事实上,这种力不是真实存在的,而是依据车辆之间的行为变化抽象出来的。依据分子动力学理论,车辆之间受力大小的变化将直接导致车辆加速度的变化,而车辆加速度的变化将导致车辆运行状态的变化,以至于一个微小的受力变化就可能使车队的稳定性发生波动。所以,在对处于跟驰状态的车队稳定性分析时,用受力的思想对车辆行为状态变化进行分析是可行的。

如图 6.16 所示,假设车辆 1、车辆 2 之间存在一定的引力,当车辆 1 在初始稳定行驶状态下突然受到匝道车辆的干扰时,对于车辆 2,由牛顿第二定律得二阶微分方程:

$$\ddot{x}(t)+\omega^2 x(t)=0 \tag{6.39}$$

式中,$F=-kx(t)$,$\omega=\sqrt{\dfrac{k}{m}}$;$m$ 为车辆 2 质量;ω、k 为无量纲系数。

为了研究车队在平衡状态受外界扰动后的稳定性,令

$$\begin{cases} x_1(t)=x(t) \\ x_2(t)=\dot{x}(t) \end{cases} \tag{6.40}$$

所以式(6.39)可转化为一阶微分方程组:

$$\begin{cases} \dot{x}_1(t)=x_2(t) \\ \dot{x}_2(t)=-\omega^2 x_1(t) \end{cases} \tag{6.41}$$

现在研究车辆 2 在初始状态下的稳定性:在初始时刻 $t=0$ 时(此处以车辆 2 接收到干扰信号为初始时刻),车辆 2 的状态受到微扰后变为

$$\begin{cases} x_1(0)=x_{10} \\ x_2(0)=v_{20} \end{cases} \tag{6.42}$$

二阶微分方程式(6.43)的通解为

$$x(t)=\mathrm{e}^{ax}(C_1\cos\beta x+C_2\sin\beta x) \tag{6.43}$$

式中,$\alpha\pm i\beta$ 为微分方程对应特征方程的共轭复根;C_1、C_2 为任意常数。

对于式(6.43)应用二阶微分方程求解,可以得出:$\alpha=0$,$\beta=\omega$,所以得

$$x(t)=C_1\cos\omega x+C_2\sin\omega x \tag{6.44}$$

又因为式(6.42)是式(6.44)在初始条件下的特解,由此可以求出车辆 2 平衡状态的微扰运动方程为

$$\begin{cases} x_1(t)=x_{10}\cos\omega t+\dfrac{v_{20}}{\omega}\sin\omega t \\ x_2(t)=v_{20}\cos\omega t-\omega x_{10}\sin\omega t \end{cases} \tag{6.45}$$

于是,车辆 2 平衡状态下的扰动为

$$\begin{cases} y_1(t)=x_1(t)-0=x_{10}\cos\omega t+\dfrac{v_{20}}{\omega}\sin\omega t \\ y_2(t)=x_2(t)-v_0=v_{20}\cos\omega t-\omega x_{10}\sin\omega t-v_0 \end{cases} \tag{6.46}$$

又因为

$$y_{10}=y_1(0)=x_{10}, \quad y_{20}=y_2(0)=v_{20}-v_0 \tag{6.47}$$

所以由式(6.46)和式(6.47)得

$$\begin{cases} y_1(t)=y_{10}\cos\omega t+\dfrac{y_{20}+v_0}{\omega}\sin\omega t \\ y_2(t)=(y_{20}+v_0)\cos\omega t-\omega y_{10}\sin\omega t-v_0 \end{cases} \tag{6.48}$$

显然

$$\begin{cases} |y_1(t)|\leqslant|y_{10}|+\left|\dfrac{y_{20}+v_0}{\omega}\right| \\ |y_2(t)|\leqslant|y_{20}+v_0|+\omega|y_{10}|-v_0 \end{cases} \tag{6.49}$$

设 ε 为给定的任意小的正数,要保证式(6.51)成立:

$$\begin{cases} |y_1(t)|<\varepsilon \\ |y_2(t)|<\varepsilon \end{cases} \tag{6.50}$$

只需初始扰动满足：

$$\begin{cases} |y_{10}| + \dfrac{|y_{20} + v_0|}{\omega} < \varepsilon \\ |y_{20} + v_0| + \omega|y_{10}| - v_0 < \varepsilon \end{cases} \tag{6.51}$$

为了使式(6.51)成立,只需式(6.52)成立即可：

$$\begin{cases} |y_{10}| \leqslant \delta \\ |y_{20} + v_0| \leqslant \delta \\ \delta + \dfrac{\delta}{\omega} < \varepsilon \\ \delta + \omega\delta - v_0 < \varepsilon \end{cases} \tag{6.52}$$

式(6.52)又等价于：

$$\begin{cases} |y_{10}| \leqslant \delta \\ |y_{20} + v_0| \leqslant \delta \\ \delta \leqslant \min\left[\dfrac{\varepsilon + v_0}{\omega + 1}, \dfrac{\omega\varepsilon}{\omega + 1}\right] \end{cases} \tag{6.53}$$

显然,若取 $\delta = \dfrac{1}{3}\min\left[\dfrac{\varepsilon + v_0}{\omega + 1}, \dfrac{\omega\varepsilon}{\omega + 1}\right]$、$|y_{10}| \leqslant \delta$、$|y_{20} + v_0| \leqslant \delta$ 时,可以保证式(6.53)成立,从而保证式(6.52)成立,也就是说,对于给定的任意小的正数 ε,存在正数 $\delta = \dfrac{1}{3}\min\left[\dfrac{\varepsilon + v_0}{\omega + 1}, \dfrac{\omega\varepsilon}{\omega + 1}\right]$,则对于所有 $t \geqslant 0$ 时,均有 $|y_{10}| \leqslant \delta$、$|y_{20} + v_0| \leqslant \delta$ 成立,所以车辆 2 的给定运动是稳定的。当车辆 1 受到微扰后,这个扰动波将向上游传播,当扰动波传到车辆 2 时,车辆 2 的行驶状态将受到干扰,车辆 2 能否在受到干扰后保持稳定状态,与受到的扰动大小有关,而扰动波的能量与驾驶员特性、道路交通环境、车辆性能等因素有关。如果满足式(6.53)要求,车辆 2 将会保持稳定行驶状态;如果不满足要求,车辆 2 就发生较大的波动,破坏原来稳定的行驶状态。

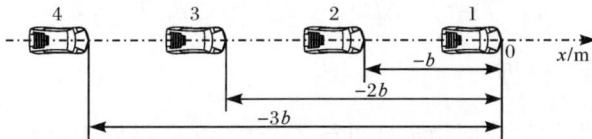

图 6.16　主线均匀同步流车队

下面对车辆 1 受到来自匝道车流的扰动情况下,车辆 2 的行为变化进行分析。由图 6.16 可得

$$X_1^0(t) = X_2^0(t) + b \tag{6.54}$$

式中, $X_1^0(t)$、$X_2^0(t)$ 为初始状态下车辆 1、车辆 2 的位置; b 为两车间距。

对车辆 1 施加速度干扰 $v*$,则扰动后速度为

$$v'(t)=v^0(t)+v*(t) \tag{6.55}$$

$$v'(t)\Delta t=v^0(t)\Delta t+v*(t)\Delta t \tag{6.56}$$

则 t 时刻车辆 1 的位置可表示为

$$X_1(t)=X_1^0(t)+v'(t)\Delta t=X_1^0(t)+v_0(t)\Delta t+v*(t)\Delta t \tag{6.57}$$

$$X_1(t)-X_1^0(t)=v_0(t)\Delta t+v*(t)\Delta t=\Delta D \tag{6.58}$$

设 t 时刻车辆 1、车辆 2 之间的车间距为 $D(t)$,即 $X_1(t)=X_2(t)-D(t)$,则

$$v_0(t)+v*(t)=\frac{\mathrm{d}[X_1(t)]}{\mathrm{d}t}-\frac{\mathrm{d}[X_2(t)]}{\mathrm{d}t} \tag{6.59}$$

得

$$v_2(t)=v_1(t)-[v_0(t)+v*(t)] \tag{6.60}$$

又因为车辆 2 与车辆 1 反应不是同时的,有一定的延迟性,所以

$$v_B(t+T)=v_A(t)-[v_0(t)+v*(t)] \tag{6.61}$$

根据驾驶员心理跟驰模型,得

$$\Delta\alpha=\alpha-\alpha_0=\frac{w}{D_0+\Delta D}-\frac{w}{D_0}=-\frac{w}{D_0^2}\Delta D \tag{6.62}$$

式中,α_0 为初始时刻前车在后车驾驶员视觉中投影夹角;α 为车间距发生变化后前车在后车驾驶员视觉中的投影夹角;w 车辆宽度;D 为相邻两车之间的距离。

当前车在后车驾驶员视觉中的投影夹角变化值 $\Delta\alpha=c$ 时,跟随车的反应延迟时间:

$$T=\frac{\Delta D}{v'}=\frac{\Delta D}{v^0+v*}=\frac{-cD_0^2}{w[v^0(t)+v*(t)]} \tag{6.63}$$

$$v_2\left[t+\frac{\Delta D}{v_0(t)+v*(t)}\right]=v_1(t)-[v_0(t)+v*(t)] \tag{6.64}$$

所以,$v_2(t)$ 与 ΔD、Δv 和 $a_1(t)$ 有关,采用无量纲量 g、e 进行变换,得

$$v_2(t)=f(\Delta D)+ga_1(t)+\Delta v_{1,2}(t)+ev^0(t) \tag{6.65}$$

$$a_2(t)=f'(\Delta D)+ga_1'(t)+\Delta v_{1,2}'(t)+e \tag{6.66}$$

6.3.2 渐进稳定性分析

上述对车辆之间的局部稳定性进行了分析,在此基础上,由于堵塞波的传播,势必会引起主线上游交通流运动状态发生变化,最终可能逐渐恢复平稳状态或者导致交通堵塞,本部分对理想状态车队稳定性分析。

所谓理想状态车队就是指处于平衡状态分一个车队(图 6.17),假设每辆车的性能完全相同,并且车辆初始速度相同、制动性能相同、驾驶员特征相同。当车辆由于受到干扰作用而紧急制动,最终车速变为 0。状态 0 为平衡状态(初始状态),状态 1 为车头受到干扰后,车速变为 0 后车队的整体状态,状态 n 为车 n 减速为 0

后车队的状态。

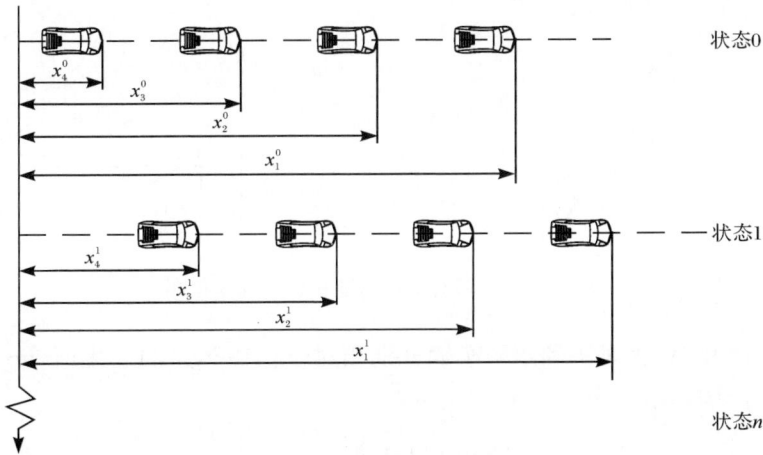

图 6.17　稳态车队行为变化图

此时,初始状态下前导车的位置为 X_1^0,制动距离为 $S_1 = \dfrac{v_0^2}{2a}$,车辆加速度为 a,则

$$X_1^1 = X_1^0 + S_1 \tag{6.67}$$

$$X_1^1 = X_1^0 + \frac{v_0^2}{2a} \tag{6.68}$$

$$X_2^2 = X_2^1 + v_0 t_1 - \frac{1}{2} a t^2 \tag{6.69}$$

当 $t = t_0 + 2T$ 时,车 3 开始减速,T 为驾驶员反应时间,则

$$X_3^3 = X_3^0 + v_0 (t_0 + 2T) + \frac{v_0^2}{2a} \tag{6.70}$$

同理得

$$X_4^4 = X_4^0 + v_0 (t_0 + 3T) + \frac{v_0^2}{2a} \tag{6.71}$$

$$X_n^n = X_n^0 + v_0 [t_0 + (n-1)T] + \frac{v_0^2}{2a} \tag{6.72}$$

最终

$$X_n^n - X_{n-1}^{n-1} = v_0 T - d \tag{6.73}$$

所以,如果最初车间距离 $d > v_0 T$ 时,车队将不会发生交通事故,这种模型为同步流车队的一种理想状态。

对于一个处于稳定状态的车队,当前导车加速行驶时,跟随车的安全性基本不受影响,所以,此处只讨论前导车减速对跟随车造成的影响。图 6.18 为由电脑仿真模拟的一个稳定车队中,当一辆车受到微扰后,前导车和其相邻跟随车的速度和加速度的时变特性关系图。

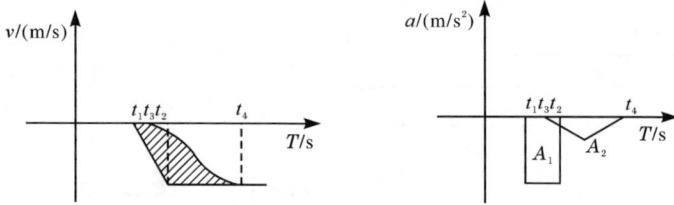

图 6.18　相邻两车辆速度和加速度变化图

图 6.18 中,V 为车头和跟驰车辆分别相对于初始车速的变化值,m/s;a 为车头和跟驰车辆加速度,m/s²。可以得到:

$$a_L(t) = \ddot{X}_L(t) \tag{6.74}$$

$$a_F(t) = \ddot{X}_F(t) \tag{6.75}$$

$$\Delta v = v_2 - v_1 = \int_{t_1}^{t_2} \ddot{X}_L(t)\,\mathrm{d}t = \int_{t_3}^{t_4} \ddot{X}_F(t)\,\mathrm{d}t, \quad A_1 = A_2 \tag{6.76}$$

$$t_3 = t_1 + T + t_5 \tag{6.77}$$

式中,T 为驾驶员反应时间;t_5 为当前后两车距离发生 12% 长度变化时所用时间。

$$S_A = \int_{t_1}^{t} \left[v_1 + t\ddot{X}_L(t) \right] \mathrm{d}t$$

$$= \begin{cases} \int_{t_1}^{t} \left[v_1 + t\ddot{X}_L(t) \right] \mathrm{d}t, & t_1 < t \leqslant t_2 \\ \int_{t_1}^{t_2} \left[v_1 + t\ddot{X}_L(t) \right] \mathrm{d}t + (t - t_2)\left[v_1 + (t_2 - t_1)\ddot{X}_L(t) \right], & t_2 < t \leqslant t_4 \end{cases}$$

$$\tag{6.78}$$

$$S_B = \int_{t_3}^{t} \left[v_1 + \int_0^t \ddot{X}_F(t)\,\mathrm{d}t \right] \mathrm{d}t + (t_3 - t_1)v_1 \tag{6.79}$$

$$\Delta S = S_A - S_A = H(\text{阴影部分面积}) \tag{6.80}$$

当 $t_1 < t \leqslant t_2$ 时,

$$\Delta S = \int_{t_1}^{t_3} \left[2v_1 + t\ddot{X}_L(t) \right] \mathrm{d}t + \int_{t_1}^{t_3} \int_0^t \ddot{X}_F(t)\,\mathrm{d}t\mathrm{d}t \tag{6.81}$$

因为 $\ddot{X}_F(t)$ 与 $\ddot{X}_L(t)$ 有关,所以假设:

$$\ddot{X}_F(t) = \lambda(t)\ddot{X}_L(t) \tag{6.82}$$

由此得

$$\Delta S = \left[2v_1 + \frac{1}{2}\ddot{X}_L(t)(T + t_5) + \lambda(t)\ddot{X}_L(t) \right](T + t_5) \tag{6.83}$$

所以 ΔS 是由 $\lambda(t)$ 决定的。当 $t=t_4$ 时，

$$S_A = \int_{t_1}^{t_2}[v_1 + t\ddot{X}_L(t)]dt + [v_1 + (t_2-t_1)\ddot{X}_L(t)](t_4-t_2) \tag{6.84}$$

$$S_B = (t_3-t_1) + \int_{t_3}^{t_4}[v_1 + t\ddot{X}_F(t)]dt \tag{6.85}$$

$$\Delta S = \frac{1}{2}\ddot{X}_L(t)(t_2-t_1)(3t_2-2t_4-t_1) - \int_{t_3}^{t_4}t\lambda(t)\ddot{X}_L(t)dt \tag{6.86}$$

因为 t_1、t_2 都是有由最初产生行为变化的车辆决定的；t_4 与 $\lambda(t)$ 有关，$t_3=t_1+T+t_5$，所以 ΔS 的大小只与 $\lambda(t)$ 有关，引入无量纲量 a、b、c 进行变换：

$$\Delta S = \frac{1}{2}\ddot{X}_L(t)a(b-2c\lambda(t)) - \int_{t_3}^{t_4}t\lambda(t)\ddot{X}_L(t)dt \tag{6.87}$$

为了保证车队整体的稳定性，不至于发生交通事故，需满足：

$$\Delta S < -L_1 \tag{6.88}$$

式中，L_1 为初始时两个间距。

所以，两车最终的选择安全距离为

$$L_2 = \Delta S + L_1 \tag{6.89}$$

只有当 L_2 在安全需求距离附近摆动时，车队才能保持平衡状态行驶，两车的安全需求距离可以通过经典跟驰模型推得

$$\ddot{X}_{n+1}(t+T) = \lambda[\dot{X}_n(t) - \dot{X}_{n+1}(t)], \quad n=1,2,3,4 \tag{6.90}$$

又因为

$$\int_0^\infty \ddot{X}_F(t+T)dt = v_2 - v_1 \tag{6.91}$$

$$\lambda\int_0^\infty[\dot{X}_L(t) - \dot{X}_F(t)]dt = \lambda\Delta S \tag{6.92}$$

$$\int_0^\infty \ddot{X}_F(t+T)dt = \lambda\int_0^\infty[\dot{X}_L(t) - \dot{X}_F(t)]dt \tag{6.93}$$

所以得

$$\Delta D = \frac{v_2-v_1}{\lambda} \tag{6.94}$$

当前导车紧急制动并最终停止运动，速度 $v_2=0$，则前导车与跟随车之间的车头间距的总变化量为 $-\frac{v_1}{\lambda}$。因此，跟随车为了保证行车安全，车间距最小值不能小于 $\frac{v_1}{\lambda}$，相应的车头间距为 $\frac{v_1}{\lambda}+l$（l 为车辆长度），$\frac{v_1}{\lambda}$ 即为车辆的安全需求距离。为了提高道路通行效率，车头间尽可能小，λ 应取尽可能大的值，其理想值为 $(et)^{-1}$。

6.4　数值拟合分析

为了更好地验证稳定性模型的准确定与适用性，本部分对模型进行数值仿真

分析,利用 6 个自由度的动感型汽车驾驶器试验平台(宣爱 QJ-4B1)进行了交通仿真试验,模拟城市快速路匝道入口区域主线交通流发生堵塞的整个过程,利用 Matlab 软件对所得数据进行详细解析。

6.4.1　局部稳定性仿真分析

由以上分析可得,一个处于稳定状态行驶的车队,当其中的一个跟驰单元受到外界因素干扰时,车队的行驶状态将有可能发生波动,改变其最初的行驶状态。在图 6.16 中,车辆 1 与车辆 2 为车队中任意一个跟驰单元,当前导车 1 突然受到外界因素干扰时,为了保证车辆 1 的行驶安全,驾驶员将会改变车辆行驶状态,进而产生一个扰动波向车队上游传递。当车辆 2 接收到扰动信号时,驾驶员会依据扰动波的能量大小来做出相应的反应。如果扰动波的能量对车辆 2 的安全行驶产生了影响,驾驶员将会改变车辆行驶状态,否则,车辆 2 将继续保持原稳定状态行驶。

如式(6.53)所示,车辆 2 在受扰动后能否保持原稳定状态行驶,与受扰程度 δ 大小有关。为了更好地描述车辆 2 的行驶状态,本书利用 Matlab 软件对其进行数值仿真分析。

仿真公式(a): $\delta = \dfrac{\omega\varepsilon}{\omega+1}$

仿真公式(b): $\delta = \dfrac{\varepsilon+v_0}{\omega+1}$

仿真公式(c): $\delta = \min\left[\dfrac{\varepsilon+v_0}{\omega+1}, \dfrac{\omega\varepsilon}{\omega+1}\right]$

图 6.19~图 6.21 分别为 Matlab 软件对不同公式的数值仿真,图中, δ 为因变量, ω、ε 为变量。由图 6.21 可以看出,当 δ 取值在阴影面上方时,车辆 2 将会受到严重影响,扰动波将对其行驶产生安全隐患,驾驶员必须改变行车状态保证车辆

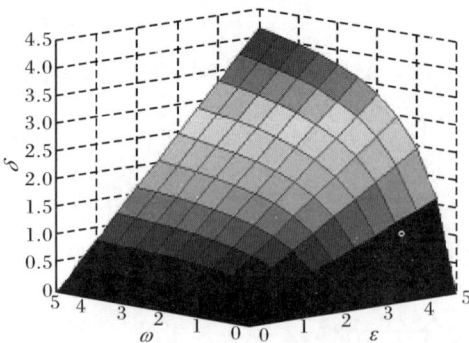

图 6.19　公式(a)数值仿真　　　　　　图 6.20　公式(b)数值仿真

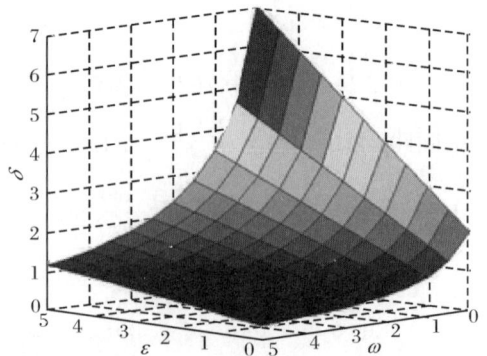

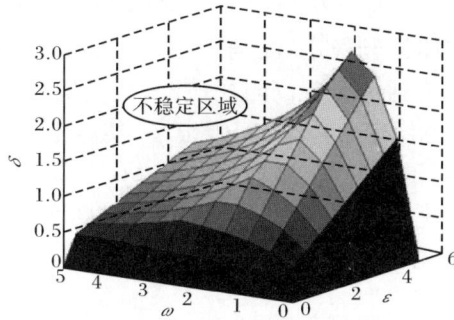

图 6.21　公式(c)数值仿真

行驶安全,进而破坏了车辆 2 原行驶稳定性;当 δ 取值为阴影面下方时,车辆 2 受到的干扰将不会影响其行车安全,驾驶员不必改变车辆行驶状态,车辆 2 可以继续保持原稳定状态行驶。

6.4.2　渐进稳定性仿真分析

由式(6.88)得出,两车最终间距与 $\lambda(t)$ 有关,$\lambda(t)$ 是由驾驶员的心理-生理因素、思维敏捷能力等决定的,致使每个驾驶员的 $\lambda(t)$ 都基本不同,一般呈现一种正态分布。现实中对该交通流模型进行实地试验是比较难的,所以此处采用 Matlab 仿真软件对 $\lambda(t)$ 取不同的值进行模拟试验。设 $C=\lambda(t)T$。当 $C=0.215$、0.325、0.425、0.495、0.520、0.535、0.578、0.689、0.786 等多组数值进行仿真分析时,结果统计如图 6.22 所示。

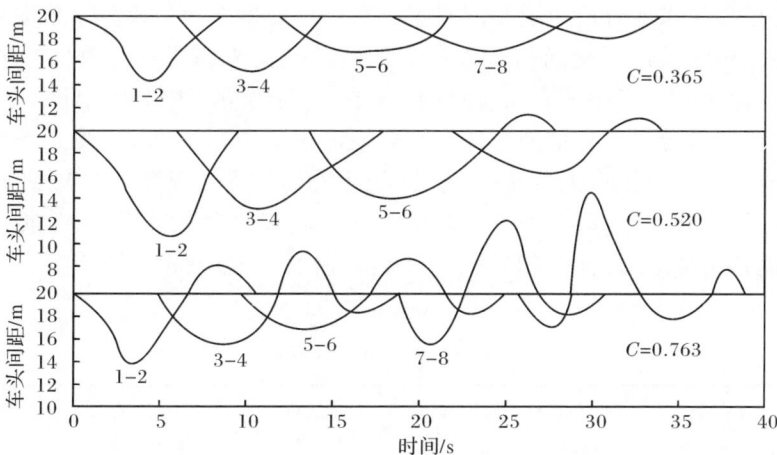

图 6.22　微扰跟驰模型车队中车头间距随时间的变化

图 6.22 形象地描述出前导车与跟随车之间车头间距的时空变化特征。当 $C=0.365$ 时,交通流整体比较稳定,波动较小,车队在发生微小波动后逐渐恢复稳定状态;$C=0.52$ 时,交通流呈现高阻尼波动,车辆偏移具体增大;当 $C=0.786$ 时,交通流表现出严重失稳现象,车头间距很小,甚至出现追尾现象,交通流非常不稳定。所以,根据作者的研究得出,当 $C=\lambda T<0.52$ 时,交通流整体表现出良好的稳定性,在车辆受到微小干扰后车队可以逐渐恢复稳定状态,不会对行车安全产生较大隐患。由此得出,车队的渐进稳定性与驾驶员反应强度系数 C 大小有关,如图 6.23 所示。

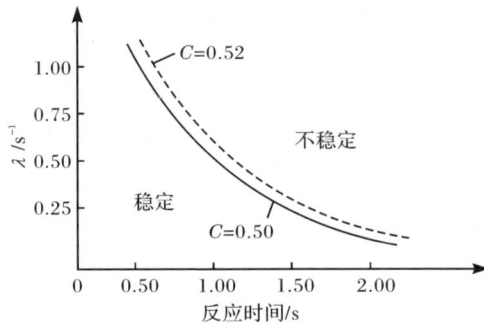

图 6.23 渐进稳定性区域

6.5 交通仿真分析

为了更加深入地分析匝道车流对主线车流的影响关系,本节对青岛市某一快速路匝道入口区域进行交通仿真。车流量基础数据来源于青岛海信智能交通研发中心,快速路设计指标如表 6.3 所示。如图 6.24 所示,主线为双向六车道,匝道与主线的连接部分设置有加速车道。在离入口匝道约 30m 处,主线三条车道分别布设一个检测器,离匝道入口 10m 处,匝道上布设一个检测器。本节研究主要利用 Vissim 仿真软件,选取一个交通流特性比较显著的时段进行仿真,通过综合分析,仿真时段确定为 17:00～18:00,车道由外向内依次编号为车道 1、车道 2、车道 3。

表 6.3 快速路设计指标

参数	车道数/条	主线车道宽度/m	匝道车道宽度/m	主线设计速度/(km/h)	匝道设计速度/(km/h)	通行能力/(pcu/h)
大小	6	3.75	4	80	40	2100

如图 6.25～图 6.27 所示,17:00～17:15,单位时间通过的主线车流量随着匝

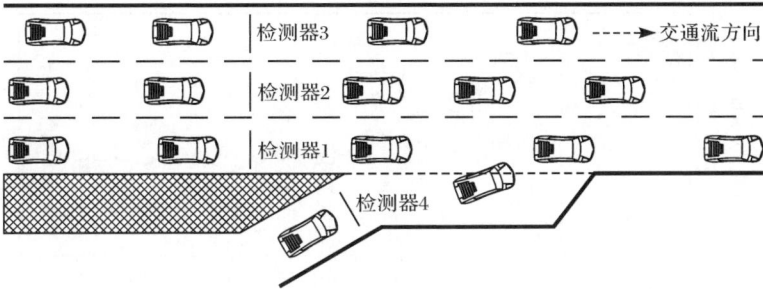

图 6.24　检测器布设位置图

道车流量的增大而增大,主线车流整体保持稳定状态;17:15~17:30,当主线车流达到一定状态后,单位时间通过的车流量开始减少,车流密度增大,单位时间匝道通过的车流量也开始减少,主线车流呈现一定程度的波动现象;17:30~18:15,主线交通流逐渐发展到拥堵状态,车间距很小,很难容许匝道车道顺利完成换道,匝道车辆的汇入都会严重影响主线车流的运行,交通压力达到超负荷状态,主线车流出现严重拥堵状态;18:15~18:30,随着匝道车流量的减少,主线车流开始逐步恢复,车流速度开始增大,同时,波动幅度开始减小。在整个过程中,主线车流状态变化为:同步流状态→同步流呈现收缩效应→窄堵塞状态→窄堵塞逐渐融合为宽运动堵塞,而后又开始逆向循环,每种运行状态主线车流都呈现特有的交通流特性。

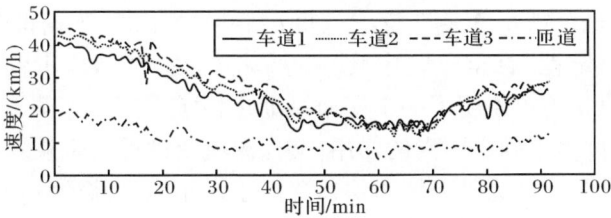

图 6.25　交通流速度时变图

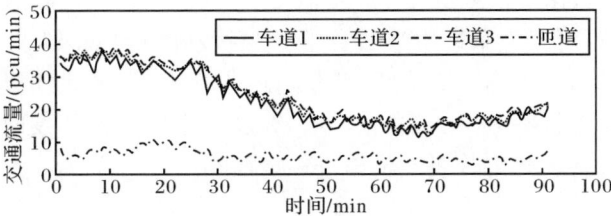

图 6.26　交通流量时变图

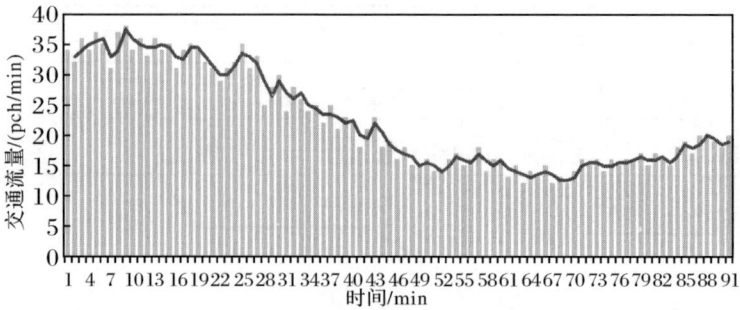

图 6.27　车道 1 交通流量趋势图

6.6　实例验证分析

在非自由流状态下,交通扰动容易演变成不稳定交通流。前面已经证明,交通流稳定性与人、车、路、环境等因素有关。对于一个处于均匀同步流运行的车队,当车辆 1 在某时刻瞬间受到干扰后致使其改变行驶状态,扰动波将向车队上游传播。假设车辆 2、车辆 3 的反应时间 t_2、t_3 都等于扰动波在车辆之间的传播时间 τ,则车辆 2、车辆 3 将会复制车辆 1 的行驶轨迹,扰动并无扩散。由于驾驶员特性等因素的不同,车辆 4 的反应时间 t_4 小于 τ。依据交通流稳定性的充要条件,车辆 4 使交通流变得不再稳定;当车辆 5 复制了车辆 4 的行驶轨迹后,将会加剧交通流的不稳定性;当车辆 6、车辆 7 反应时间 t_6、t_7 大于 τ 时,车辆将会一定程度上缓和交通流的不稳定性,直至车队中某一辆车将扰动波吸收,车辆恢复稳定状态。以上扰动过程只是简单说明了一下交通流渐进稳定运行的动态演变过程,在实际道路中,由于存在许多不确定因素的作用,交通流演变过程是非常复杂的。

图 6.28 和图 6.29 为某条城市快速路上主线车辆的轨迹线图,是匝道车道对主线车辆初始的速度扰动对车队稳定性影响的实例。对于一个处于均匀同步流行驶状态的车队,车辆 0 在行驶过程中突然受到外界因素干扰,速度由 v_0 降到 v_1;当干扰消除后,速度恢复到 v_2;最终恢复为初始状态 v_0。此后,扰动波将沿车流上游方向传播,对跟驰车逐次造成影响。当扰动波传到车辆 8 之后时,车辆 9、车辆 10、车辆 11 彼此相邻之间的最小车间距非常小,几乎达到极限状态,此处为扰动波破坏交通流状态最为严重的地方。在经过之后车辆的及时调整,车队逐渐恢复平稳状态行驶。此车队表现出渐进稳定性。

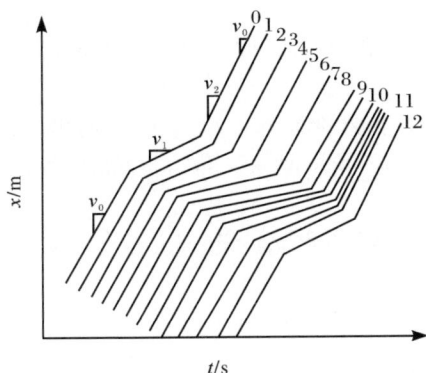

图 6.28　车辆时空轨迹图

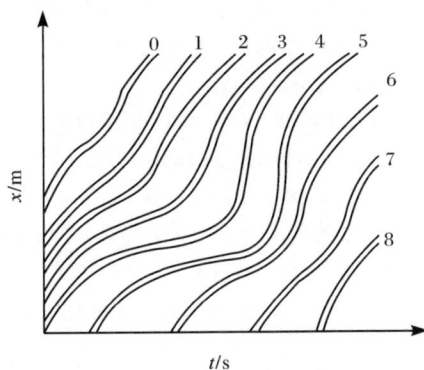

图 6.29　实测的速度扰动演变

6.7　本章小结

宏观交通流就像流体一样,其流量密集度总是处在动态平衡状态,车辆的换道行为就是为了平衡路段的车流密集度,使车辆运行达到最佳状态。从分子动力学的角度研究分析交通流动态特性,定性分析车队中车辆的运动趋势对交通量-密集度的影响,从而分析交通流的特性。本章在基于动态信息的条件下用数据对比研究密集度平衡模型,发现在相同的模型下优化刺激条件可以提高道路的利用率。

依据分合流区车辆交互行为的研究,对城市快速路匝道分合流区交通流的宏观特性及稳定性进行深入研究。首先利用微扰法揭示交通流扰动的产生和传播特性。其次对主线交通流进行横向和纵向稳定性分析,其中,纵向稳定性分析又分为局部稳定性分析和渐进稳定性分析,并建立相应模型,进行交通仿真分析,深层次地揭示匝道分合流区交通流失稳机理。本章节的研究成果对于探索城市快速路匝道优化控制策略与方法具有前瞻性和重要意义。

参 考 文 献

[1] Reuschel A. Vehicle movements in a platoon[J]. Oesterreichisches Ingenieeur-Atchir,1950, 4:193—215.

[2] 中华人民共和国交通部. JTG B01—2014《公路工程技术标准》[S]. 北京:人民交通出版社,2004.

[3] 王武宏. 汽车驾驶员行为模式及其心理因素对可靠性的影响[J]. 汽车技术,1994(11): 13—18.

［4］王殿海. 交通流理论［M］. 北京：人民交通出版社，2001.

［5］曲大义，杨建，陈秀锋，等. 动态车辆换算系数的交通流特性分析方法［J］. 公路交通科技，2012，29（4）：132－136.

［6］Kikuchi S，Uno N，Tanaka M. Impacts of shorter perception-reaction time of adapted cruise controlled vehicles on traffic flow and safety［J］. ASCE Journal of Transportation Engineering，2003，129（2）：146－154.

［7］郝媛，徐天东，孙立军. 交通扰动与交通流稳定性机理解析［J］. 武汉理工大学学报（交通科学与工程版），2010，34（2）：217－220.

［8］廖晓昕. 稳定性的理论、方法和应用［M］. 武汉：华中科技大学出版社，2002.

第7章　基于车流特性的控制策略

7.1　自适应控制策略及算法

自适应控制是指根据路口的流量变化和交通状态匹配各股车流的起亮时刻并给予合理的绿灯时间,以使路口交通状态达到有序高效。自适应控制的一般过程包括信息的采集、处理和发布,信息采集是自适应控制的关键。不同于人类大脑对眼睛采集视频的直接认识,应用路埋检测器检测交通状态存在一定的难度。本书论述的单点自适应控制[1~4]应用三组检测器检测并预测进口交通状态,对采集的实时信息做出判断和匹配,适时消散排队,保证干道车队最大化地通过交叉口。

7.1.1　检测器的设置与作用

道路实际数据是系统运行的基础,因此数据的采集技术和方案也是系统方案的重要组成部分,以下分别介绍感应检测线圈和战略检测线圈的设置要点。感应检测器和排队检测器的设置如图 7.1 所示。

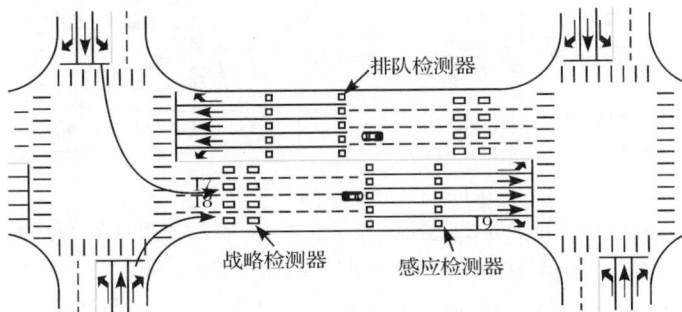

图 7.1　检测器布局图

1. 感应检测器和排队检测器的设置

L_1 的确定主要考虑在感应式控制中,保证一个单位绿灯延长时间内车辆驶过的距离,即当车辆经过感应检测线圈时,若信号由绿灯变为红灯能够保证车辆在停车线前安全的停车。L_4 的距离按车道排队长度设置,一般情况下,L_4 设置在车道最大排队长度位置上,但离停车线的距离不宜过大。为满足该条件,建议 L_1 取 $30\sim35\text{m}$,L_4 取 $50\sim60\text{m}$;建议感应检测线圈的规格为 $2\text{m}\times2\text{m}(L_2$ 和 $L_3)$。基于上述考虑,建议每车道分别设置感应检测线圈。排队检测线圈的规格与感应检测线圈的规格一样,布设情况如图 7.2 所示。

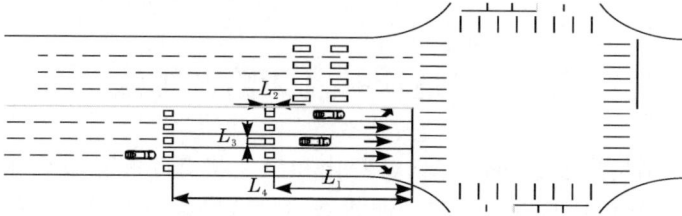

图 7.2　感应检测器布设图

L_1.感应检测线圈距本向进口道停车线的距离,m;L_2、L_3.感应检测线圈的长度、宽度,m;L_4.排队检测线圈距本向进口道停车线的距离,m

2. 战略检测器的设置

战略检测器的设置如图 7.3 所示。

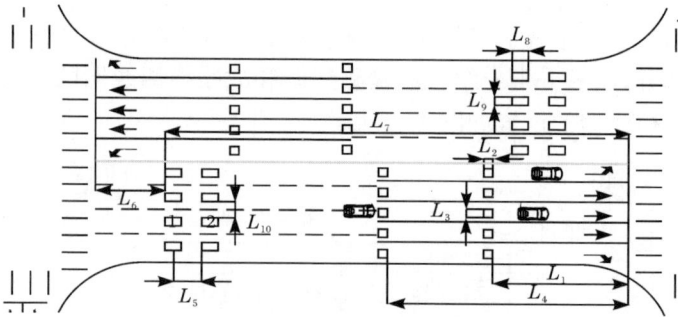

图 7.3　战略检测器布置图

L_5.组战略检测线圈两个连续设置的线圈间距,m;L_6.战略检测线圈距对向车道停车线的距离,m;L_7.战略检测线圈距本向进口道停车线的距离,m;L_8.检测线圈的长度,m;L_9.检测线圈的宽度,m;L_{10}.相邻车道两组战略检测线圈的间距,m

(1) 战略检测线圈设置的位置应考虑以下因素:

①能够准确测量通过的交通量,避免公交车站点、停车场和行人干扰严重的地段;②能够准确测得路段上车辆的正常行驶速度,远离上游交叉口的冲突区,车辆行驶到战略检测线圈时已经进入正常行驶状态;③如果路段上有车流汇入点或流出点,战略检测线圈应设在该点的下游,确保被测车辆处于正常行驶状态;④战略检测线圈的位置应尽量远离战略交叉口的停车线,避免被排队车辆经常占据,

一旦占有时间超过正常值,即说明该交叉口排队过长,应采取特殊控制方案;⑤两个连续设置的战略检测线圈最大间距要小于车辆的最小车身长度,同时还要保证检测精度;⑥相邻两车道并排放置的两个检测线圈在保证其所在车道的车辆能够被准确检测到的同时,应避免跨线行驶的车辆被两组战略检测线圈同时检测到。

(2) 根据上述要求,进行如下设置:

①L_5 建议取 2m;②保证 L_{10} 至少为 2m,战略检测线圈建议采用 1m×2m 的检测线圈,并且设置在车道中央,即 L_8 为 1m,L_9 为 2m;③战略检测线圈的设置位置应满足距对向车道停车线(L_6)不小于 30m,距本进口道停车线(L_7)不小于 150m,在路段长度小于 180m 的情况下,优先考虑远离本进口道停车线。

7.1.2 车流检测策略

1. 车队头车的确定

试验一共设置三组检测器,分别是战略检测器、排队检测器和感应检测器。各组检测器各有功用,共同完成交通信息采集工作。

上游路口放下来的车队主要是干道方向直行车队,支路左转的车辆也可能会形成小股车队。所研究的车队检测主要从干道直行车队开始。车队头车的确认指标性质一般有三个。

指标性质 1:头车的车速较快,这是因为在顺畅的交通流中头车前面的净空条件比较好,车辆稀少。可以认为头车的选择安全距离非常大,头车可以不受前面限制地自由加速而率先达到较高车速。另外,排在停车线前的车辆,其在红灯期间的等待时间也最长。长时间的等待加上良好的净空会催生驾驶员的加速欲望,使头车速度迅速增加。

指标性质 2:一般情况下,主干道进口最左边是左转专用车道,1 车道或两车道;最右边是右转专用车道,中间的都为直行车道。所以直行车队的头车最有可能出现在出口的中间几个车道(图 7.1 中的 17、18 号车道)。即便是停车线前率先起步的车辆不是出自进口的中间几个车道,而是出自右转车道(图 7.1 中的 19 号车道),头车在进入出口后也会有向中间车道行驶的倾向。一是为避免与支路右转进入干道出口的车辆发生冲突,二是中间车道净空好,易于驾驶。

指标性质 3:判断头车最主要的依据是头车在经过战略检测器后,紧接着会有连续的车流通过所有检测器。

上游路口干道方向绿灯起亮时,停车线前的车辆从反应到加速至战略检测器的位置用时为 t_0,t_0 的值可根据不同路段实测,一般相差不大。战略检测器在 t_0—5s 的时刻做好检测车队的准备。检测器检测到具有 1、2 指标性质(或只有性质 1)的车辆时,则记号此车。在此记号车辆之后的 Δt 时间内,若至多只有一个检测器没检测到车辆(规定此时的瞬时流量为 q_m),则标记此车为头车;若不是至多只有一个检测器没检测到车辆,则放弃此记号车,转记号下一截面辆车(截面车辆是指车尾最后沿处在路段横向同一时刻截面的车辆)。重复这样的判断直到"触手" Δt 碰到 q_m 为止,方判断记号车辆为头车。记号车辆时,同时记录记号车辆的通过时刻,则确认头车时刻 $t(h)$ 后便可以头车为标准确认车队到达时刻。头车确认逻辑如图 7.4 所示。

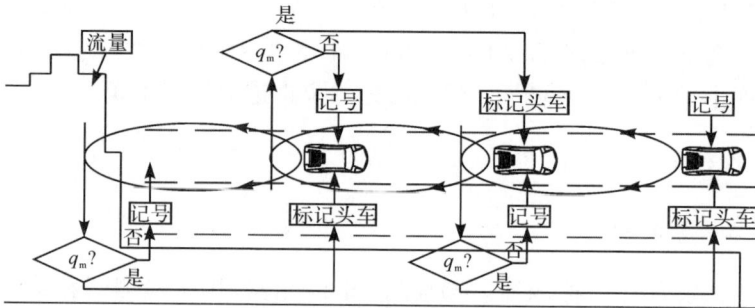

图 7.4　头车确认逻辑图

头车和车队是相互依存的,没有车队就无所谓头车,而没有头车的车队有可能只是个巧合的假象。例如,支路方向的左转和右转的几辆车(图 7.1),恰好几乎同时通过全部车道或大部分车道,致使流量突然增大,造成车队的假象。所以不能简单的直接用 q_m 标志车队,而应以头车标志车队。判断头车的目的是尽快找到车队,以便及早生成控制策略。

当干道直行相位的上一相位是支路方向的左转相位时(图 7.1),左转相位进入出口道,一般会进入 2 号、3 号车道。进入 1 号车道的转弯幅度要大于 2 号、3 号车道,相对比较难于操作。4 号车道相对过远,且容易与其对向右转发生冲突。在这种情况下,车队头车不具备指标性质 2。另外,车辆在转弯时速度要低一些,左转车辆进入干道出口再加速,经过战略检测器时的速度一般不会达到车队头车的速度,所以,左转车不会影响头车指标性质 1。

2. 车队参数的检测

战略检测器可检测到的直接数据有:车头到达线圈 1 的时刻 t_1;车头到达线圈 2 的时刻 t_2;车尾离开线圈 1 的时刻 t_3。结合战略检测器线圈的规格参数和布置参数可计算得到地点车速 v、车长 l、占有时间 t_R、车头时距 h_t 和车头间距 h_s。

(1)地点车速 v。车队从上游路口进入出口,速度处于上升阶段,战略检测器检测到的是很小距离下的平均车速。第 n 辆车的地点车速可表示为

$$v(n)=\frac{L_5+2}{t_2(n)-t_1(n)} \tag{7.1}$$

（2）车长 l。车辆经过线圈 1 的时间为 $t_3 - t_1$，由地点车速可得车辆长度，第 n 辆车的车身长度可表示为

$$l(n) = v(n) [t_3(n) - t_1(n)] - 2 \tag{7.2}$$

（3）车头时距 h_t。车头时距是指连续行驶的前后两辆车（具有代表性的点）通过行车道上某一点（或某一断面）的时间差。战略检测器检测到第 n 辆车的时间有 $t_1(n)$、$t_2(n)$，检测到第 $n+1$ 辆车的时间有 $t_1(n+1)$、$t_2(n+1)$。可得第 $n+1$ 辆车与第 n 辆车之间的车头时距：

$$h_{t1}(n+1) = t_1(n+1) - t_1(n) \tag{7.3}$$

或

$$h_{t2}(n+1) = t_2(n+1) - t_2(n) \tag{7.4}$$

式中，$h_{t1}(n+1)$ 为在 1 号线圈处检测到的车头时距；$h_{t2}(n+1)$ 为在 2 号线圈处检测到的车头时距。

由于两线圈距离很近，所以 $h_{t1}(n+1)$ 和 $h_{t2}(n+1)$ 相差微小。为了更贴近车队在路段的行驶状态，采用 2 号线圈组检测的车头时距，第 n 辆车与第 $n+1$ 辆车之间的车头时距可表示为

$$h_t(n+1) = t_2(n+1) - t_2(n) \tag{7.5}$$

（4）车头间距 h_s。车头间距是指一条车道上前后相邻两车（用前保险杠等具有代表性的点测量）之间的距离，其值是车头时距与地点车速的乘积，第 n 辆车与第 $n+1$ 辆车之间的车头时距可表示为

$$h_s(n+1) = v_{n+1} h_t(n+1) \tag{7.6}$$

由车头间距可得局部车流动态密度 k：

$$k = \frac{1}{h_s} \tag{7.7}$$

结合式（2.86）可得动态流量。

（5）占有时间 t_R。时间占有率是指在一段时间内，车辆通过某一截面的时间之和与总时间之比。该参数可以反映路段的交通流量，如果占有率大，表示路段比较拥挤。但时间占有率无法描述单车的运动状态，为此，用车辆通过检测器的时间——占有时间 t_R 描述单车或截面车辆的运动状态。第 n 辆车的占有时间可表示为

$$t_R(n) = t_3(n) - t_1(n) = \frac{l_n + 2}{v(n)} \tag{7.8}$$

由式（7.8）可知，占有时间与车长成正比，与车速成反比。假设车辆长度变化不大，则占有时间和速度的关系如图 7.5 所示。

在平稳的交通流下（车速变化不大），占有时间与车辆长度成正比。速度一定，则占有时间越大车长越长，如图 7.6 所示（K 处）。K 处车辆前后车头时距比

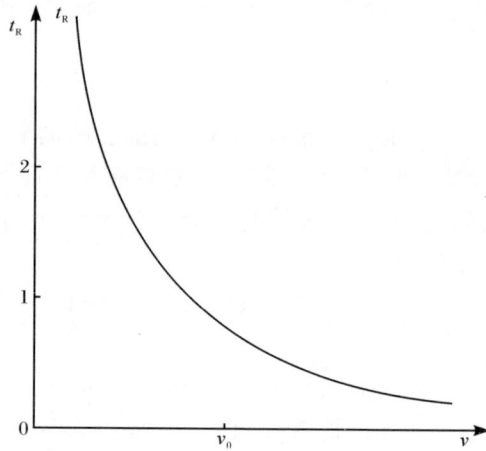

图 7.5　占有时间与速度关系图

较大,表明其与前后车辆车距比较大。图 7.6 中 P 、Q 、W 处,车头时距变小而占有时间变大。出现这种情况只能是车速变小,车头距离变小,描述的交通状况是拥堵停车状态。

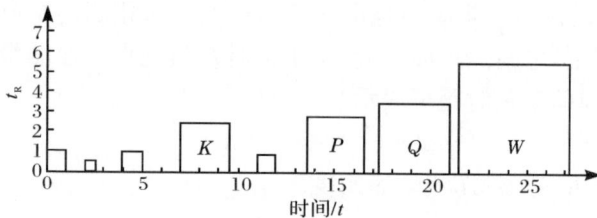

图 7.6　占有时间与车型关系图

3. 车队队尾的检测

根据分子跟驰模型,一定的交通环境下,车队中的车间距与速度间存在一定的关系。若车检器检测到车间距超过一定范围则认为车队结束。车队结束有三个特征:①车队总存在最后一辆车,一定时间内只有一个车道战略检测器能检测到车辆,其他车道战略检测器均无车通过;②最后一辆车与下一截面车辆间的车间距大于一定值;③最后一辆车之后的 Δt 时间内至多只有一个车道战略检测器能检测到车辆通过。

如图 7.7 所示,战略检测器在检测车队时,当出现 1s 之内只有一个战略检测器检测到车辆,则记号此车辆,记录记号车辆时刻 t。此后的 Δt 时间内至少两车道战略检测器检测到车辆,则认为车队结束。标记记号车辆为队尾,记号时刻为车队结束时刻。若 Δt 时间内有至少两车道战略检测器检测到车辆,则放弃此记号位车辆。在车队尾车时刻 t 之后,认为 $\Delta t'$ 时间内的车辆为可追加车队。即认为这些车辆在前面车队尾车过停车线之前仍可追上前面的车队,$\Delta t'$ 时间以外的车辆不可追上前面车队而放弃追加,车队结束时刻顺延 Δt_a,Δt_a 计算式为

$$\Delta t_a = \left| \frac{n_a}{K_c} \right| \tag{7.9}$$

式中,n_a 为增加(add)车辆数;K_c 为车道数,计算的数要取整。

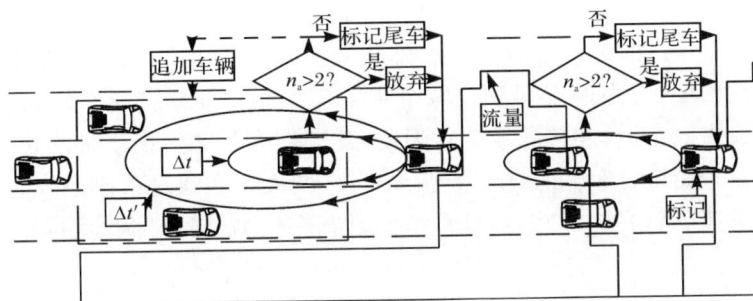

图 7.7　车尾确认逻辑图

则追加车队后车队的结束时刻 $t(w)$ 为

$$t(w) = t + \Delta t_a \tag{7.10}$$

7.1.3　排队统计方法

排队统计由感应检测器和排队检测器统计完成。设计感应检测器距离停车线(图 7.3 中 L_1)30m,排队检测器距离停车线 60m(图 7.3 中 L_4)。

以干道左转停车排队统计为例,支路停车排队统计与干道左转统计方法一样。定义左转相位开始放行前,排队消散需求时间与可供给左转相位绿灯时间的比为时间需求饱和度,用 ε 表示。当 $\varepsilon > 1$ 时,供给绿灯时间不足以使相位排队消散。绿灯结束时,排队车辆通行缓慢。相位绿灯结束前 3s 在感应检测线圈以内的车辆在其后的绿灯和黄灯时间还可以通过停车线,在线圈外的车辆(包括正在通过线圈的车辆)将没有足够的时间通过停车线而在停车线前停车排队。排队第一辆车从绿灯结束前 3s 开始累计计数,计数时刻为 $t_s - 6$(假设黄灯时间为 3s)。自此时起,感应检测线圈每检测到一辆车到来就自动累加一辆停车。当 $\varepsilon \leqslant 1$ 时,供给绿灯时间足以使相位排队消散。在相位绿灯末尾,由于排队已经或将要消散,停车线前车辆稀少,后续通过停车线的车辆速度较快。相位绿灯结束前 1s 在感应检测线圈以内的车辆在其后的绿灯和黄灯时间还可以通过停车线。在线圈外的车辆(包括正在通过线圈的车辆)将没有足够的时间通过停车线而在停车线前停车排队。排队第一辆车从绿灯结束前 1s 开始累计计数,计数时刻为 $t_s - 4$。调查

显示,感应检测器到停车线 30m 的距离内平均小车排队数为 5 辆。若停车排队排到感应检测器,即感应线圈检测到车辆占有时间大于 3s,统计数小于 5 辆的 $N<5$,都圆整为 $N_3=5$(N_3 是 30m 检测器,即感应检测器统计数),否则 $N_3=N$。

在排队检测器处应用式(7.11)计算第 n 辆车通过检测线圈的速度。

$$v(n)=\frac{l+2}{t_3(n)-t_1(n)} \tag{7.11}$$

式中,$t_1(n)$ 为车头到达检测线圈的时刻;$t_3(n)$ 为车尾离开检测线圈的时刻;l 为车辆长度,m。

$t_3(n)-t_1(n)$ 即为第 n 辆车通过排队检测线圈的占有时间,车辆长度 l 取车道车辆平均长度,可由调查得到。城市主干道大车主要是公交车辆,公交车一般都行驶在最右侧车道(左转的较少),因此,建议取车长 l 为小车平均长度 4m。在感应检测器开始统计车辆时(t_s-4 或 t_s-6),调入正在通过或刚刚通过排队检测器车辆的车速 v_c,由式(2.79)可计算得此时感应检测器到排队检测器之间的车辆数为 N_s:

$$N_s=\frac{30}{s_c} \tag{7.12}$$

式中,s_c 为正在通过或刚刚通过排队检测器车辆的车头间距,m。

若开始统计车辆时感应检测器和排队检测器均无正在经过的车辆,则两检测器之间的车辆数修正为 N_6:

$$N_6=N_s-1 \tag{7.13}$$

若有一个检测器有正在通过的车辆,则两检测器之间的车辆数修正为

$$N_6=N_s \tag{7.14}$$

若两个检测器都有正在通过的车辆则两检测器之间的车辆数修正为

$$N_6=N_s+1 \tag{7.15}$$

自统计时刻开始,每通过排队检测器一辆车,排队检测器就在 N_6 的基础上自动累加排队车辆数,即

$$N_p=N_6+i \tag{7.16}$$

式中,i 表示通过排队检测器的第 i 辆车。

至支路 B 相位末的 barrier 之前停止车数累加,确定停车数。特别的,在停止累加时,当感应检测器上有驻留车辆,排队统计的排队车辆数为

$$N_p=N_6+i+5-N_3 \tag{7.17}$$

当排队检测器上有车辆停驻时($D_p=2$),表明停车排队至少已经到达排队检测器。此时,无论排队检测器之后还停有多少车,只把排队统计数修正为 $N_p=10$,以此作为统计排队清空绿灯时间的上限。即排队清空的最大绿灯时间是清空 10 辆车的时间。此时供给的绿灯时间很可能不够排队消散的需求,因此 $\varepsilon>1$。

排队统计逻辑如图 7.8 所示。

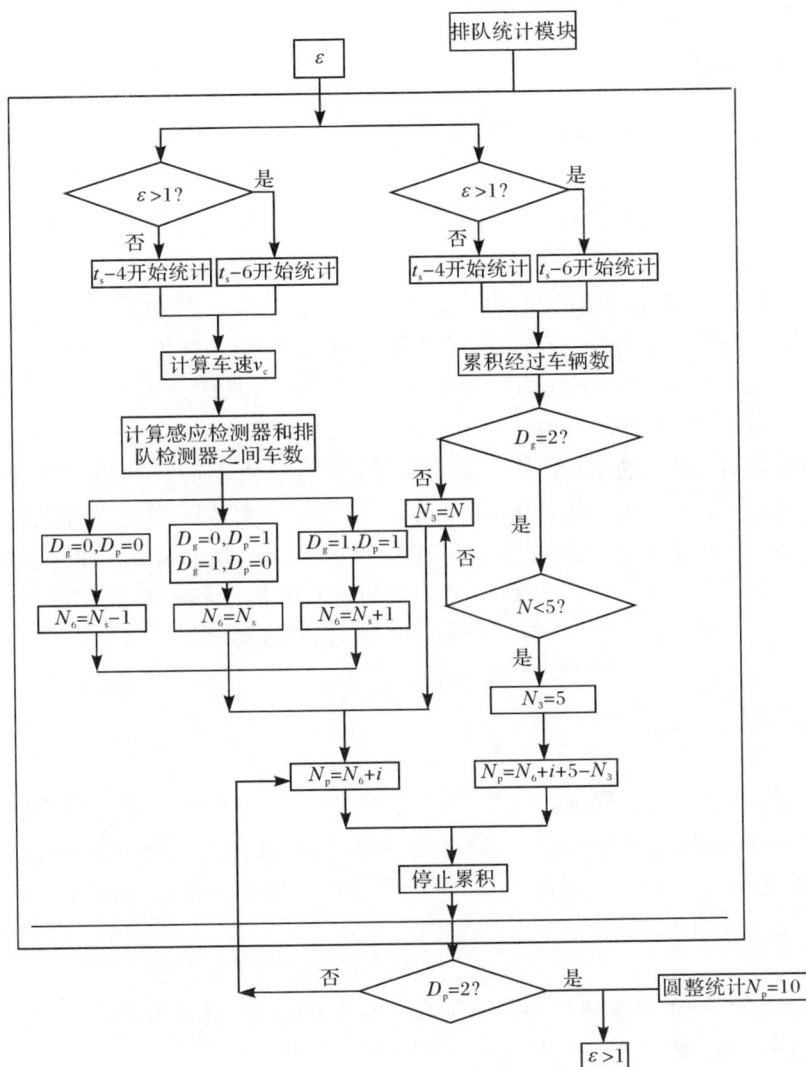

图 7.8　排队统计逻辑图

7.2　支路自适应控制策略和算法

本节讨论的交叉口类型为干道与支路交叉口,路口渠划如图 7.1 所示。单点自适应控制的目标是在适时消散路口排队的基础上,减少干道直行的延误和排队长度。采用的基本控制策略是恰当地消散干道左转和支路排队,在消散干道直行排队的同时保证干道车队最大化地通过停车线。采用的基本方法是压缩或拓展相位的绿灯时间和调整相序。

7.2.1　排队消散

停车线前的排队车辆在本相位绿灯起亮时刻起,每秒钟通过停车线截面的车辆数称为排队消散率,简称消散率,用 o 表示。停在停车线前第一排车辆在绿灯起亮后不能立即加速驶出停车线,而是要经过一定的反应时间。反应时间包括驾驶员的动作反应时间和车辆的机械反应时间,统称为启动反应时间。驾驶员对加速的反应强度不如对制动的反应强度大,因此,启动反应时间要比制动反应大一些。调查发现停车线前第一排车辆启动反应时间平均约为 2.5s,车辆(主要指小型车辆)从启动到越过停车线的时间为 2～3s。因此,从绿灯起亮开始,第一辆车越过停车线的时间 t_{c1} 约为 5s。

停车排队的前三辆车,距离停车线太近,不足以使车辆在通过停车线时提升到稳定车速。又由于头车提速的拉动,车辆在通过停车线时尚处在加速阶段。加速迟滞使后车的需求安全距离小于与前车的车距。这是感应迟滞的被动失误驾驶,失误系数大于 1,$\phi > 1$。同时,跟随车对前导车的运动状态存在良好判断,有预测系数 $\varphi < 1$。第二辆和第三辆车与各自前导车的车尾间距:

$$\omega_i = \phi_i \varphi_i X_{ni} + l_i \tag{7.18}$$

可以写为

$$\omega_i = \phi_i \varphi_i (X_{ni} + l_i) \tag{7.19}$$

第三辆车之后的车逐渐形成平稳跟弛,依次通过停车线。通常排队启动时驾驶员对车队运动状态预测良好,不会怠驾,则跟随驾驶存在预测系数小于 1,$\varphi < 1$,而失误系数等于 1,$\phi = 1$。因此,可以将一个进口道的第 i 辆车与前导车的车尾间距写为

$$\omega_i = \phi_i \varphi_i (X_{ni} + l_i), \quad i > 1 \tag{7.20}$$

记 v_{ci} 是第 $i-1$ 辆车越过停车线时第 i 辆车的速度,由车尾间距可得,当前导车越过停车线时,跟随车与其越线的车尾时距 Δt_i 为

$$\Delta t_i = \frac{\omega_i}{v_{ci}} \tag{7.21}$$

记 $\xi_i = \phi_i \varphi_i$,ξ_i 为车距修正系数,由式(2.3)、式(7.20)和式(7.21)可得

$$\Delta t_i = \xi_i \left(\beta + \alpha v_{ci} + \frac{l_i}{v_{ci}} \right) \tag{7.22}$$

由车辆车尾时距,可得车辆消散率 o_i:

$$o_i = \frac{1}{\xi_i \left(\beta + \alpha v_{ci} + \frac{l_i}{v_{ci}} \right)} \tag{7.23}$$

则清空进口道 i 辆车排队的时间 t_{ci} 为

$$t_{ci} = t_{c1} + \sum_{i=2}^{i} \Delta t_i \tag{7.24}$$

若已知排队车辆通过停车线的平均速度 $\bar{v}_c$，平均车长 $\bar{l}$ 和平均车距修正系数 $\bar{\xi}$，则平均消散率 $\bar{o}$ 为

$$\bar{o} = \cfrac{1}{\bar{\xi}\left(\beta + \alpha\bar{v}_c + \cfrac{\bar{l}}{\bar{v}_c}\right)} \tag{7.25}$$

清空进口道 i 辆车排队的时间 t_{ci} 为

$$t_{ci} = t_{c1} + \frac{i-1}{\bar{o}} \tag{7.26}$$

式中，$\bar{v}_c$、$\bar{l}$、$\bar{\xi}$ 均可由路口调查得到。

对排队消散率做进一步简化。假设在观察时间 Δt_k 内，一个进口车道从第二辆排队车辆起一共有 N 辆排队车辆通过停车线，可以得到平均消散率 $\bar{o}_k$ 为

$$\bar{o}_k = \frac{N}{\Delta t_k} \tag{7.27}$$

清空进口道 i 辆车排队的时间 t_{ci} 为

$$t_{ci} = t_{c1} + \frac{i-1}{\bar{o}} \tag{7.28}$$

7.2.2　支路自适应控制策略

交叉口的支路(spur track)深入到社区、学校、工厂、企业等城市内部，随机出入支路的车辆比较多。因此，对支路采取的自适应控制策略主要是适时的消散排队，减少停车次数和绿损，并在一定情况下协调干道自适应控制。支路不设置战略检测器，只设置感应检测器和排队检测器。感应检测器和排队检测器分别设在距本方向停车线 30m 和 60m 的位置，如图 7.9 所示。

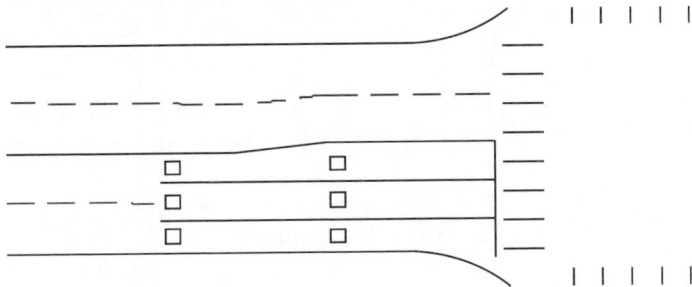

图 7.9　支路检测器布置图

支路服从于干道,根据干道的需要,推前 barrier 以压缩支路相位时间;或推后 barrier 以增加支路相位时间。对于有专用左转车道的路口,放行相序较多,本章只讨论两相位的情况。设支路两相位分别称为 A 相位和 B 相位,或 C 相位和 D 相位,如图 7.10 所示。

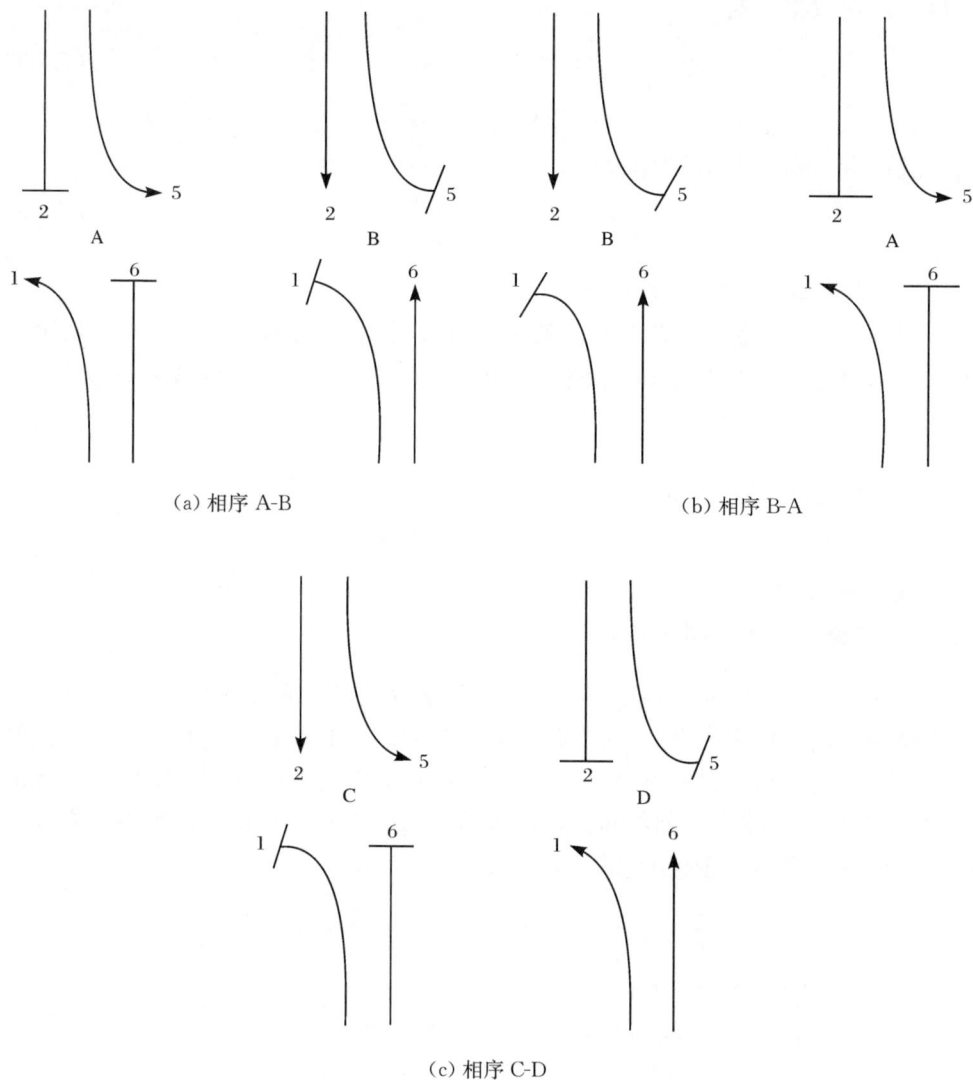

(a) 相序 A-B　　　　　　　　　　　　　　　(b) 相序 B-A

(c) 相序 C-D

图 7.10　支路相序图

在干道 barrier 到来之前,比较支路各个进口道排队数。若左转车道排队数大于等于直行车道排队数 $N_p(A_i) \geqslant N_p(B_{i+1})$,则先放行左转相位,放行相序为 A-

B;若左转车道排队数小于直行车道排队数 $N_p(A_i) < N_p(B_{i+1})$,则先放行直行相位,放行相序为 B-A;若支路一个方向进口左转和直行排队都比另一个方向进口左转和直行排队数多 $N_p(C_i) \geqslant N_p(D_i)$,则先放行排队多的一个方向,放行相序为 C-D。

以相序 A-B 为例(支路的其他两相位相序控制策略与 A-B 相序相同),A 相位的绿灯时间为排队清空时间。排队统计按式(7.16)和式(7.17)计算,排队清空按式(7.25)或式(7.27)计算。A1 清空后接着放行 B2,A5 清空后接着放行 B6,相位转换可以不同时。支路自适应信号控制如图 7.11 所示。

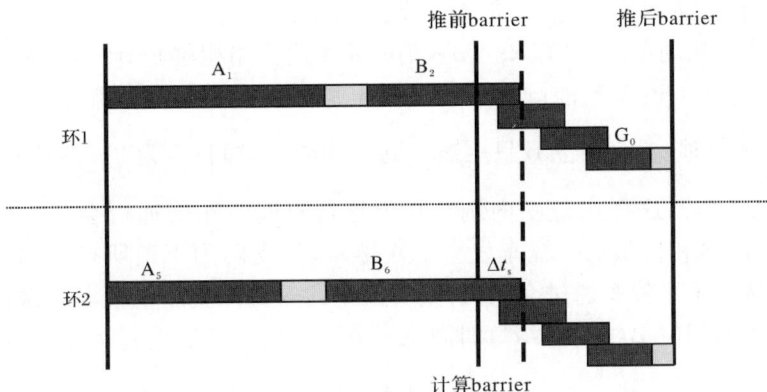

图 7.11　支路信号控制图位

环 1 中通道 1、2 的排队清空时间之和与环 2 中通道 5、6 的排队清空时间之和不尽相同。在支路相位 B 开始放行时,调取 B 相位进口车道统计排队车辆数,确定排队清空时间。记环 1 的排队清空时间之和为 t_{s1},$t_{s1} = t_{1c} + t_{2c}$(t_{1c}、t_{2c} 分别是通道 1 和通道 2 的排队清空时间);记环 2 的排队清空时间之和为 t_{s2},$t_{s2} = t_{5c} + t_{6c}$。并记 $\Delta t_s = t_{s1} - t_{s2}$,若 $\Delta t_s \geqslant 0$,表明环 2 要比环 1 的时间短,则需要把 Δt_s 追加到环 2 的通道 6,通道 6 的计算排队清空时间 t'_{6r} 为

$$t'_{6r} = t_{6c} + \Delta t_s \tag{7.29}$$

若 $\Delta t_s < 0$,表明环 1 要比环 2 的时间短,则需要把 $-\Delta t_s$ 追加到环 1 的通道 2,通道 2 的计算排队清空时间 t'_{2r} 为

$$t'_{2r} = t_{2c} - \Delta t_s \tag{7.30}$$

支路直行相位 B 的最小绿灯时间需要考虑过街行人安全,最小绿灯时间为行人绿灯时间,可按式(7.35)计算:

$$\Delta t_B(\min) = 7 + \frac{\omega}{v_b} - I \tag{7.31}$$

式中,$\Delta t_B(\min)$ 为行人过街最小绿灯时间,s;ω 为人行横道宽度,m;I 为绿灯间隔

时间，s；v_b 为行人步速，m/s，一般认为行人过街速度为 1.2m/s，绿灯期间步速为 1.5m/s。

设 t'_{ir} 等于 t'_{2r}、t'_{6r} 中较小的一个，记 $\Delta t''_{ir} = \Delta t_B(\min) - t'_{ir}$。若 $t'_{ir} \geqslant \Delta t_B(\min)$，表明直行相位 B 各方向的绿灯时间都大于最小绿，则相位 B 各方向修正排队清空时间 t_{ir} 等于计算排队清空时间；若 $t'_{ir} < \Delta t_B(\min)$，表明可能至少有一个方向行人过街时间不足，则相位 B 各方向修正排队清空时间 t_{ir} 都要在各自计算排队清空时间的基础上加上不足的时间 $\Delta t''_{ir}$[5]。

若干道（trunk road）没有富裕时间（$R_T = 0$），则支路相位 B 的实际绿灯时间 Δt_i 等于修正排队清空时间 t_{ir}，即 $\Delta t_2 = t_{2r}$、$\Delta t_6 = t_{6r}$。

若干道富裕时间小于零（$R_T < 0$），则需要推前支路相位 barrier，压缩相位 B 的绿灯时间，以使干道车流能顺利通行。当干道需要支路为其压缩的时间小于 6s（$-5 \leqslant R_T < 0$）时，支路相位 B 只压缩一辆车的通行时间 $\dfrac{1}{o}$，为 2~3s，则干道紧缺时间只有 1~2s。这样小范围内调整相位绿灯时间对车流通行会产生一定的影响，可能会使 B 相位最后一辆车发生二次停车，但支路为干道所挤出的时间可以使干道车队几乎不停车通过交叉口，其所产生的效益比支路一辆车二次停车的损失要大。支路相位 B 的计算绿灯时间 $\Delta t'_i$ 为

$$\Delta t'_2 = t_{2r} - \frac{1}{o} \tag{7.32}$$

$$\Delta t'_6 = t_{6r} - \frac{1}{o} \tag{7.33}$$

设 $\Delta t'_i$ 等于 $\Delta t'_2$、$\Delta t'_6$ 中较小的一个，记 $\Delta t''_i = \Delta t_B(\min) - \Delta t'_i$。若 $\Delta t'_i \geqslant \Delta t_B(\min)$，表明直行相位 B 各方向的绿灯时间都大于最小绿，则相位 B 各方向实际绿灯时间 Δt_i 等于计算绿灯时间；若 $\Delta t'_i < \Delta t_B(\min)$，表明至少有一个方向行人过街时间不足，则相位 B 各方向实际绿灯时间 Δt_i 都要在各自计算绿灯时间 $\Delta t'_i$ 的基础上加上不足的时间 $\Delta t''_i$，以确保支路行人过街安全。

定义支路（spur track）相位富裕时间是支路在添加干道富裕时间之后应该结束的时刻与支路实际相位结束时刻的差值。支路的富裕时间 R_s 为

计算绿灯时间大于最小绿时，

$$R_s = R_T + \frac{1}{o} \tag{7.34}$$

计算绿灯时间小于最小绿时，

$$R_s = R_T + \frac{1}{o} - \Delta t''_i \tag{7.35}$$

当干道需要支路为其压缩的时间大于 6s 时（$R_T < -5$），说明要想保证干道直行车队几乎不停车通过交叉口需要支路挤出更多的充裕时间，这对支路车流的运

行是不合适的。并且,无论支路是否压缩一辆车的时间对干道直行车队的影响都不会太大。所以,当 $R_T < -5$ 时,支路不做压缩只放行排队清空时间,相位 B 的实际绿灯时间 Δt_i 等于修正排队清空时间 t_{ir},即 $\Delta t_2 = t_{2r}$、$\Delta t_6 = t_{6r}$。

若干道富裕时间大于零($R_T > 0$),则需要推迟支路相位 barrier,追加相位 B 的绿灯时间。对富裕时间的处理采用感应控制方式,最大绿灯时间为 $\Delta t_i(max) = t_{ir} + R_T$。B 相位绿灯结束前,在一个预置的时间间隔内(如 1s)若有后续车辆到达,即感应检测器检测到有后续车辆通过感应线圈($D_3 = 1$),则每检测到一辆车到达,绿灯就延长一个预置的"单位延长绿" G_0。只要 B 相位有一个方向车道的感应检测器在预置的时间间隔内检测到后续车辆到达($D_2 \neq 0, D_6 \neq 0$),相位 B 就延长一个单位绿灯时间。延长的总时间要小于干道富裕时间,$n_a G_0 < R_T$。若在 B 相位绿灯结束前一个预置的时间间隔内,相位 B 两个方向车道的感应检测器都没有检测到后续车辆到达($D_2 = 0, D_6 = 0$),则结束相位 B,转接下一相位。支路相位 B 的实际绿灯时间 Δt_I 为

$$t_{ir} = t'_{ir} + \Delta t''_{ir} \geqslant \Delta t_B(min) t_{ir} - \Delta t_s i R_T \tag{7.36}$$
$$\Delta t_6 = t_{6r} + n_a G_0 \tag{7.37}$$

支路的富裕时间 R_s 为

$$R_s = R_T - n_a G_0 \tag{7.38}$$

若在快到达支路计算 barrier 时干道两个方向都无法检测到车队到达(规定干道两个方向都无法检测到车队到达时的状态为 $D_h = 0$,规定只要有一个方向检测到车队到达时的状态为 $D_h = 1$),则认为干道富裕时间大于零,支路两方向自动延长一个单位延长绿,直到干道给出富裕时间。

由上述可知,干道富裕时间大于等于零时,相位供给时间要大于等于排队消散时间,其需求饱和度 ε 小于等于零,干道富裕时间小于零时,相位供给绿灯时间不足以使相位排队消散,其需求饱和度 ε 大于零。支路自适应控制逻辑框架如图 7.12 所示。

7.2.3 支路自适应控制算法

支路自适应控制首先要清空进口道排队,在此基础上推前或退后 barrier。无论干道是否有富裕时间,支路进口都要首先补齐各环时间,使进口排队清空同时结束。根据干道的富裕时间需求,对 barrier 之前的相位采用感应检测。支路自适应控制计算方案流程如图 7.12 所示。

干道barrier

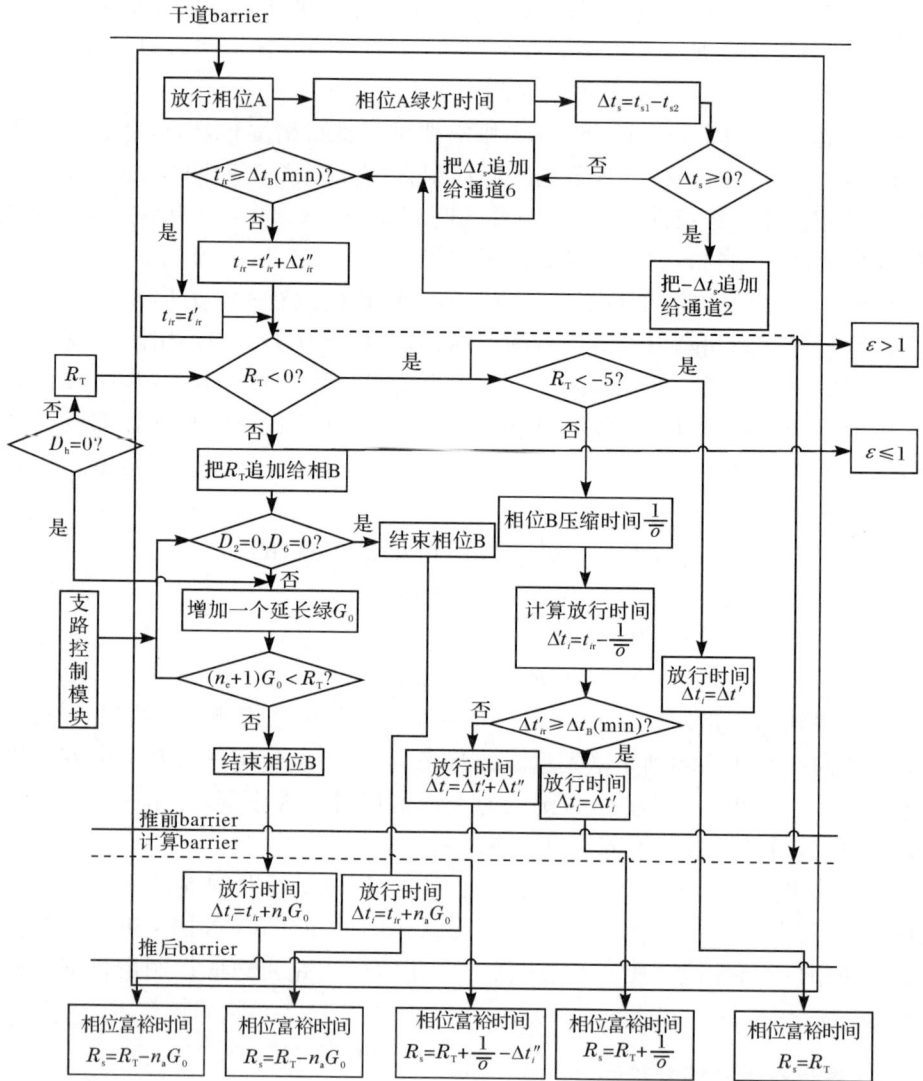

图 7.12　支路自适应控制逻辑图

7.3　干道自适应控制策略和算法

交叉口的干道与支路分立而治,支路协同于干道,为干道"让路"。干道的研究对象是四股交通流,分别编号为 3、4、7 和 8,如图 7.13 所示。

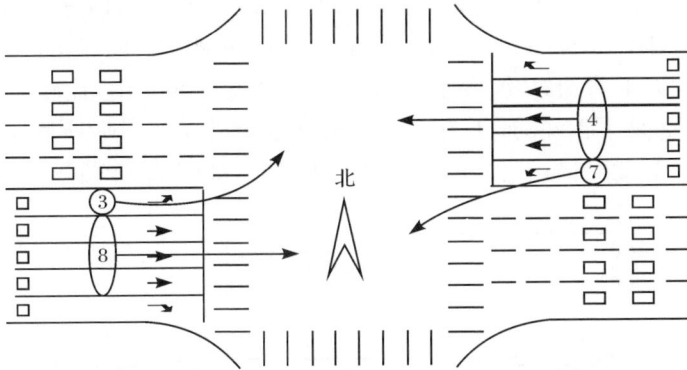

图 7.13 干道车流图

7.3.1 车型换算系数

选用小型车作为标准车(standard),小型车的平均车长作为标准车长。选择交通密度作为车型换算系数的计算标准。由式(2.80)可见,交通流流量是交通密度的函数,各种检测数据都要转化成密度的形式。同时,车型大小在不同的交通密度情况下所占有的意义不同,非标准车型在混合车流中运行,随交通密度的减小其所表现的密度意义也将变小。当路段交通密度很小时,车辆之间的距离很大,车辆的长度相对于车间距要小的多,此时可以近似忽略车辆长度。而当交通密度很大时,车辆长度相对于车间距的影响就不容忽视了。

车队经过战略检测器时,由于驾驶员对跟随状态的良好预期,驾驶员采取积极跟进,跟随预测系数 φ 小于1,如图7.14中的A组车辆。

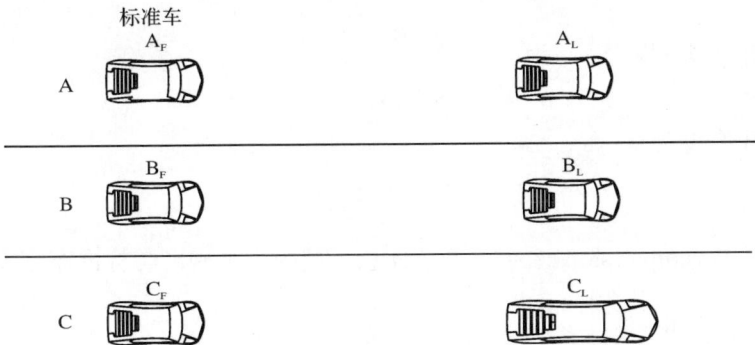

图 7.14 同速跟驰状态图

图7.14中A、B、C是同速跟驰的三组车辆,其中只有C组的前导车是大型车,其他车辆均为标准车。B、C组均为失误系数和预测系数等于1的平衡跟驰状

态,前导车与跟随车的车间距相同。A组的预测系数小于1,前导车与跟随车的车间距比B组要小。如按照式(3.75),以车头间距的倒数来描述车流密度,显然A组的车流密度大于B组,B组大于C组,$k_A > k_B > k_C$。事实上,比较B组和C组可以看出,$k_B > k_C$ 是不正确的。C组的大车转化成标准车当量后所表示的车流密度要比B组大。为此对描述密度的间距做如下修改,如图7.15所示。

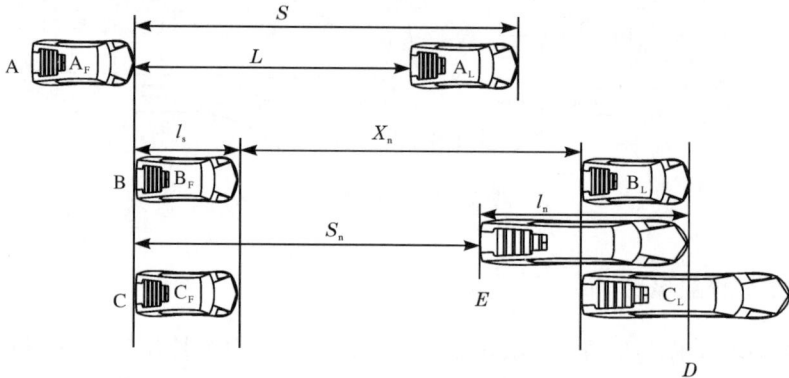

图 7.15　车型换算示意图

C组前导车 C_L 从自身车尾向前一个标准车车长的位置(D处)向后退1个前导车车长 l_n,从跟随车车头到前导车后退位置(E处)的距离再加上标准车的长度 l_s 为当量车头间距 S_n,由图可把当量车头间距 S_n 写为

$$S_n = X_n + 2l_s - l_n \tag{7.39}$$

当量密度为

$$k_n = \frac{1}{X_n + 2l_s - l_n} \tag{7.40}$$

标准车车头间距 S_s 写为

$$S_s = X_n + l_s \tag{7.41}$$

标准车密度为

$$k_s = \frac{1}{X_n + l_s} \tag{7.42}$$

车型换算(conversion)系数 c 是指任意车型的当量密度与标准车密度的比:

$$c = \frac{k_n}{k_s} \tag{7.43}$$

由式(7.40)~式(7.43)可得

$$c = \frac{S_s}{S_s + l_s - l_n} \tag{7.44}$$

由车型换算系数的式(7.44)可见:

（1）若 $l_n > l_s$，表明换算车辆比标准车大，比较式（7.40）和式（7.42）可知，换算后的 C 组车流密度要大于 B 组车流密度。由式（7.44）可计算得 $c > 1$。

（2）若 $l_n < l_s$，表明换算车辆比标准车小，由式（7.44）可计算得 $c < 1$。

（3）若 $l_n = l_s$，表明换算车辆与标准车相同，不用做当量换算，带入式（7.44）可计算得 $c = 1$。

由以上分析可见，当量车头间距和当量车流密度涵盖了标准车与非标准车，可作为任意车型的统一当量表达形式。

当路段车流密度较小时，车辆的速度较大，标准车头间距随之变大。无论车辆是大是小，$l_s - l_n$ 相对于车头间距的可比性显得微乎其微。因此，车型换算系数方程描述了随着密度的减小，车型对流量的影响越来越小。

特别地，换算系数有一定的取值范围。对于小于标准车的车型（minitype）换算系数不得小于其车长 l_m 与标准车长的比，$c \geqslant \dfrac{l_m}{l_s}$；对于大于标准车的车型（largetype）换算系数不得大于其车长 l_l 与标准车长的比，$c \leqslant \dfrac{l_l}{l_s}$。

比较图 7.13 的 A 组和 B 组，A 组在预测系数 φ 情况下的车头间距 S_A 为

$$S_A = \varphi X_n + l_s \tag{7.45}$$

把车头间距 S_A 改写为

$$S_A = L + l_s \tag{7.46}$$

L 是车辆间的实际距离。由此可把实际车距下的任意车型的当量车头间距和当量密度修正（demand）为

$$S_d = L + 2l_s - l_n \tag{7.47}$$

$$k_d = \frac{1}{L + 2l_s - l_n} \tag{7.48}$$

则式（2.85）可表示为

$$q = \frac{\beta k_d}{2\alpha} \left[-1 + \sqrt{1 + \frac{4\alpha}{\beta^2}(k_d^{-1} - k_j^{-1})} \right] \tag{7.49}$$

7.3.2　基础绿的计算

干道控制的主要目标是尽可能使干道直行车队顺畅通过交叉口，但有时两个方向的车队不同步到达或者时差很大。因此，在对车队进行信号控制时[6]，需要设定基础绿灯时间，给直行相位放行时间一个基本的标准。直行相位实际放行时间参照基础绿灯时间，根据车队实际到达情况作适当调整，不仅确保车队顺畅通过交叉口，而且可作为直行相位动态最大绿适时结束相位绿灯。基础绿灯时间根据路段短时动态流量确定。

路段短时动态流量由出口战略检测器测得。在战略检测器确定车队头车时

刻起,j 车道检测器从检测到的第二辆车开始按式(7.50)计算瞬时流量 q_{ji}(pcu/h),每检测到一个瞬时流量都与之前的平均流量加和求平均值:

$$\bar{q}_{ji}=\frac{q_i+\bar{q}_{j(i-1)}}{2} \tag{7.50}$$

则路段各个车道的总流量为

$$q=\sum_{j=1}^{j}\bar{q}_{ji} \tag{7.51}$$

在本方向直行相位开始放行时计算干道小周期,干道小周期是指交叉口两个干道进口各股信号控制车流单独放行的时间总和。干道进口各流向流量如下:

左转流量:$q_L=q\sigma_L$　　（σ_L 为左转率）

右转流量:$q_R=q\sigma_R$　　（σ_R 为右转率）

直行流量:$q_s=q-q_L-q_R$

为简化计算,假设路段车流输入率和输出率都很小,可予以忽略。左转率和右转率是指路口进口左转和右转车流量分别与进口总车流量的比值。左转率和右转率的值需要实地调查得到。

应用最佳周期计算公式(7.52)计算干道小周期:

$$C_0=\frac{L_c}{1-Y} \tag{7.52}$$

式中,L_c 为信号总损失时间,s;Y 为各股信号控制车流的流量比总和。

信号总损失时间按式(7.53)计算:

$$L_c=\sum_K(L_s+I-A)_K,\quad KI>3s \tag{7.53}$$

式中,L_s 为启动损失时间,应实测,无实测数据时可取 3s;I 为绿灯间隔时间,s;A 为黄灯时长,可定为 3s;K 为小周期信控车流股数,本书取值为 4。

绿灯间隔时间按式(7.54)计算:

$$I=\frac{z}{u_a}+T_s \tag{7.54}$$

式中,z 为停车线到冲突点的距离,m;u_a 为车辆在进口道上的车速,m/s;T_s 为车辆制动时间,s。

当计算绿灯间隔时间 $I<3s$ 时,配以黄灯时间 3s;$I>3s$ 时,其中三秒配以黄灯,其余时间配以红灯。

流量比总和为

$$Y=\sum_{K=1}^K y_K=\sum_{K=1}^K\left(\frac{q_K}{S_D}\right)_K \tag{7.55}$$

式中,y_K 为第 K 股车流的流量比;q_K 为第 K 股车流的流量,pcu/h;S_D 为设计饱和流量,pcu/h。

流量比总和 Y 可以大于 0.9,这与交叉口配时的要求不同。

小周期总有效基础绿灯时间为

$$G_e = C_0 - L \tag{7.56}$$

各股车流有效基础绿灯时间为

$$g_{0K} = G_e \frac{y_K}{Y} \tag{7.57}$$

各股车流实际显示基础绿灯时间为

$$g_K = g_{eK} - A_K - L_K \tag{7.58}$$

把计算所得的 4 号和 8 号车流的有效绿灯时间分别作为直行相位 4 和相位 8 的动态基础绿灯时间。

7.3.3　干道自适应控制策略

干道各股车流均设置相位最大绿和最小绿,相位最大绿可根据经验设置,其中,左转相位最大绿要大于左转清空十辆排队车的时间。各股车流最小绿时间 $g_{\min}$ 的设定,要保证在感应检测器和停车线之间的车辆通过交叉口,最小绿按式(7.59)计算:

$$g_{\min} = \left(\frac{L_1}{\bar{l}} - 1 \right) \times 2 + 2 = \frac{2L_1}{\bar{l}} \tag{7.59}$$

式中, $\bar{l}$ 为平均车头间距。

图 7.12 的四股车流环并发相位如表 7.1 所示。

表 7.1　环并发相位表

相位	1	2	3	4	5	6	7	8
1								
2								
3							7	8
4							7	8
5								
6								
7			3	4				
8			3	4				

1. 干道富裕时间

在支路计算 barrier 到来前 7s 时刻,确认干道进口排队车辆数和车队头车到达直行停车线时刻 t_h。车队头车到达停车线时刻可用式(7.60)计算:

$$t_h = \Delta \bar{t}(h) + t(h) \tag{7.60}$$

式中，$\Delta \bar{t}(h)$为头车从战略检测器到停车线的平均运行时间，s；$t(h)$为战略检测器确认头车时刻。

$\Delta \bar{t}(h)$可以通过调查得到，也可按式(7.61)计算：

$$\Delta \bar{t}(h) = \frac{L_7}{\bar{v}(h)} \tag{7.61}$$

式中，L_7意义同前，战略检测器距本向进口道停车线的距离，m；$\bar{v}(h)$为头车路段平均行驶速度。

根据车队离散程度对以车头为标志的车队到达情况予以修正，给式(7.60)增加一个修正时间项t_d，即

$$t_h = \Delta \bar{t}(h) + t(h) + t_d \tag{7.62}$$

式(7.63)推后了头车到达停车线的时刻，在信号控制上表现为延迟直行相位绿灯起亮时刻。车队离散得越大推迟起亮时间t_d越长。头车快到达进口时仍为红灯，此时头车会自动减速行驶，离散车队因进口道排队车辆为"障碍"开始压缩，使车队离散程度变小。

设3和4位于环1中，7和8位于环2，支路的计算barrier到来时刻为t_b。以环2为例(图7.16)，环2的富裕时间R_{2z}按式计算：

$$R_{2z} = t_{h8} - t_b - t'_{8c} - t'_{7c} = F_2 t'_{7c} \tag{7.63}$$

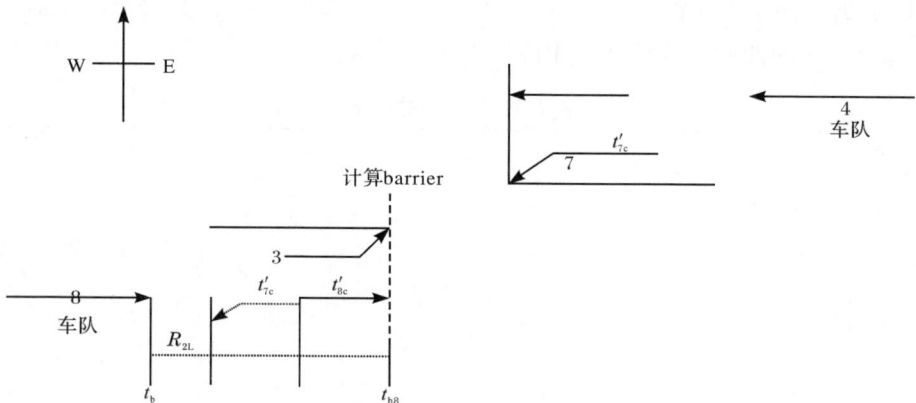

图 7.16　环富裕时间计算图

t_b所在位置表示的是计算barrier到来时刻直行车队头车所在位置

式中，t_{h8}为8号直行车流车队头车到达停车线时刻，s；t'_{8c}为直到t_b时刻8号直行车流排队消散时间，s；t'_{7c}为直到t_b时刻7号左转车流排队消散时间，s。

对于参数F_2，分以下两种情况讨论。

1) 当 $F_2 \geqslant 0$ 时

$F_2 \geqslant 0$ 表明采取先放行左转相位后放行直行相位的相序时,还有富余时间,放行相序为 7-8。

当 $F_2 > 1$ 时,表明车队距相位开始比较远,相位富裕时间很多,要追加进口排队车辆。由图 7.17 可见,在 t_b 时刻,车队头车到直行排队尾车(假设最后一辆尾车为 H)的时距 Δt_x 为

$$\Delta t_x = t_{h8} - t_b - t'_{8c} \tag{7.64}$$

现假设在战略检测器确定车队头车时刻 $t(h)$ 时,车队头车前面 Δt_x 时距处的车辆即为车辆 H,也就是在时刻 $t(h) - \Delta t_x$ 时车辆 H 经过战略检测器。自 $t(h) - \Delta t_x$ 时刻至 $t(h)$ 的 Δt_x 时间段内,战略检测器检测到的车辆数 N_x 都作为 $F_2 > 1$ 情况下的追加车辆。

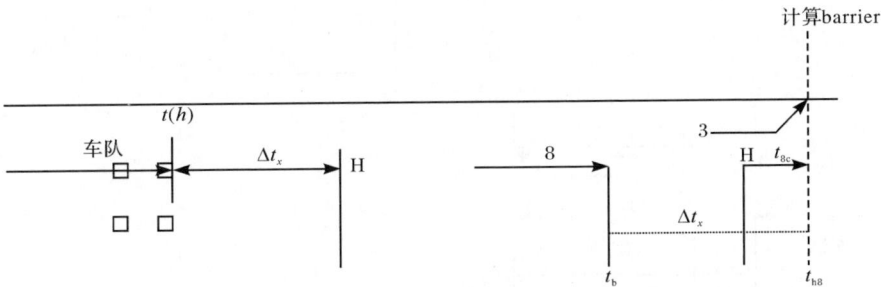

图 7.17　追加排队示意图

则西进口排队追加数 N_a 可用式(7.65)计算:

$$N_a = \frac{N_x (1 - \sigma_R)}{K_c} \tag{7.65}$$

式中,K_c 为进口左转车道和直行车道数的和。

西进口追加排队后的 $j(j = 3, 8)$ 股车流的排队清空时间 t_{jc} 按式(7.66)计算:

$$t_{jc} = t_{c1} + \frac{1}{o}(N_p + N_a - 1) \tag{7.66}$$

同样的,东进口追加排队后的清空时间按式(7.67)计算,$j = 4, 7$。

$0 \leqslant F_2 \leqslant 1$,表明环 2 相位富裕时间相对于左转相位 7 不算很多,忽略车队头车与进口排队队尾正在运行的车辆,即式(7.66)中的 $N_a = 0$。

环 2 先放行左转相位时的相位富裕时间 R_{2z} 改写为

$$R_{2z} = t_{h8} - t_b - t_{8c} - t_{7c} = F_2 t_{7c} \tag{7.67}$$

类似的,可以得到环 1 先放行左转相位时的相位富裕时间 R_{1L} 为

$$R_{1z} = t_{h4} - t_b - t_{4c} - t_{3c} = F_1 t_{3c} \tag{7.68}$$

干道环 $i(i = 1, 2)$ 先放行左转相位后放行直行相位(规定先左后直的相序状态

$z=0$)的环富裕时间可表示为

$$R_{iz}=t_{h(j+1)}-t_b-t_{(j+1)c}-t_{jc}=F_it_{jc} \tag{7.69}$$

式中,$j=3,7$;$z=0$;系数 F_1 与系数 F_2 的意义相同,只是表示不同环的富裕时间。

2) 当 $F_2<0$ 时

$F_2<0$ 表明采取先放行西左转相位,后放行直行相位的相序时没有富裕时间。若仍先放行左转相位,则同一环的直行相位的车队可能会在进口停车等待。为保证直行车队顺利通过交叉口,调整放行相序为先放行直行相位后放行左转相位。在此情况下的环 2 相位富裕时间 R_{2z}如图 7.18 所示,R_{2z}可按式(7.70)计算:

$$R_{2z}=t_{h8}-t_b-t_{8c}=(F_2+1)t_{7c} \tag{7.70}$$

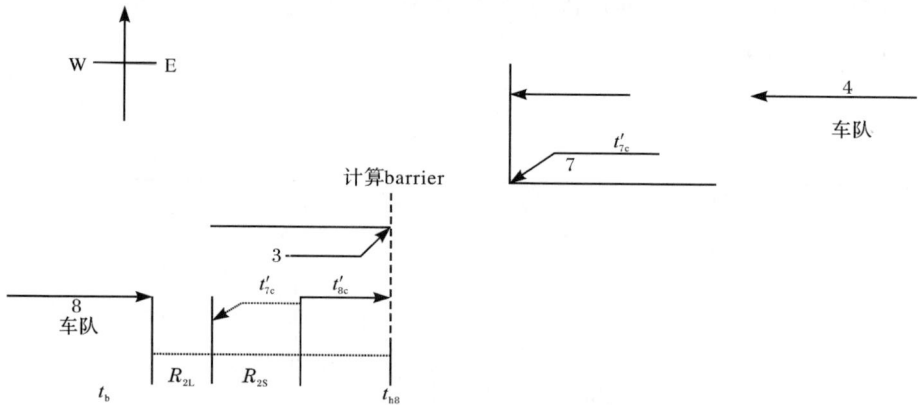

图 7.18　环相位富裕时间计算图

在 $F_2<0$ 的情况下,环 2 相位富裕时间相对于左转相位 7 不算很多,忽略车队头车与进口排队队尾正在运行的车辆,即式(7.66)中的追加车辆 $N_a=0$。所以此时的 $t_{8c}=t'_{8c}$、$t_{7c}=t'_{7c}$。当 $-1\leqslant F<0$ 时,环 2 的相位富裕时间 $R_{2z}\geqslant0$;当 $F_2<-1$ 时,环 2 的相位富裕时间 $R_{2z}<0$。

类似的,可以得到环 1 先放行直行相位时的相位富裕时间 R_{1z}为

$$R_{1z}=t_{h4}-t_b-t_{4c}=(F_1+1)t_{3c} \tag{7.71}$$

干道环 $i(i=1,2)$先放行直行相位后放行左转相位(规定先直后左的相序状态 $z=1$)的环富裕时间可表示为

$$R_{iz}=t_{h(j+1)}-t_b-t_{(j+1)c}=(F_i+1)t_{jc} \tag{7.72}$$

式中,$j=3,7$;$z=1$。

如上所述,系数 F_1 和系数 F_2 的不同组合可以使干道有不同的放行相序,干道不同的放行相序如图 7.19 所示。

环1	3	4	
环2	7	8	

相序 1　$(F_1 \geqslant 0, F_2 \leqslant 0)$

环1	3	4	
环2	8	7	

相序 2　$(F_1 \geqslant 0, F_2 < 0)$

环1	4	3	
环2	7	8	

相序 3　$(F_1 < 0, F_2 \geqslant 0)$

环1	4	3	
环2	8	7	

相序 4　$(F_1 < 0, F_2 < 0)$

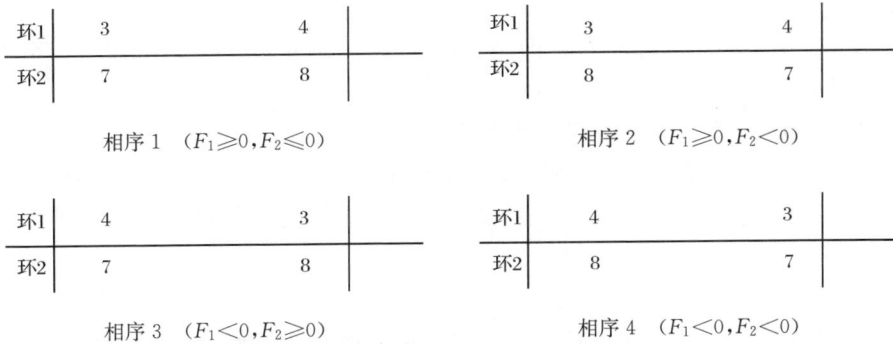

图 7.19　干道放行相序图

无论干道相序是上述相序中的哪一种,干道富裕时间 R_T 取环 1 和环 2 相位富裕时间较小的一个:

$$R_T = \min(R_1, R_2) \tag{7.73}$$

干道相位计算起亮时刻 T_S 为

$$T_S = t_b + R_T \tag{7.74}$$

特别的,当快到支路计算 barrier 时只有一个方向的战略检测器能检测到车队,则干道富裕绿灯时间以这一个环的富裕时间为准。

2. 环相序控制策略

在支路计算 barrier 到来前,把干道富裕时间传递给支路,同时确定干道放行相序。经过支路控制模块的运算,在支路相位运行结束后得到支路相位富裕时间 R_s。将支路富裕时间分配给各环首先放行的相位,支路富裕时间大于零,表明干道首先放行的相位要比计算起亮时刻提前 R_s 起亮;支路富裕时间小于零,表明干道首先放行的相位要比计算起亮时刻推迟 R_s 起亮。需要指出的是,$R_s < 0$ 时,至少有一个方向直行车队部分车辆要在进口停车等待。则干道首先放行相位的实际起亮时刻按式(7.75)计算:

$$T_s = T_S - R_s \tag{7.75}$$

对于图 7.19 中的相序 2 和相序 3,环 1 和环 2 的放行相序不一样,需要对个别情况做特殊说明。

以相序 2 为例,环 2 的计算起亮时刻为:$T_{S2} = t_b + R_{2z}$,其中 $R_{2z} < 0$;环 1 的计算起亮时刻为:$T_{S1} = t_b + R_{1L}$,其中 $R_{1L} > 0$,显然 $T_{S1} > T_{S2}$。实际起亮时刻为 $T_s = T_S - R_s = t_b - \frac{1}{o} \left(-\frac{1}{o} > R_{2z} \right)$,则 $T_{S1} > T_s > T_{S2}$。显然实际起亮时刻比环 1 计算起亮时刻要早,不会影响到环 1 先左转后直行的相序。相序 3 与相序 2 的情况

一样。

干道首相位的实际起亮时刻即是支路实际 barrier 的出现时刻。下面分两种环相序讨论干道放行绿灯时间。

1) 环 $i(i=1,2)$ 先左转后直行相序($z=0$)

$F_i \geqslant 0$ 时，干道先放行左转相位再放行直行相位。干道左转相位 $j(j=3,7)$ 的绿灯时间包括左转排队清空时间和支路富裕时间，其计算值 g_{jL} 可按式（7.80）计算：

$$g_{jL} = t_{jc} + R_s \qquad (7.76)$$

在环相序为先左后直的情况下，干道富裕时间均为正数，支路富裕时间 R_s 也为正数。因此，左转相位的放行时间不会被压缩，总是大于等于左转排队清空时间。记干道计算左转放行时间与相位最小绿的差为 Δg_m，可按式（7.77）计算：

$$\Delta g_m = g_{jL} - g_{min} \qquad (7.77)$$

若 $\Delta g_m \geqslant 0$，说明左转相位绿灯时间计算值大于等于最小绿，修正左转相位绿灯时间 g'_{jc} 等于计算值 g_{jL}，否则修正左转相位绿灯时间 g'_{jc} 等于相位最小绿。作为干道首相位，实际左转相位绿灯时间 g_{jc} 等于修正左转相位绿灯时间 g'_{jc}。由于左转排队清空时间总小于 10 辆车的清空时间，因此，左转相位绿灯时间计算值总小于最大绿 g_{max}。左转最大绿按式（7.78）计算：

$$g_{max} = t_{c10} + R_s \qquad (7.78)$$

左转相位放行结束，对向直行相位开始放行。直行相位根据经验设最大绿 g_{max}，动态基础绿 $g_{fK}(f=0)$ 包括直行排队清空时间与直行有效基础绿灯时间的计算值 $(K=4,8) g_{cK}$。一般情况下，最大绿大于动态基础绿，但也不排除战略检测器异常使动态最大绿异常大的可能，最大绿可以束缚动态基础绿。直行相位绿灯时间 g_K 的设定以力求使整个车队通过交叉口为目标，同时又要满足 $g_{min} < g_K < g_{max}$。战略检测器确定车队尾车时刻由式（7.15）计算，尾车到达停车线时刻 t_w 为

$$t_w = \Delta \bar{t}(w) + t(w) \qquad (7.79)$$

式中，$\Delta \bar{t}(w)$ 为尾车从战略检测器到停车线的平均运行时间，s。$\Delta \bar{t}(w)$ 可以通过调查得到，也可通过类似式（7.61）计算得到。

当战略检测器在上一周期的直行相位绿灯时长的时间段内可以确定车队尾车时（规定此状态时 $f=1$），直行相位绿灯时间计算值 $g_{fK}(f=1)$ 为从直行相位开始时刻到车队尾车通过停车线。其实 g_{fK} 包括直行排队消散时间和车队通过停车线时间：

$$g_{fK} = t_{Kc} + t_w - t_h \qquad (7.80)$$

式中，t_{Kc} 为进口 K 股车流直行排队清空时间，s；$K=4,8$，直行排队以关键车道为准，通常情况下直行最大排队会出现在关键车道。

直行相位绿灯时间必须在相位最大绿和最小绿之间，记 Δg_n 为直行绿灯时间

计算值与相位最小绿的差;Δg_x 为直行绿灯时间计算值与相位最大绿的差。Δg_n <0,说明直行绿灯时间计算值小于最小绿,则修正直行相位绿灯时间 g'_{fk} 取最小绿;$\Delta g_n \geqslant 0$ 且 $\Delta g_x \leqslant 0$,说明直行绿灯时间计算值在最小绿和最大绿之间,则修正直行相位绿灯时间 g'_{fk} 取计算值 g_{fK};若 $\Delta g_x > 0$,说明直行绿灯时间计算值大于最大绿,则修正直行相位绿灯时间 g'_{fk} 取最大绿。

当战略检测器无法确定车队尾车时(规定此状态时 $f=0$),干道直行相位绿灯时间降级采用动态基础绿 $g_{0K}(f=0)$。动态基础绿也要遵从最大最小绿的约束,按上述方法修正直行相位绿灯时间为 g'_{fk}。

2) 环 $i(i=1,2)$ 先直行后左转相序($z=1$)

$F_i < 0$ 时,干道先放行直行相位再放行左转相位。直行相位的起亮时刻如式(3.75)。当战略检测器在上一周期的直行相位绿灯时长的时间段内可以确定车队尾车时(规定此状态时 $f=1$),直行相位绿灯时间计算值按式(3.80)计算;当战略检测器在上一周期的直行相位绿灯时长的时间段内无法确定车队尾车时(规定此状态时 $f=0$),干道直行相位绿灯时间计算值降级采用动态基础绿 $g_{fK}(f=0)$。直行相位绿灯时间的修正值按先左后直环相序的直行修正方法修正,得到修正直行相位绿灯时间 g'_{fk}。

作为干道首相位,实际直行相位绿灯时间 g_K 等于修正直行相位绿灯时间 g'_{fk}。需要指出的是,当 $F_i < -1$ 时,直行车队部分车辆会在进口排队等待,此时不对进口排队做追加,仍然按之前的统计排队值计算。对车队来说,无论其在进口停车与否,都不会影响车队通过的计算时间 $t_w - t_h$,即给予车队通过的绿灯时间不会变化。

直行相位结束后,放行对向左转相位。由于干道直行车流比较多,放行时间较长,而且车队中有部分车辆需要左转,因此要对左转相位的排队做追加,排队要一直统计到 $T_s + g_{fK}$ 时刻。左转相位绿灯时间的计算值 g_{ja} 包括计算 barrier 之前统计排队 p 和计算 barrier 之后直至直行相位结束,左转相位增加的统计排队 a 的消散时间:

$$g_{ja} = t'_{jc(p+a)} \tag{7.81}$$

左转相位绿灯时间计算值的修正按先左后直环相序的左转修正方法,输出修正左转相位绿灯时间 g'_{jc},以满足相位最大绿和最小绿的要求。

根据参数 F_1 和 F_2 不同的组合形式,干道共有四种放行相序,如图 7.19 所示。记环 1 的相位放行时间修正值为 G'_1,环 2 的相位放行时间修正值为 G'_2,分别为

$$G'_1 = g'_{3c} + g'_{f4} \tag{7.82}$$

$$G'_2 = g'_{7c} + g'_{f8} \tag{7.83}$$

另记 $\Delta G = G'_1 - G'_2$,若 $\Delta G \geqslant 0$,表明环 2 要比环 1 的时间短,则需要把 ΔG 追

加到环 2 的后一放行相位；若 $\Delta G < 0$，表明环 1 要比环 2 的时间短，则需要把$-\Delta G$追加到环 1 的后一放行相位。如此调整之后环 1 和环 2 的实际放行时间才会相等。干道 barrier 时刻为 t_s，比较 barrier 时刻和预计车队尾车通过停车线时刻确定直行排队开始统计时刻。

7.4　匝道控制分析

　　城市快速路匝道控制是为了提高快速路服务水平及道路通行能力，保障车辆安全运行，减少车辆延误而采取的一系列措施，其基本原理是通过控制交通需求的方法来调节快速路系统的交通量。一般的控制方法有入口匝道控制和出口辅路控制。目前，在我国北京、成都等城市一些快速路进出匝道已经采取了控制措施，并且取得了一定的成效[7,8]。本章将在国内外学者的研究基础上，依据本文对城市快速路匝道分合流区车辆交互特性及主线交通流稳定性机理，结合 ITS 技术，制定一套适合我国城市快速路匝道控制的算法与策略，为我国城市快速路匝道控制方法及工程实践应用提供技术支持。

7.4.1　主动引导式交通管控

　　主动引导式交通管控是指采用主动需求管理控制方法，结合 ITS 技术，尤其是智能车路协同技术，对车辆运行进行引导式控制。随着交通城市快速路网交通压力的不断增大，主动引导式交通管控技术将逐步成为在现有路网环境下提高交通安全与运营效率的主要方法。

　　主动引导式交通管控技术充分利用实时动态交通数据，预测短期交通状态，通过主动协调完成多种控制方法，以达到有效管理交通需求的目的。该技术根据实时与短期预测交通状态、动态管理常发性与偶发性交通堵塞，主要分四个步骤：

　　(1) 获得并分析处理交通数据。

　　(2) 仿真多种交通场景及控制策略完成运营规划。

　　(3) 实施最优的控制策略。

　　(4) 建立通过实时交通状况预测短期交通状态并为预测状态提供最优控制策略的实时决策支持系统。

　　主动引导式交通管控技术利用信息技术、控制技术及系统集成方法，解决交通系统难题，是提高快速路交通效率、保证交通安全的有效手段。

　　主动引导式交通管控技术现已在美国、英国、德国等很多国家应用[9]。它利用自动控制系统和人为干预方式管理交通流以保证出行者的安全。目前国内外主动交通需求管理方法主要包括匝道控制、动态车道管理、可变限速以及出行者信息等。

在我国,很多地区已经采用了主动引导式交通管控技术。20 世纪 80 年代中期,我国在沈大高速公路上开始使用可变限速标志,进入 90 年代后,国内越来越重视高速公路和城市快速路的交通监控和管理。目前,北京、上海等大城市已有主动交通需求管理研究及应用,但总体来说,我国在这方面的实践研究并不完善,主动引导式交通管控的设计、建立、运行及维护都缺乏经验。

7.4.2　控制策略

匝道分合流区作为城市快速路的交通瓶颈,极易因交通量的变化而发生拥挤,甚至出现严重的交通拥堵现象。因此,为保证快速路系统的服务水平,考虑采取匝道控制方法对其进行调控,根据匝道分合流区交通拥挤特性,匝道控制策略可分为拥挤疏导控制策略和拥挤预防控制策略两种类型[10]。

拥挤疏导控制策略是指在被控路段发生交通拥挤现象后,采用信号控制的方式,限制上游交通流的继续进入,使控制区段尽快疏散或者使拥挤程度得到控制的一种策略,控制方法是利用先进的检测算法对路段交通状态进行判别,当检测到路段发生拥挤时,进行信号控制,限制拥挤路段的交通量,对拥堵路段进行前置疏导或缓解,拥挤疏导控制策略对常发性拥挤、偶发性拥挤均适用;同时由于拥挤疏导策略是在拥挤现象发生后再对路段进行控制,因此,控制路段车辆延误较预防控制策略控制路段所产生的延误值低。

拥挤预防控制策略是在交通拥挤发生以前就通过信号控制来预防交通拥挤,拥挤预防控制策略通过交通特性和预测算法来发掘潜在的交通拥挤,拥挤预防控制策略对于常发性拥挤的预防控制具有良好的引导效果,但其对偶发性拥挤控制效果不明显。

考虑我国城市快速路交通特性及驾驶员心理、生理特性等因素,本部分对于进出匝道控制方法的研究将采取拥挤预防与拥挤疏导协同控制的引导式实时动态协同控制策略。根据不同时刻快速路主路及辅路交通状况,通过控制驶入或驶出匝道车辆的数量和时间,严格控制主路和辅路交通拥挤程度,从根本上预防交通拥堵或交通瘫痪现象的发生。

7.4.3　控制种类

1. 入口匝道控制

城市快速路入口匝道控制包括匝道调节和匝道关闭两种方法[11]。匝道调节是通过在匝道入口处安装信号灯,信号灯通过执行信号机传输的指令来调节进出主线车辆的数量和时间,匝道调节可分为动态调节和静态调节。匝道关闭是指当主线交通严重发生交通拥堵或者其他极端现象时,通过采用交通标志、栏杆或者其他措施严格禁止车辆驶入主线。城市快速路入口匝道控制可分为以下几类。

1) 入口匝道定时控制

入口匝道定时控制原理同普通道路交叉口定时控制原理类似,都是通过交通数据的调查,根据道路实际交通状态,制定一套合适的信号配时方案对交通进行控制。一般定时控制可以分为全天单一方案控制和全天多时段多方案控制。单一方案控制即全天采用一种信号配时方案进行控制,多时段多方案控制即全天划分为多个时段,每个时段采用不同的控制方案。

2) 入口匝道动态调节

入口匝道动态调节原理同普通道路交叉口的感应控制原理相似,都是通过采集实时动态交通数据,针对不同的交通状况实时不同的控制方案。动态调节方法可以灵活适应不同状态的交通状况,特别是对一些突发事件,动态调节可以及时调整入口调节率,缓解突发事件造成的影响。一般将制定一套定时控制方案作为补充,当由于一些原因感应控制无法执行时,将自动转入定时控制,不至于对交通造成严重影响。

3) 入口匝道协调定时控制

入口匝道协调控制原理与普通道路干线绿波协调控制原理相似。通过收集不同入口每天不同时刻的交通数据,在满足相关约束条件下,求解一组最优的入口匝道调节率,通过制定不同时段的信号方案,将各入口进行统一调节,保证快速路沿线整体交通顺畅通行[12]。

4) 全局最优控制

全局最优控制原理与普通道路干线绿波感应控制原理相似,需要将各种先进的技术相结合进行控制。通过在各个入口布置检测器,通过采集到的实时动态数据,采用一定的控制算法,得出一组调节率,各个入口制定相应的控制方案,从而使某种形式的全局性能指标达到最优。

2. 出口匝道控制

出口匝道拥挤的形成原因可大致可分为三种:主路引发的拥挤、由下游辅路排队回溢引发的拥挤和主辅路共同引发的拥挤。主路引发的拥挤是在主路流量大且出口匝道需求较高的情况下发生;下游辅路排队回溢引发的拥挤是近年来城市快速路凸显出来的一大问题,当出口匝道与其下游入口匝道或信号交叉口距离较近时,受其下游通行能力影响会造成出口匝道排队,排队蔓延至主路将会引发主路的拥堵;主辅路共同引发的拥挤是当主、辅路交通需求均较大的情况下产生的[13,14]。一般情况下,当出口匝道下游交通压力较大时,适合采取信号控制;当出口匝道流量较小时,采取信号控制反而会增加辅路车辆延误。

出口匝道下游交织区拥堵产生的原因是交织区通行能力无法满足上游交通

需求；为避免因交织区拥堵造成的出口匝道车辆排队上溢而引起的主路拥挤，应采取限制交织区交通需求的方法。北京市城市快速路出口匝道信号控制方法通过对出口匝道相邻辅路交通量的控制，调节出口匝道上游辅路流入交织区的交通量，以此保证交织区交通需求不大于交织区通行能力，使快速路出口匝道车流能够及时驶离[15]。

出口匝道控制的方式主要有出口匝道关闭和出口匝道辅路调节两种，匝道出口关闭存在很多缺点，很少作为一种匝道控制方法。根据城市快速路实际情况，只有在下列情况下可以暂时或永久性关闭匝道出口[10,15]：

(1) 在出口匝道附近设有大型公交站，公交车辆对匝道车辆影响较大。

(2) 出口匝道与辅路沿线交叉口距离较近，辅路车辆对匝道车辆影响严重，特别是当下游交叉口出现排队时，匝道车辆存在不能及时驶出的隐患。

(3) 沿线匝道出入口相距较近。如果匝道设置较近，可能会出现车辆交织频繁现象，存在严重安全隐患，并且对主线交通流影响较大。

(4) 出口匝道与辅路内侧车道相连。若辅路左转和掉头车辆过多造成内侧车道排队，如果严重影响出口匝道车辆的驶出时可以考虑关闭出口匝道。

关闭出口匝道一般有较多缺点，例如，可能会增大车辆的行程，增大车辆延误时间，降低出行效率。因此，匝道关闭一般不采用，视为一种极端情况，只有在情况非常严重时才可以考虑关闭匝道出口，并及时进行交通诱导，提示驾驶员选择其他出口。

7.4.4　入口匝道控制

快速路入口控制的基本目标是通过采取主动引导式动态系统控制方式对快速路的交通需求进行控制，通过对入口匝道进行控制，限制进入快速路的交通量，使快速路的实际交通量不超过自身的最大通行能力。保证车辆安全有序地进入快速路，使快速路主线交通流处于稳定状态，同时，确保车辆运行安全。

迭代自适应协同控制采用一种具有拟人的学习过程和特征，类似于人的"循序渐进"，"在重复中学习"的学习策略，适合于具有某种运动性质的对象。具体来说，它通过被控系统进行控制尝试，以输出轨迹与给定轨迹的偏差修正不理想的控制信号，产生新的控制信号，使系统控制效率得以提高。这种控制技术可以用简单方式和较少的经验来处理不确定程度较高的动态系统。因此，迭代控制可以应用于城市快速路匝道控制方法，通过循序渐进，对信号配时进行修正，最终输出更加合理的控制方案。

1. 控制方法

依据前面对城市快速路匝道分合流区交通特性分析，速度和时间占有率可以比较好地反映交通流状态的变化。但是,在匝道分合流区,依据车辆交叉特性和交通流稳定性分析,为保证车辆的安全换道,最大限度地减少对主线交通流的影响,目标车道上两车间距是一个必须考虑的因素。因此,本节的研究将采用时间占有率、速度和车间距三参数作为控制变量来确定入口匝道的调方案,再将各参数确定的调节率的综合值作为入口匝道的实际调节量。

如图 7.20 所示,布设于入口匝道上游的检测器 C1～C6,主要用于检测主路各条车道的交通流量、速度和时间占有率;布设于城市快速路入口匝道下游的检测器 C10～C12,主要用于检测主线下游交通状况。将检测时间段内的车辆数进行标准化处理,得到小时交通量,计算该时段内的时间占有率及平均速度,传输给控制终端。用于预测快速路主路流量、入口匝道控制等,并与相邻的主路检测器相结合一起来推算路段内的交通密度,为交通状态判别与事件检测、车道清空时间预测等提供数据。

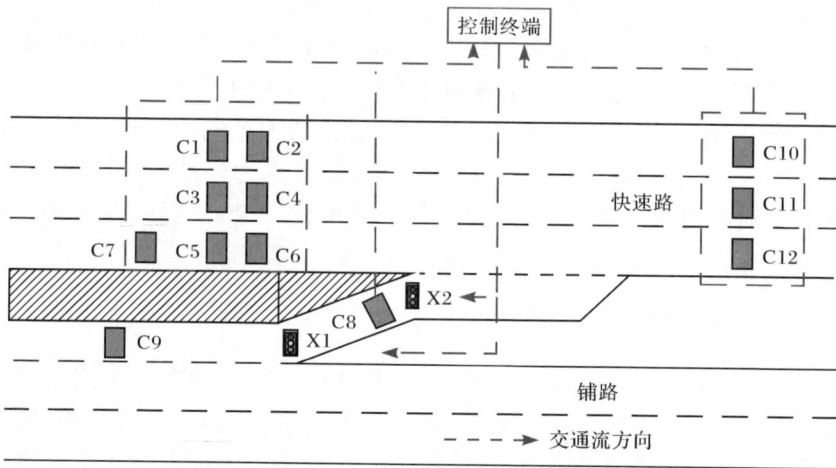

图 7.20　快速路入口匝道控制系统检测器布设示意图

入口匝道检测器 C8,主要用于检测匝道的实际流量,一般布设在离匝道停车线之后 2～4m。

检测器 C9 为入口匝道排队检测器,一般布设在距离上游交叉口 50～100m,或者结合车速等因素来确定。

对于战略性检测器 C7,其是用来采集外侧车道前后车辆之间的车间距,通过综合分析车间距大小以及车辆行驶速度,决定是否有安全换道间距的产生,此处的安全换道间距定义为:当主线车辆以一定的速度行驶时,前后车之间的间距可以容纳至少一辆车安全汇入该车道的,并且对主线车辆的正常运行影响较小的两车间距。当检测到有安全换道间距的产生时,通过计算安全换道间距到达匝道入口的时间,调节匝道入口的信号灯来控制匝道车辆的放行;当未检测到安全换道间距的产生时,则延迟对匝道车辆的放行时刻;当主线车流密度相当大,长时间始终无法检测到安全换道间距产生时,则辅路与匝道连接处的信号灯自动调为红灯,同时利用交通诱导屏提示禁止驶入匝道,提示可以选择的其他入口。

2. 模型建立

依据研究现状以及驾驶经验所知,当主线上游时间占有率较大时,通过减小入口匝道调节率来减小主线交通压力,反之,可以增大入口调节率,使更多的车辆驶入主线,该过程由信号灯 X2 控制;当由于一些原因主线出现严重交通拥堵或其他突发情况时,可以关闭匝道入口,由信号灯 X1 控制。这样通过主线时间占有率的变化就可以实现对控制入口匝道调节率的控制,同时保障主线时间占有率在期望占有率附近摆动,最大程度发挥主线通行能力。时间占有率控制模型:

$$g_1(k) = q(k-1) + \varphi_1 [o_c - o_u(k-1)] \tag{7.84}$$

其中,

$$o_u(k-1) = \frac{\sum_{i=1}^{m} o_u^i(k-1) q_u^i(k-1)}{\sum_{i=1}^{m} q_u^i(k-1)} \tag{7.85}$$

根据上述研究,此处将速度参数同样作为控制变量实现协调控制,控制模型为

$$g_2(k) = q(k-1) + \varphi_2 \left[\frac{v_u(k-1)}{v_c} - 1 \right] \tag{7.86}$$

其中,

$$v_u(k-1) = \frac{\sum_{i=1}^{m} v_u^i(k-1) q_u^i(k-1)}{\sum_{i=1}^{m} q_u^i(k-1)} \tag{7.87}$$

为减少匝道车流与主线车流的冲突,减少对主线车流运行的干扰程度,此处将安全换道间距作为一个控制变量加以考虑,控制模型为

$$g_3(k) = q(k-1) + \varphi_3 \left[\frac{S'_{车间距}(k-1)}{S_{车间距}} - 1 \right] \tag{7.88}$$

其中,

$$S'_{车间距}(k-1) = \frac{\sum_{i=1}^{m} S_{车间距}^i(k-1) q_u^i(k-1)}{\sum_{i=1}^{m} q_u^i(k-1)} \tag{7.89}$$

由于城市快速路匝道分合流区交通流存在严重的随机性与不确定性,当主线交通压力较大时,由于受到入口匝道车辆等其他因素的影响,时间占有率具有较大波动性,此时需增加速度控制变量进行辅助调控。在自由流状态下两者基本保持一致,最终将两者的综合控制量赋予不同的权重来决定实际的入口匝道调节率,即

$$g(k)=\mu_1 g_1(k)+\mu_2 g_2(k)+\mu_3 g_3(k) \tag{7.90}$$

需要注意:$g(k)$ 的取值是在一定范围内变化的,$g(k)$ 取值太小容易造成匝道长时间处于关闭状态,禁止车辆驶入匝道;$g(k)$ 取值太大容易造成大量车辆驶入快速路,可能致使快速路下游某一时间出现交通拥堵状况。当考虑快速路沿线协调控制时,$g(k)$ 应与其他匝道入口的调节率同时考虑,得出一个最优解,这样才能够最大限度地保障主路交通运行效率。

根据入口匝道的周期 C 及调节率 $g(k)$ 计算入口匝道进去的车辆数 n,得

$$n=\frac{Cg(k)}{3600} \tag{7.91}$$

依据单交叉口信号配时方法,可以得出入口匝道的有效绿灯时间 g_e、绿灯显示时间 G 和红灯时间 R 分别为

$$g_e=\frac{3600n}{S_r} \tag{7.92}$$

$$G=g_e+l-A \tag{7.93}$$

$$R=C-G-A \tag{7.94}$$

式中,$q(k-1)$ 为 $k-1$ 时刻入口匝道流量检测器实测值;g_{min}、g_{max} 为匝道采用的最小、最大调解率,veh/h;φ 为调节系数(通过大量模拟试验建议取 400veh/h);o_c 为主路上游占有率临界值,通过参数标定获得;v_c 为主路上游速度临界值,km/h,通过参数标定获得;$o_u(k-1)$ 为 $k-1$ 时刻主路上游占有率;$v_u(k-1)$ 为 $k-1$ 时刻主路上游平均速度,km/h;$q_u^i(k-1)$ 为快速路主路第 i 车道检测器 $k-1$ 时段的流量值,veh/h;$o_u^i(k-1)$ 为快速路主路第 i 车道检测器 $k-1$ 时段时间占有率;$v_u^i(k-1)$ 为快速路主路第 i 车道检测器 $k-1$ 时段速度值,km/h;m 为快速路主路的车道数;$S'_{车间距}$ 为平均车间距,km;$S_{车间距}$ 为换道安全间距,km;μ 为权重系数,取值为 0~1,μ_1、μ_2 两者之和应等于 1;S_r 为入口匝道的饱和流量,veh/h;A 为入口匝道黄灯时间,s;l 为损失时间,s。

由上述研究可知,在匝道合流区内,影响主线车流运行状态的主要因素是匝道车流的汇入,考虑时间占有率和速度来调节匝道通行量是比较合理的。但是,当主线交通流量比较大时,车辆间距比较小,匝道车辆能否在有效时间内成功汇入主线车流,并且对主线车流的运行带来最小的干扰,时间占有率和主线速度是不能决定的。所以,当主线饱和度(V/C 比)比较大时,必须对匝道车辆放行时刻

予以考虑,否则匝道车辆不仅很难成功完成汇入,还可能对主线车流带来重大干扰,严重时会导致此区域出现交通流失稳现象。综合考虑,此处采用快速路主线车间距和速度两因素来分析匝道车流汇入主线的时刻。

依据国内学者对车辆换道安全间距的研究,由于换道方式的相似性,入口匝道车辆能够成功换道的间距为

$$S(M,M1) = \max\left(\int_0^t \int_0^\tau (a_M(\tau) - a_{M1}(\tau))d\tau d\lambda + (v_M(0) - v_{M1}(0))t, 0\right),$$
$$t \in (t_p + t_c, T) \tag{7.95}$$

$$S(M,M2) = \max\left(\int_0^t \int_0^\tau (a_{M2}(\tau) - a_M(\tau))d\tau d\lambda + (v_{M2}(0) - v_M(0))t, 0\right),$$
$$t \in (t_p + t_c, T) \tag{7.96}$$

所以,结合式(7.95)和式(7.96)得

$$Smin = \max\left(\int_0^t \int_0^\tau (a_M(\tau) - a_{M1}(\tau))d\tau d\lambda + (v_M(0) - v_{M1}(0))t, 0\right)$$
$$+ \max\left(\int_0^t \int_0^\tau (a_{M2}(\tau) - a_M(\tau))d\tau d\lambda + (v_{M2}(0) - v_M(0))t, 0\right),$$
$$t \in (t_p + t_c, T) \tag{7.97}$$

因此,当检测器检测到换道安全间距产生时,匝道车辆可以合理利用该换道安全间距的时间为

$$t_{放行} = \frac{L}{v_u(k-1)} - t_{v_u(k-1)} \tag{7.98}$$

式中,S 为车辆间距,km;a 为车辆加速度,m/s²;t_p 为换道车辆换道操作之前的准备时间,s;t_c 为换道过程中施加侧向加速度的时间,s;$t_{放行}$ 为入口匝道车辆放行时间,s;L 为检测器到匝道入口处的距离,km;$t_{v_u(k-1)}$ 为车辆加速到 $v_u(k-1)$ 所用时间,s;T 为换道完成时间,s。

由式(7.97)可知,换道安全间距是由目标车道车辆速度、加速度等综合因素决定的。当检测器检测到换道安全距离产生后,将信息反馈给控制终端,控制终端结合路段检测器检测到的车辆速度计算出换道安全距离到达匝道入口的时间,考虑换道车辆的启动加速时间,得出匝道车辆能够有效利用该换道安全间距的时间,将信息反馈给匝道入口的信号灯 X2,信号等将根据指令执行放行时刻。

当 $\frac{V}{C}$ 小于某一值时,入口匝道信号灯可以不必考虑有无换道安全间距的产生;$\frac{V}{C}$ 大于某一值时,入口匝道信号灯必须考虑有无换道安全间距的产生。该值的确定应该依据具体道路交通场景以及不同的城市条件,通过大数据综合分析来确定。

3. 控制流程

依据入口匝道控制策略和控制方法,制定了相应的控制流程。

图 7.21 为入口匝道实时动态控制流程图,控制流程为:

(1) 在采样间隔内检测入口匝道上游主路的时间占有率、车辆平均速度和车辆平均间距。

(2) 依据公式,分别计算不同控制变量条件时下一时段入口匝道的调节率,并最终综合得到入口匝道的调节率 $g(k)$。

(3) 判断 $g(k)$ 是否小于最小调节率,若是,则取最小调节率,然后判断是否连续两个时间段内有换道安全距离的产生,若有,则确定信号时间,若无,可建议关闭入口匝道;否则,判断 $g(k)$ 是否大于最大调节率,若是,则入口匝道可常绿。

(4) 确定信号相位各部分时间。

(5) 完成调节后,进入下一控制间隔,返回流程初重新开始。

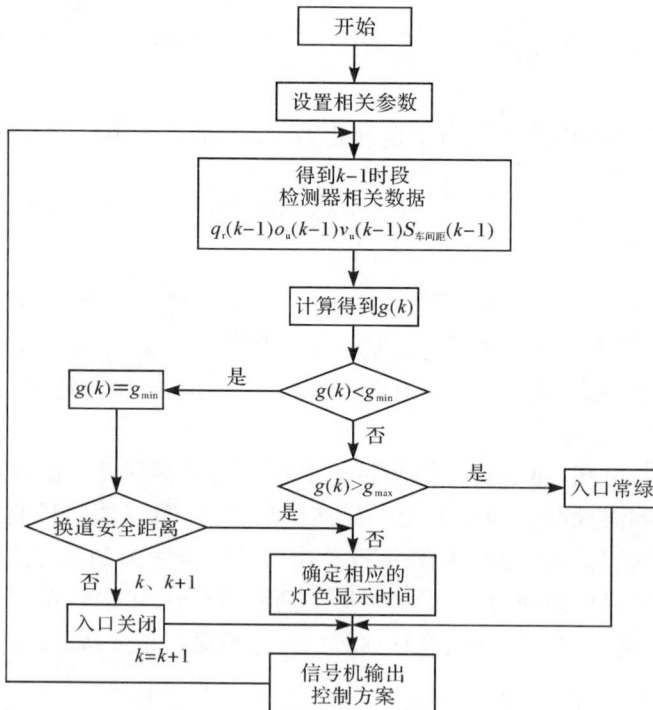

图 7.21　入口匝道实时动态控制流程图

综上所述,该控制方法是以主动交通需求管理为理念,基于闭环迭代学习控制方法,通过将占有率、速度和换道安全间距三参数进行综合协同考虑,对 ALIN-

EA 控制模型进行进一步的优化改进,提出一套更能适应我国城市快速路交通状况的入口匝道控制算法。

7.4.5　出口匝道控制

快速路单出口匝道基本控制目标是适当截止辅路车辆,使出口匝道车辆优先驶出,控制出口匝道下游道路交通需求不大于其交通容量,保证主路畅通,同时,改善出口交通秩序,保障车辆行驶安全。

1. 控制方法

在许多城市中,快速路主路与辅路是相互平行的且两者之间的距离较近,期间通过出入口匝道相连。在早高峰期间,对于某些出口匝道,驶出快速路的交通流量比较大且比较集中,特别是在一些工业园比较集中的区域,这些车辆与辅路车辆间必然会形成相互干扰,此时若驶离出口匝道的车辆不能及时驶出,可能发生排队溢出现象,导致主路交通恶化,严重时可能造成交通失稳。同样,驶出快速路的车流也会对辅路车流运行造成影响。

为了有效解决这一问题,对于离辅路上游交叉口较近的出口匝道,对辅路交叉口进行适当的调控,保障匝道出口车辆可以顺利驶出是非常重要的。当辅路下游交叉口离出口匝道较近时,需对下游交叉口进行调节,避免由于红灯时间排队长度过长阻碍车辆正常驶出。

本节研究的出口匝道控制思路为:辅路下游通行能力≤匝道驶出交通量+辅路上游交通量,此处上下游是相对于出口匝道与辅路衔接点。为了确保快速路车辆能够顺利驶出匝道,避免由于排队现象导致快速路主路交通拥堵,需对上游交叉口进行控制,通过减少上游交叉口车辆的放行时间或调节放行时刻,减少驶出匝道的车流与上游车流的冲突。但是,当辅路交通量较大时,不能一直控制辅路车辆的出入而造成辅路交通严重拥堵。为了达到彼此最优控制,本部分将对出口匝道控制方法进行详细分析。

如图 7.22 所示,当出口匝道离上游交叉口较远时(>100m,100m 由海信网络科技股份有限公司多年智能交通项目试验所得),启动信号灯 D2;当出口匝道离上游交叉口较近时(<100m),不启用信号灯 D2。上游相邻交叉口采用全感应信号控制。检测器 K1、K3、K4、K7、K8、K9、K10 为进口检测器,主要检测准备进去交叉口的车流量;检测器 K2、K5、K6、K11、K12 为拥堵检测器,主要检测交叉口出口路段的交通情况,一般设置在出口下游 70m 左右。当启动 D2 信号灯时,K5、K6 充当战略检测器,主要检测即将到达匝道出口处的交通状况。所有检测器和信号灯都由一个控制终端控制,检测器检测到的数据将会传入控制终端,通过控制终端的快速处理,将指令发送给每个信号灯,信号灯将依据终端指令对车辆的进出

进行控制。

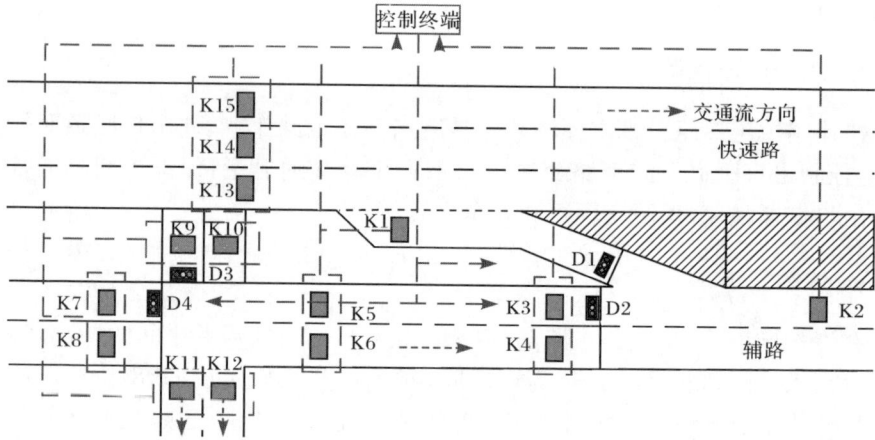

图 7.22　快速路出口匝道控制系统检测器布设示意图

2. 模型建立

当交通量达到或者接近道路通行能力时,就很容易产生交通拥挤现象,当有外界因素严重干扰时,就可能致使交通拥堵的发生。为了避免下游交通拥挤的发生,需保证匝道交通量与辅路驶入下游的交通流小于下游通行能力。由于大多数情况出口匝道未采用信号调节,为减小出口匝道交通流与辅路交通流间的相互干扰以及辅路容量的限制,实现匝道车辆优先原则,此处采取的办法是在相邻辅路交叉口或者匝道与辅路连接处安装信号灯调节辅路车流的运行。假设相邻交叉口距离匝道出口与辅路连接处小于 100m,所以采用辅路交叉口信号灯控制方案。

当辅路交叉口采取感应控制后,辅路驶向下游的交通量应该满足以下关系:

$$r_f = \alpha m_A C_a - q_{off} \tag{7.99}$$

$$r_f C = g_e Q_f \tag{7.100}$$

式中,r_f 为辅路驶向下游的交通量,veh/h;m_A 为辅路车道数;α 为饱和度系数;C_a 为出口匝道下游单车道通行能力,veh/h;q_{off} 为驶离出口匝道流量,veh/h;Q_f 为绿灯期间,辅路车辆最大释放量,veh/h;C 为辅路信号灯周期时常,s;g_e 为辅路绿灯时长,s。

对于辅路绿灯期间,匝道车流与辅路车辆会发生一定的冲突,并且彼此产生干扰,影响正常行驶。当出口匝道路处辅路交通压力较大时,驶离出口匝道的车辆将不能顺利驶出,发生一定的排队现象,车辆排队长度为

$$\frac{q_d - q_{off}}{3600} g_e = N_0 \tag{7.101}$$

辅路绿灯时间可表示为

$$g_e = \frac{3600 N_0}{q_d - q_{off}} \tag{7.102}$$

结合式(7.99)~式(7.101)可得

$$C = \frac{3600 N_0 Q_f}{(\alpha m_A C_a - q_{off})(q_d - q_{off})} \tag{7.103}$$

式中,N_0 为减速车道上允许的排队车辆数,veh;q_d 为出口匝道车辆到达率,veh/h。

辅路通行能力和延误大小与辅路交叉口信号周期长短直接相关。根据实际项目经验,辅路交叉口信号周期的最大或最小值要由交通工程师根据实际交通状况及交通场景灵活设计。

因此,最终采用的信号周期时长为

$$C_f = \begin{cases} C_{min}, & C \leqslant C_{min} \\ C, & C_{min} \leqslant C \leqslant C_{max} \\ C_{max}, & C \geqslant C_{max} \end{cases} \tag{7.104}$$

式中,C_{min} 为最小信号周期,s;C_{max} 为最大信号周期,s。

当辅路信号红灯时间高于某个值时,可能造成该方向车辆大量排队现象,情况严重时可能危及上游交叉口状况,基于此,设置最大红灯时间 R_{max},其表达式应满足:

$$\frac{q_d R_{max}}{3600} = N_{max} \tag{7.105}$$

式中,q_d 为辅路车辆的到达率,veh/h;R_{max} 为辅路最大红灯时间,s;N_{max} 为辅路允许排队的车辆数,veh,根据实际情况确定。

同样,信号配时方案还必须满足最小红灯时间 R_{min} 与黄灯时间 A,则最终采用绿灯时间为

$$g_f = \begin{cases} C_f - R_{min} - A, & C_f - g_e - A \leqslant R_{min} \\ g_e, & R_{min} \leqslant C_f - g_e - A \\ C_f - R_{max} - A, & C_f - g_e - A \geqslant R_{max} \end{cases} \tag{7.106}$$

式中,R_{min} 为最小红灯时间,s;A 为黄灯时间,s。

由以上算法可以得出辅路交叉口的信号配时方法,但是,考虑到出口匝道车流对辅路车流运行的影响及稳定性,为了尽量减小冲突程度,需对辅路交叉的信号配时相位进行适当的修正。修正结果的目标是提前或延迟放行驶入下游方向的车辆,使得匝道车流与辅路车流到达交汇点处时有一定的时差,减少冲突次数,从而增强辅路交通运行稳定性。该功能主要由出口匝道检测器 K2 来实现,实则

为一种战略性检测器,K2 检测器可以提前预知匝道车流到达辅路的时间。当辅路交通流量较大时,通过适当的调节车辆放行可以一定程度地减少两股车流之间的冲突,提高彼此的运行效率,最大限度地减少交通扰动的发生。

$$t_{修正} = \frac{L_{出}}{v_{u}(k-1)} - t_{v_{u}(k-1)} \tag{7.107}$$

式中,$t_{修正}$ 为辅路交叉口信号相位修正时间,s;$L_{出}$ 为出口匝道长度,m;$v_{u}(k-1)$ 为车辆运行速度;$t_{v_{u}(k-1)}$ 为辅路驶向下游的车辆从交叉口到交汇点行驶所用时间,s。

　　式(7.107)得出的修正时间只要一个基本参考值,实际情况是比较复杂的,修正时间应该综合各方面的因素后予以确认。以上所得辅路交叉口信号配时方案的前提是出口匝道保持持续放行状态,匝道出口与辅路连接处下游保持良好的交通状况,即没有出现交通溢出现象。

　　当下游路段由于一些因素出现交通拥堵甚至交通溢出时,此配时方案将不再适用。如图 7.22 所示,当检测器 K2 检测到车辆排队较长,持续一段时间交通流密度较大,速度较低时,可将出口匝道临时性关闭,并用交通诱导屏在快速路出口匝道处提示驶出车辆选择其他出口。同时,辅路交叉口信号灯进行调节,减少对驶出下游的交通放行量,待下游交通有所好转时,在开通出口匝道。此措施不仅可以一定程度的减缓辅路下游交通流的拥堵程度,还可以减少出口匝道排队车辆的溢出对主线交通流的影响程度。

3. 控制流程

　　依据出口匝道控制策略和控制方法,制定了相应的控制流程。

　　图 7.23 为出口匝道实时动态控制流程图,控制流程为:

　　(1) 在采样间隔内进行出口匝道流量检测。

　　(2) 将流量进行加权平均处理,当 $q_{off} > q_0$ 时,辅路信号周期和配时方案按式正常计算,否则,辅路信号周期取最大周期 C_{max},配时方案仍按式正常计算。

　　(3) 依据检测器所采集的数据进行信号方案修正。

　　完成调节后,进入下一控制时段,返回流程初重新开始。

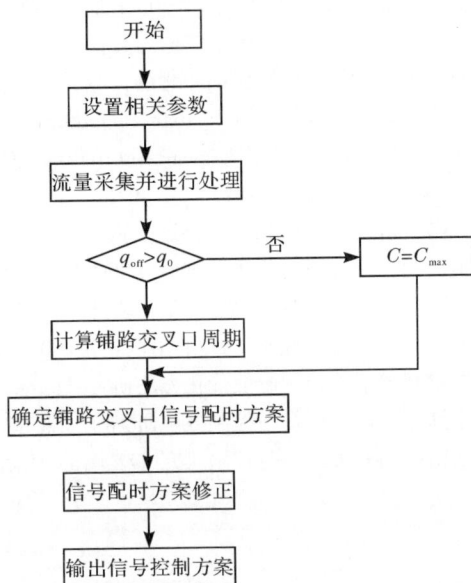

图 7.23　出口匝道实时动态控制流程图

7.5　本章小结

本章主要论述了单点自适应控制策略和控制算法。围绕"疏支通干"的控制目标,论述了车队检测策略、排队统计方法、排队消散计算方法、车型换算系数和基础绿的计算方法,同时应用延长或压缩绿灯时间和匹配相序等方法,详细阐述了支路自适应控制策略、干道自适应控制策略,并给出逻辑控制算法。此外,依据对城市快速路匝道分合流区车辆交互特性及交通流稳定性机理分析,以主动引导式交通管控为理念,提出一种以快速路拥挤问题为主线的引导式实时动态协同控制策略;基于迭代自适应协调控制方法,提出考虑时间占有率、车辆速度和车辆换道安全距离的动态协同控制方法,并建立定量化模型。第8章将进行交通仿真分析,验证本章提出的匝道优化控制模型的可行性与实用性。

参 考 文 献

[1] 李晓娜. 单交叉口自适应控制方法的研究[D]. 大连:大连理工大学,2006.

[2] 肖业伟. 城市智能交通信号控制系统的研究[D]. 湘潭:湘潭大学,2004.

[3] 程海燕. 智能交通信号协调控制系统研究[D]. 西安:西北工业大学,2006.

[4] 宋现敏. 城市交叉口信号协调控制方法研究[D]. 吉林:吉林大学,2008.

［5］栗红强. 城市交通控制信号配时参数优化方法研究［D］. 吉林：吉林大学，2004.

［6］杨佩昆，吴兵. 交通管理与控制［M］. 北京：人民交通出版社，2004.

［7］唐辉. 城市快速路交通控制策略及算法研究［M］. 北京：北京工业大学，2001.

［8］Klaus B，Hartmut K. An evolutionary fuzzy system for coordinated and traffic responsive ramp metering［C］//Proceedings of the 34th Hawaii International Conference on System Sciences，Hawaii，2001.

［9］王旭. 城市快速路交织区匝道优化控制研究［D］. 武汉：武汉理工大学，2012.

［10］薄雾. 城市快速路匝道交通特性分析与优化控制研究［D］. 成都：西南交通大学，2010.

［11］史忠科，黄辉先，曲仕茹，等. 交通控制系统论［M］. 北京：科学出版社，2003.

［12］刘汝成，李刚. 城市快速路入口匝道控制探讨［J］. 山西建筑，2005，31(9)：194－195.

［13］李爽爽. 城市快速路出口匝道辅助控制参数优化方法研究［D］. 吉林：吉林大学，2007.

［14］黄阿琼. 城市快速路主辅路交通流分析与控制方法研究［D］. 北京：北京交通大学，2011.

［15］乔涛. 城市快速路交通衔接的有关理论与技术研究［D］. 成都：西南交通大学，2007.

第8章　工程技术案例与系统仿真分析

工程理论的适用性需要实际数据的验证,运用实际路口的调查数据验证分子跟驰理论中的流量-密度模型,并利用具体数据分析单点自适应控制策略。应用 Synckro 和 Vissim 仿真软件对单点自适应控制进行仿真。

8.1　分子跟驰理论的数据验证

选取某市长江中路和武夷山路交叉口为实例路口,路口渠化如图 8.1 所示。其上下游路口分别是长江中路—井冈山路路口和长江中路—阿里山路路口。长江中路道路条件比较好,规划有序,交通量比较适中,不至于出现堵塞的情况。其中,武夷山路口与阿里山路口相距 380m,与井冈山路口相距 492m。

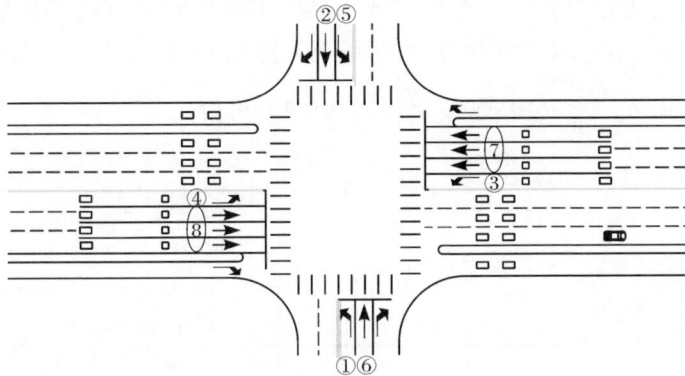

图 8.1　长江中路—武夷山路口渠化图

车辆跟驰驾驶取反应时间 $\alpha=1.4s$,$\beta=0.07$,式(2.3)可写为
$$L=1.4V+0.07V^2 \tag{8.1}$$
应用 MATLAB 绘制需求安全距离-速度曲线如图 8.2 所示。

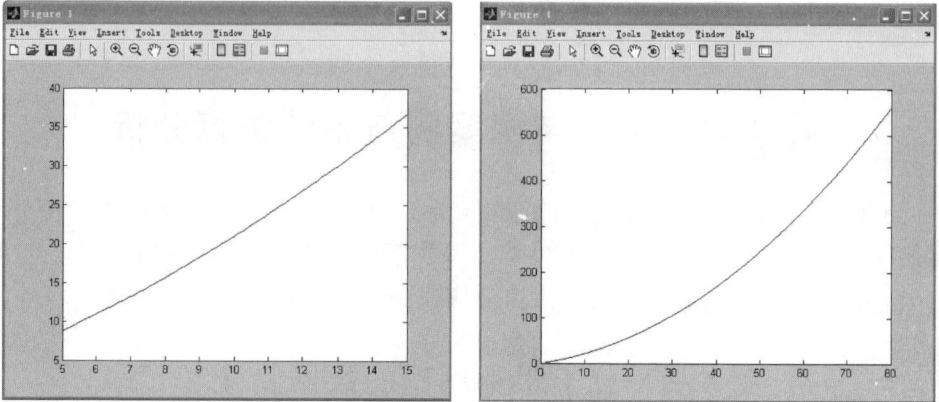

图 8.2　需求安全距离-速度曲线

　　根据调查数据和需求安全距离-速度曲线可绘制以下曲线对比图。

　　由图 8.3 可见,战略检测器处的车辆间距基本符合方程 $L=1.4V+0.07V^2$ 的规律。驾驶员在经过战略检测器处时对车队运行状况判断良好,驾驶员采取积极跟进,跟随车间距相对需求安全距离小一些。调查车辆长度的平均值为 3.97m,取平均车长约为 4m,取平均停车车头间距 l 为 6m。取标准车长等于平均车长 $l_s=4$,阻塞密度 $k_j=\dfrac{1}{6}$。由式(7.48)和式(7.49)可得:

$$\begin{cases} q=\dfrac{k_d}{40}\left[-1+\sqrt{1+\dfrac{8000}{7}(k_d^{-1}-k_j^{-1})}\right] \\ k_d=\dfrac{1}{L+8-l_n} \end{cases} \tag{8.2}$$

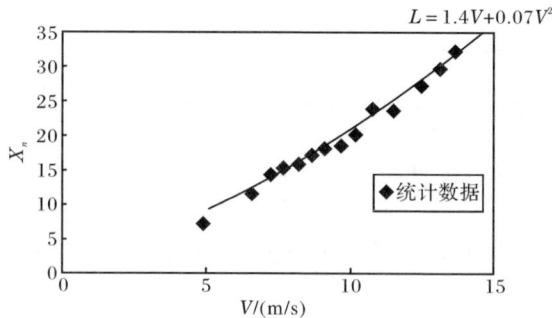

图 8.3　曲线对比图

　　由某日下午高峰期的调查数据计算得瞬时流量如表 8.1 所示。

表 8.1　瞬时密度和流量计算表

车道一		车道二		车道三		平均值	
修正密度 /(pcu/km)	小时流量 /(veh/h)	修正密度 /(pcu/km)	小时流量 /(veh/h)	修正密度 /(pcu/km)	小时流量 /(veh/h)	修正密度 /(pcu/km)	小时流量 /(veh/h)
0.031938	486.0069	0.064276	598.843	0.036276	509.308	0.044163	531.386
0.055853	581.315	0.019705	399.2877	0.020735	408.1009	0.035114	480.0224
0.036159	508.7187	0.07355	610.18	0.033092	492.5257	0.044479	522.8617
0.073235	609.9266	0.097566	603.2164	0.07138	608.2459	0.071665	586.0626
0.105886	588.4297	0.056882	583.8439	0.064652	599.4619	0.074771	589.4495
0.051028	567.9187	0.034867	502.0913	0.06126	593.3871	0.055482	563.2117
0.038858	521.727	0.044109	544.0047	0.085034	613.3238	0.055871	560.5668
0.057652	585.6653	0.045995	551.1046	0.031373	482.731	0.047723	545.0169
0.065067	600.1269	0.017327	377.5491	0.072967	609.7033	0.050771	533.0991
0.047573	556.7036	0.037456	515.1088	0.028106	462.5608	0.040976	516.8681
0.048427	559.606	0.066975	602.9774	0.060937	592.7499	0.054329	568.0504
0.019062	393.6076	0.053546	575.2293	0.030351	476.6463	0.039322	503.3834
0.034528	500.3031	0.058408	587.3929	0.030076	474.9784	0.040583	516.5145
0.041488	533.3609	0.041	531.2781	0.07305	609.7729	0.04903	547.7316
0.055939	581.5308	0.03243	488.8145	0.082361	613.6485	0.05494	557.9313
0.052561	572.4541	0.071923	608.7708	0.090096	610.9551	0.06738	587.5279
0.043376	541.1209	0.048022	558.2413	0.04723	555.5126	0.051502	560.6007
0.060366	591.5966	0.034883	502.1717	0.024038	434.224	0.042697	522.1482
0.023368	429.1662	0.030096	475.1003	0.057215	584.6409	0.038344	502.7639
0.031651	484.3505	0.025502	444.874	0.099186	600.8562	0.048671	508.2111
0.018981	392.8816	0.064252	598.8039	0.050473	566.2095	0.045594	516.5265
0.036445	510.1514	0.056468	582.84	0.040323	528.3271	0.044707	534.4613
0.023023	426.5177	0.021805	416.9019	0.018827	391.5001	0.027091	442.3453
0.0124	324.8416	0.087037	612.6616	0.045386	548.8604	0.042978	482.1772
0.047967	558.0532	0.048572	560.0907	0.063142	596.8974	0.050665	549.3046
0.036446	510.1572	0.066857	602.8114	0.049991	564.6985	0.05099	556.743

表 8.1 中，$G(i)=\dfrac{A(i)+C(i)+E(i)+G(i-1)}{4}$，$H(i)=\dfrac{B(i)+D(i)+F(i)+H(i-1)}{4}$。

表中最后一列是单车道流量平均值。战略检测器在检测数据时,其单车道瞬时流量要与之前的平均值再平均,依次进行下去,流量统计趋势如图 8.4 所示。可以看出,瞬时流量是不断变化的,但平均瞬时流量总是近似围绕着直线 I 波动,不会偏离很大。这表明瞬时流量的统计是趋于稳定的。长江中路—武夷山路口东进口左转率为 10%,左转流量为 168pcu/h;右转率为 6%,则直行率为 84%,直行流量为 1413pcu/h。西进口左转流量 181pcu/h,直行流量为 1256pcu/h。

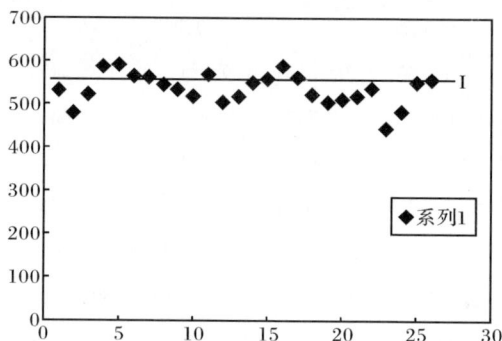

图 8.4　曲线对比图

取车道设计饱和交通量 1800pcu/h,则各股车流流量比总和 $Y = \dfrac{168}{1800} + \dfrac{1413}{1800 \times 2} + \dfrac{181}{1800} + \dfrac{1260}{1800 \times 2} = \dfrac{3371}{3600}$。取绿灯间隔时间为 3s,启动损失时间和黄灯时长均取 3s,信号总损失时间应用式(3.53)可计算得 $L_m = 12s$,干道小周期 $C_0 = 188s$,则东西直行的基础绿灯时间为 $g_{04} = \dfrac{1413 \times 188}{3600} = 73$,$g_{08} = \dfrac{1260 \times 188}{3600} = 66$。

8.2　单点自适应控制方法模拟分析

长江中路-武夷山路口南北方向人行道长 32m,应用式(3.31)和式(3.59)计算各个相位最小绿,相位最小绿和最大绿如表 8.2 所示。其中相位 1、2、3、5、6、7 的最大绿 1 是由检测器最大能检测的 10 辆排队车辆的清空时间限定的。相位 1、2、5、6 最大绿 2 是对支路最大延长绿的限定,一般情况下,干道允许支路的延长时间不会使支路相位 B 的绿灯时间超过最大绿 2。路口根据需要设置全红时间,本书不设全红时间。

表 8.2　相位表

相位	最小绿/s	最大绿 1/s	最大绿 2/s	延长绿/s	黄灯时间/s	全红/s
1	10	32	60	3	3	0
2	24	32	60	3	3	0
3	10	32	40	3	3	0
4	10	75	80	3	3	0
5	10	32	60	3	3	0
6	24	32	60	3	3	0
7	10	32	40	3	3	0
8	10	75	80	3	3	0

8.2.1　干道先左后直相序控制策略分析

路口周期起始相位为支路某相位,取路口首辆车消散的时间为 5s,消散率为每秒 1/3 辆。干道 barrier 到来前检测到左转相位 1 和相位 5 的排队车辆分别为 7 辆和 8 辆,相位 2 和相位 6 的排队车辆分别为 4 辆和 4 辆,则采取先左后直的放行相序,相位 1 和相位 5 的放行时间分别为 23s 和 26s。左转相位放行结束,直行相位开始时刻检测到直行相位 2 和相位 6 排队车辆分别为 7 辆和 8 辆,则相位 2 和相位 6 的排队清空时间分别为 23s 和 26s,放行时间修正后,其计算值分别为 29s 和 26s,环 1 和环 2 的时间都是 52s。

武夷山路口东侧战略检测器 14 点 31 分 53 秒检测到车队(相位 4 的车队),车队到达停车线的时刻是 14 点 32 分 28 秒(取车辆平均运行速度 10m/s)。西侧战略检测器 14 点 31 分 50 秒检测到车队(相位 8 的车队),车队到达停车线的时刻是 14 点 32 分 35 秒。在支路计算 barrier 结束时刻之前 7s,东进口左转相位 7 排队车辆为 6 辆,排队消散时间为 20s;直行相位 4 最大排队车辆为 2 辆,排队消散时间为 8s。西进口左转相位 3 排队车辆为 5 辆,排队消散时间为 17s;直行相位 8 最大排队车辆为 3 辆,排队消散时间为 11s。

当支路计算 barrier 结束时刻为 14 点 32 分时,即 14 点 31 分 53 秒调取路口统计排队。应用式(7.73)和式(7.74)可分别计算得到环相位富裕时间为 $R_1=3s$, $R_2=3s$。干道富裕时间取环相位富裕时间的较小值 4s,则支路 B 相位再执行感应控制 3s。在 B 相位统计排队之后,只要有一个直行方向的检测器检测到车辆,相位 B 就顺延 3s,否则相位 B 执行完计算放行时间即结束,转至干道放行。在 B 相位统计排队之后,相位 2 检测到车辆到达,则相位 2 和相位 6 的实际放行时间分别为 32s 和 29s。支路实际 barrier 时刻为 14 点 32 分 3 秒,然后转至干道放行。

　　干道先放行左转相位 3 和相位 7,分别放行 17s 和 20s,然后放行直行相位。相位 4 的起亮时刻为 14 点 32 分 20 秒,直行排队清空时间 8s,清空时刻为 14 点 32 分 28 秒。直行相位 4 的车队正好到达停车线。战略检测器在 14 点 32 分 50 秒检测到车队尾车,预计到达停车线的时刻为 14 点 33 分 29 秒,则相位 4 的放行时间计算值为 69s。相位 8 的起亮时刻为 14 点 32 分 23 秒,直行排队清空时间 11s,清空时刻为 14 点 32 分 34s。直行相位 8 的车队也正好到达停车线。战略检测器在 14 点 32 分 45 秒检测到车队尾车,预计到达停车线的时刻为 14 点 33 分 31 秒,则相位 8 的放行时间计算值为 68s。直行相位放行时间的计算值都在最大绿和最小绿之间,比较环相位时间可知相位 4 的实际放行时间为 71s,相位 8 的实际放行时间为 68s,干道 barrier 时刻为 14 点 33 分 31 秒。路口本周期为 143s,各相位绿灯时间如表 8.3 所示,周期放行情况如图 8.5 所示。

表 8.3　路口相位配时表

相位	最小绿/s	最大绿/s	计算绿/s	修正绿/s	延长绿/s	实际绿时/s	周期/s
1	10	32	23	23	0	23	
2	24	32	23	29	3	32	
3	10	32	17	17	0	17	143
4	10	75	69	71	0	71	
5	10	32	26	26	0	26	
6	24	32	26	26	3	29	
7	10	32	20	20	0	20	143
8	10	75	68	68	0	68	

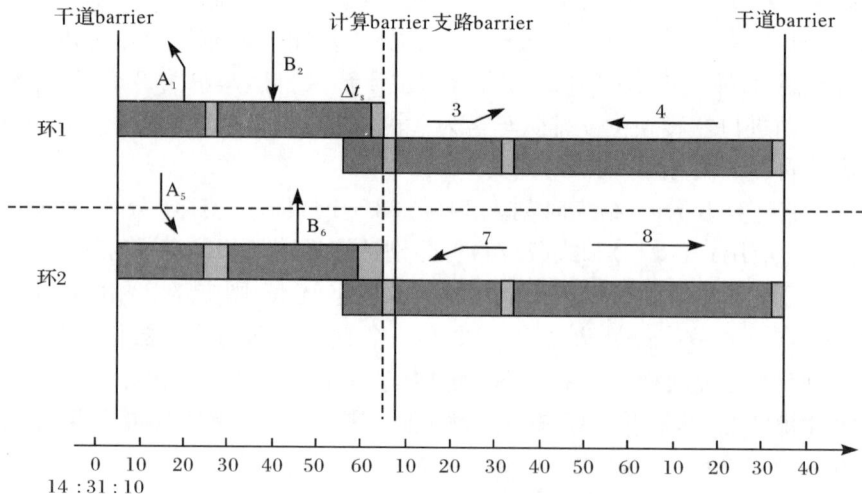

图 8.5　路口相序及放行时间图

当支路计算 barrier 结束时刻为 14 点 31 分 55 秒,战略检测器无法检测到相位 4 的车队到达,但是能检测到相位 8 的车队到达。则计算得环 2 的相位富裕时间为 $R_2 = 9s$,支路相位 B 再延长执行感应控制 9s。直到 14 点 32 分战略检测器检测到相位 4 的车队到达,切换上述执行过程。

8.2.2　干道先直后左相序控制策略分析

14 点 33 分 30 秒检测到支路左转相位 1 和相位 5 的排队车辆分别为 3 辆和 7 辆,相位 2 和相位 6 的排队车辆分别为 8 辆和 4 辆,北进口的车辆比南进口的普遍多,因此,采取先放行北进口后放行南进口的放行相序。相位 2 和相位 5 的放行时间分别为 26s 和 23s,起亮时刻为 14 点 33 分 31 秒。北进口的相位结束,放行南进口相位。南进口相位开始时刻检测到相位 1 和相位 6 排队车辆分别为 7 辆和 9 辆,则相位 1 和相位 6 的排队清空时间分别为 23s 和 29s,放行时间修正后,其计算值分别为 26s 和 29s。环 1 和环 2 的时间都是 52s,支路计算 barrier 时刻为 14 点 34 分 23 秒。

武夷山路口东侧战略检测器 14 点 34 分 03 秒检测到车队(相位 4 的车队),车队到达停车线的时刻是 14 点 34 分 38 秒(取车辆平均运行速度 10m/s)。西侧战略检测器 14 点 33 分 55 秒检测到车队(相位 8 的车队),车队到达停车线的时刻是 14 点 34 分 40 秒。在支路计算 barrier 结束时刻之前 7s,即 14 点 34 分 16 秒,东进口左转相位 7 排队车辆为 6 辆,排队消散时间为 20s;直行相位 4 最大排队车辆为 5 辆,排队消散时间为 17s。西进口左转相位 3 排队车辆 5 辆,排队消散时间为 17s;直行相位 8 最大排队车辆为 6 辆,排队消散时间为 20s。

应用式(7.75)和式(7.76)可分别计算得到环相位富裕时间 $R_1 = -2s$, $R_2 = -3s$,干道富裕时间取环相位富裕时间的较小值 3s,支路相位 B 要压缩一辆车的通行时间 3s。相位 2 和相位 6 的实际放行时间分别为 23s 和 26s。支路实际 barrier 时刻为 14 点 34 分 20 秒,然后转至干道放行。

干道先放行直行相位 4 和相位 8,起亮时刻 14 点 34 分 20 秒。相位 4 排队清空时间放行 17s,清空时刻为 14 点 34 分 37 秒。直行车队正好于 14 点 34 分 38 秒到达停车线,可以无障碍通行。战略检测器在 14 点 34 分 50 秒检测到车队尾车,预计到达停车线的时刻为 14 点 35 分 29 秒,则相位 4 的放行时间计算值为 69s。相位 8 排队清空时间放行 20s,清空时刻为 14 点 34 分 40 秒。直行车队正好于 14 点 34 分 40 秒到达停车线,可以无障碍通行。自战略检测器确认车队开始,在上一个周期相位时间段 68s 内(14 点 35 分 03 秒之前)都无法确认车队队尾,相位 8 的放行时间取基础绿灯时间 $g_{08} = 66s$。环 1 和环 2 分别于 14 点 35 分 29 秒和 14 点 35 分 26 秒开始放行左转相位。在左转相位开始时,调取左转进口排队统计数量。左转相位 3 和 7 统计排队都是 10 辆,则左转相位的放行时间都为 32s。通过比较环相位时间可知相位 3 的实际放行时间为 32s,相位 7 的实际放行时间为 35s,干道 barrier 时刻为 14 点 36 分 01 秒。路口本周期为 150s,各相位绿灯时间如表 8.4 所示,周期放行情况如图 8.6 所示。

表 8.4　路口相位配时表

相位	最小绿/s	最大绿/s	计算绿/s	修正绿/s	延长绿/s	实际绿时/s	周期/s
1	10	32	23	26	−3	23	
2	24	32	26	26	0	26	
3	10	32	32	32	0	32	150
4	10	75	68	68	0	68	
5	10	32	23	23	0	23	
6	24	32	29	29	−3	26	
7	10	32	32	35	0	35	150
8	10	75	66	66	0	66	

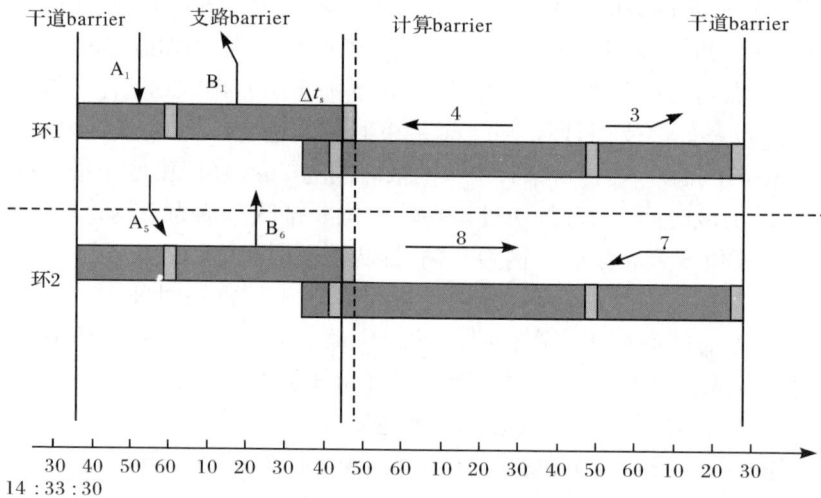

图 8.6　路口相序及放行时间图

8.2.3　干道路口单放相序控制策略分析

14 点 36 分检测到左转相位 1 和相位 5 的排队车辆分别为 4 辆和 4 辆,直行相位 2 和相位 6 的排队车辆分别为 7 辆和 8 辆。采取先直后左的放行相序,相位 2 和相位 6 的放行时间分别为 23s 和 26s,相位 2 的实际放行时间要修正到 24s。直行相位放行结束,左转相位开始时刻检测到左转相位 1 和相位 5 排队车辆分别为 7 辆和 8 辆,则相位 1 和相位 5 的排队清空时间分别为 23s 和 26s,放行时间修正后,其计算值分别为 28s 和 26s,环 1 和环 2 的时间都是 52s。支路计算 barrier 时刻为 14 点 36 分 53 秒。

　　武夷山路口东侧战略检测器 14 点 36 分 23 秒检测到车队(相位 4 的车队),车队到达停车线的时刻是 14 点 36 分 58 秒(取车辆平均运行速度 10m/s)。西侧战略检测器 14 点 36 分 50 秒检测到车队(相位 8 的车队),车队到达停车线的时刻是 14 点 37 分 35 秒。在支路计算 barrier 结束时刻之前 7s,即 14 点 36 分 46 秒,东进口左转相位 7 排队车辆为 3 辆,排队消散时间为 11s;直行相位 4 最大排队车辆为 5 辆,排队消散时间为 17s。西进口左转相位 3 排队车辆为 4 辆,排队消散时间为 14s;直行相位 8 最大排队车辆为 5 辆,排队消散时间为 17s。环 2 的相位富裕时间大于一倍的相位 7 左转排队清空时间,因此,要追加西进口的排队。设追加的排队数为 $N_a=1$,则按式(7.71)可计算得左转相位 3 的排队清空时间为 17s,直行相位 8 的排队清空时间为 20s。

　　应用式(7.68)和式(7.72)可分别计算得环相位富裕时间为 $R_1=-12s$,$R_2=11s$。干道富裕时间取环相位富裕时间的较小值 −12s,支路 B 相位执行计算放行时间。相位 1 和相位 5 的实际放行时间分别为 28s 和 26s。支路实际 barrier 时刻为 14 点 36 分 53 秒,然后转至干道放行。

　　干道先放行东进口相位 4 和相位 7,起亮时刻为 14 点 36 分 53 秒。战略检测器在 14 点 37 分 13 秒检测到车队尾车,预计到达停车线的时刻为 14 点 37 分 52 秒,则相位 4 的放行时间计算值为 59s,相位结束时刻为 14 点 37 分 52 秒。相位 4 结束后放行相位 3,相位 3 放行时间计算值为 17s,预计结束时刻为 14 点 38 分 09 秒。相位 7 的放行时间为 11s,14 点 37 分 04 秒结束相位 7 放行相位 8。相位 8 排队清空时间为 20s,14 点 37 分 24 秒相位 8 排队清空,此刻距离相位 8 车队到达停车线时刻还有 11s,14 点 37 分 35 秒相位 8 车队到达。14 点 37 分 40 秒检测到车队尾车,预计 14 点 38 分 25 秒到达停车线,相位 8 放行时间计算值为 81s,相位 8 的修正放行时间为 75s。比较环相位时间可知相位 3 的实际放行时间为 27s,相位 8 的实际放行时间为 75s。干道 barrier 时刻为 14 点 38 分 19 秒,干道放行结束转接下一个周期。路口本周期为 138s,各相位绿灯时间如表 8.5 所示,周期放行情况如图 8.7 所示。

表 8.5　路口相位配时表

相位	最小绿/s	最大绿/s	计算绿/s	修正绿/s	延长绿/s	实际绿时/s	周期/s
1	10	32	23	28	0	28	
2	24	32	23	24	0	24	138
3	10	32	17	27	0	27	
4	10	75	59	59	0	59	

续表

相位	最小绿/s	最大绿/s	计算绿/s	修正绿/s	延长绿/s	实际绿时/s	周期/s
5	10	32	26	26	0	26	
6	24	32	26	26	0	26	138
7	10	32	11	11	0	11	
8	10	75	81	75	0	75	

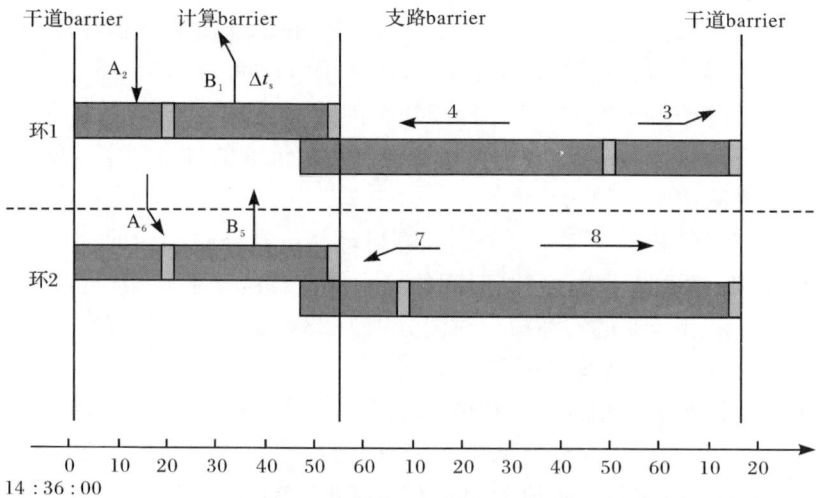

图 8.7　路口相序及放行时间图

以上分析了干道和支路不同相序的交通组织控制方法,由上述模拟分析可见,本书所阐述的单点自适应控制方法是可实现的。干道各种相序可以相互匹配,直行车队可顺利通过交叉口。上述实例分析只是对自适应策略和算法可行性做的数据性阐述,未能给出自适应控制策略在信号机实际应用中的效果。因此,对自适应控制策略尚需应用软件仿真予以评价。

8.3　交叉口信号系统仿真

8.3.1　Synchro 软件仿真分析

美国 Synchro 交通信号协调及配时设计软件是根据美国交通部标准 HCM 规范编制的,虽然该标准中的参数是根据美国的情况(如汽车性能、驾驶员的行为习惯、交通法规等)设定的,并且没有计入自行车的影响,不能较准确地模拟中国的交通状况,计算得出的某些结果(如延误时间、服务水平、废气排放等)可能有误差,但是作为方案比较的相对参数,还是具有一定的参考价值,信号配时也是合理的。应用 Synchro 仿真长江中路—武夷山路口,路口流量如表 8.6 所示。

表 8.6　路口流量表

路口方向	EB	EB	EB	WB	WB	WB	NB	NB	NB	SB	SB	SB
转向	L	T	R	L	T	R	L	T	R	L	T	R
长江中—井冈山	90	1300	300	80	1300	100	200	150	180	140	300	60
长江中—武夷山	100	1300	120	140	1300	180	200	160	140	180	190	80
长江中—阿里山	120	1350	30	60	1300	180	100	30	40	140	80	30

对比优化前后的数据可见,长江中-武夷山路口采用自适应控制后通行效果有明显提升。路口平均排队长度减少 54%,西进口直行排队长度减少 70%,东进口直行排队长度减少 68%。延误平均减少了 46%,东西直行延误减少了 65%。行车速度平均提升 44%,东西直行平均速度提高 77%。燃料消耗,一氧化碳和氮氧化物等排放污染物均有减少。具体对比数据如表 8.7。

表 8.7　优化前后对比表

项目	优化前	优化后	减少百分比
总延误/h	10	4.7	53%
延误/(辆/s)	53.3	29	46%
停车时间/s	640	286	55%
行程/km	253.8	219.4	14%
旅行时间/h	15.5	9.5	39%
平均速度/(km/h)	16	23	−44%
百公里油耗/L	73.5	49.8	32%
HC 排放/g	49	37	24%
CO 排放/g	1664	1453	13%
NO_x 排放/g	146	116	21%
驶入车辆/辆	678	581	14%
驶出车辆/辆	674	585	13%
驶出率/h	4044	3510	13%

8.3.2 VISSIM 软件仿真分析

VISSIM 是由德国 PTV 公司开发的微观交通仿真系统为模拟工具。是一种微观、基于时间间隔和驾驶行为的仿真建模工具,用以建模和分析各种交通条件下(车道设置、交通构成、交通信号、公交站点等),城市交通和公共交通的运行状况,是评价交通工程设计和城市规划方案的有效工具。VISSIM 由交通仿真器和信号状态产生器两部分组成,它们之间通过接口交换检测器数据和信号状态信息。

应用 VISSIM 软件仿真长江中路-武夷山路口,路口参数同上。自适应控制优化前后结果如表 8.8 所示。

表 8.8 优化前后对比表

进口道方向	优化前(长江中路—武夷山路)				优化后(长江中路—武夷山路)			
进口道	N	E	S	W	N	E	S	W
进道口服务水平	E	C	D	D	B	B	B	A
路口服务水平	D				B			
各进道口延误/s	100.9	56.2	98.4	60.1	23.3	19.3	44.6	15.5
路口总延误/s	78.9				25.675			

8.4 匝道交通系统仿真

前面章节通过分析城市快速路匝道出入口车辆交互特性及交通流稳定机理,并结合我国城市交通现状,提出考虑占有率、车辆速度和车辆换道安全距离的动态协同控制方法。本章以青岛市快速路为例,利用 Vissim 仿真软件,对提出的控制方法进行交通仿真分析,通过对比控制方法优化前后仿真所得数据,验证控制优化模型的准确性与实用性。从而为快速路匝道分合流提供合适的匝道控制方法建议,以达到提高交通效率及道路通行能力,缓解交通拥挤的目的。

8.4.1 示范匝道系统分析

青岛作为我国东部沿海经济发达和开放城市,是世界性区域贸易中心,是我国著名的旅游胜地,拥有国际性海港和区域性枢纽空港,是 21 个全国性物流节点城市和 42 个全国性综合交通枢纽城市之一。作为一个发展中的大都市,交通运输系统对青岛的发展起着重要的支撑和保障作用。

近年来在道路建设过程中,青岛市优先安排了快速路网和重点主干路网建设。根据城市发展总体需要,青岛规划了"三纵四横"快速路网,总长约 110km。

其中"四横"为仙山路、青黄跨海大桥连接线(胶州湾高速公路—银川路)、辽阳路—鞍山路及其延长线、延安路—宁夏路—银川路;"三纵"为湾口隧道青岛端连接线—胶州湾高速公路城区段、山东路—重庆路、青银高速公路城区段。目前,已经建成 62.40km,快速路网的建设为缓解城市交通压力、保障交通有序运行起到了重要保障作用。

　　本节提出的优化控制模型主要是相对于单匝道入口或者单匝道出口,进一步的协调优化控制模型将在后期进行深入研究。所以,依据青岛市快速路网分布特点以及各条快速路的交通特性,选取杭鞍快速路段,鞍山路与山东路交叉口向北驶入快速路的入口匝道为仿真对象(图 8.8),进行入口匝道仿真分析;鞍山路与山东路交叉口北侧向南驶入快速路的出口匝道为仿真对象,进行出口匝道仿真分析。在早晚高峰时段,该路段经常发生交通拥挤,尤其是该出入口交织区域,由于车辆复杂的交通行为,是杭鞍快速路主要的交通瓶颈。

图 8.8　入口匝道现状

8.4.2　入口匝道仿真

1. 参数标定

　　根据实际检测数据,主线期望车速设定为 40~60km/h;交通构成为:全部小汽车(折算标准以后);主线快速路车道 3.75m,双向六车道,入口匝道长 100m,宽 4m,加速车道约 50m;匝道期望速度为 20~35km/h;其余的车辆加减速特性等参数使用默认值。输入数据采用实际调查数据,模拟时间为 90min。

　　按标准步骤进行路网建设,并设置相应路网参数,以便真实地模拟实际车流在路网中的运行状况。对于交通流控制参数,如表 8.9 所示。

表 8.9　入口匝道仿真控制参数值

参数	含义	建议取值	备注
φ_1	占有率调节系数	$60\sim80$	根据实际控制效果调整
φ_2	速度调节系数	$60\sim80$	根据实际控制效果调整
φ_3	车间距调节系数	$60\sim80$	根据实际控制效果调整
o_c	临界占有率	$0.2\sim0.3$	根据大量调查数据标定
$v_c/(km/h)$	临界速度	$30\sim40$	根据大量调查数据标定
μ	权重系数	$0\sim1$	根据速度和占有率权重
n	每周期进入车辆数	交通调查数据	根据入口匝道实际情况确定
$r_{min}/(veh/h)$	最小调节率	300	直接设定
$r_{max}/(veh/h)$	最大调节率	1200	直接设定
$S_r/(veh/h)$	入口匝道饱和流量	1800	直接设定
l	损失时间	2	直接设定
A	黄灯时间	3	直接设定

根据模式识别中的线性判别方法,对临界速度和临界时间占有率两参数进行标定。通过分析实测数据,得 $v_c=12.28m/s$,$o_c=0.452$。

2. 仿真结果分析

建立仿真路网后,依次将参数进行标定并进行交通仿真(图 8.9),仿真结果见表 8.10、图 8.10~图 8.13。

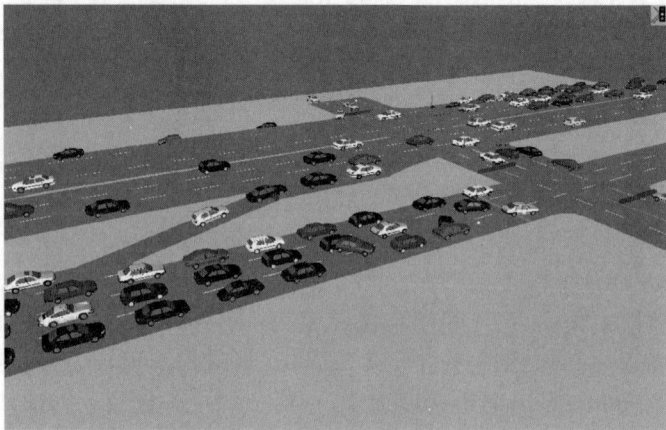

图 8.9　入口匝道控制仿真图

表 8.10　优化前后参数对比表

指标	主线平均车速 /(km/h)	匝道平均排队 长度/m	主线平均行程 延误/s	匝道平均行程 延误/s
优化控制	38.17	70.94	8.65	20.38
定时控制	34.62	60.06	9.87	18.35

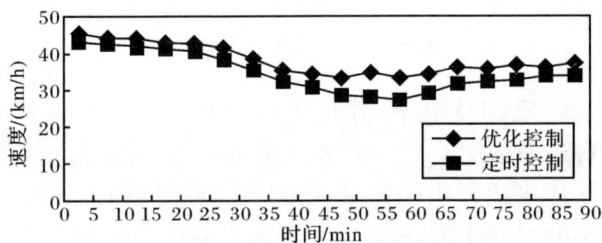

图 8.10　主线上游速度对比图

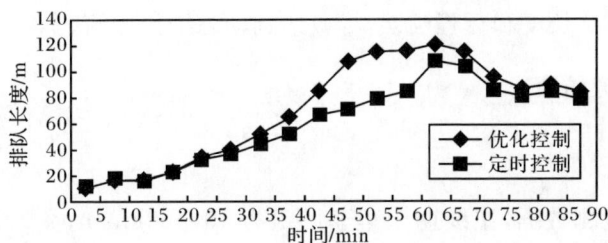

图 8.11　匝道排队长度对比图

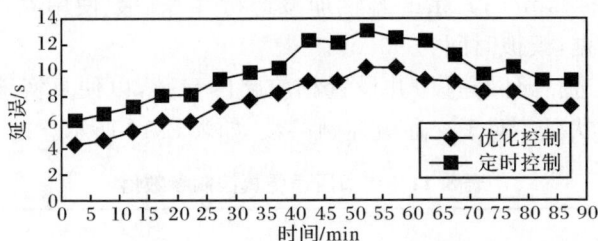

图 8.12　主线上游延误对比图

　　对仿真输出数据进行数理统计,可以看出,采用本书提出的入口匝道优化控制策略,主线上游平均车速提高了 10.25%,主线平均行程延误减少 12.36%,由此可见,该优化控制方法对提高城市快速路主线交通流运行速度及通行能力都有一定的改善效果。由图 8.10 可知,主线交通流速度波动频率有所减小,稳定性增强,行车安全系数得到一定程度的提高。

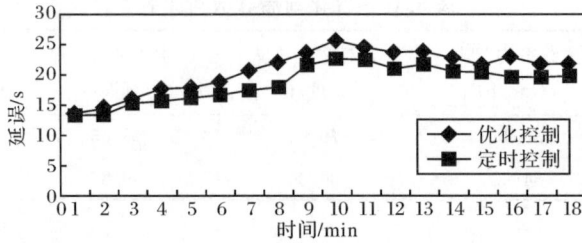

图 8.13　匝道延误对比图

对于入口匝道,采用优化控制方法后,匝道车辆平均排队长度增加了
18.11%,平均行程延误增加了 11.03%,这是正常的,因为优化控制的策略和目标
是在尽量对匝道车流影响较小的情况下,提高主线的通行效率。在高峰期间,对
匝道车流进行一定的抑制作用,与城市主干路主路优先控制方法意义类似,所以,
匝道车辆参数出现这样的情况是正常的。所以,该方案是可行的。对于下一步的
研究,提出更加合理的控制策略与方法,在提高主线通行效率的情况下,进一步减
小匝道车辆的排队长度和行程延误,尽量达到动态纳什均衡。

8.4.3　出口匝道仿真

1. 参数标定

根据实际检测数据,主线期望车速设定为 40~60km/h;交通构成为:全部小
汽车(折算标准以后);主线快速路车道 3.75m,双向六车道,出口匝道长 100m,宽
4m,变速车道约 50m;匝道期望速度 20~35km/h;辅路双向四车道,宽 3.5m,期望
车速设定为 30~40km/h;其余的车辆加减速特性等参数使用默认值。输入数据
采用实际调查数据,模拟时间为 90min。

按标准步骤进行路网建设,并设置相应路网参数,以便真实地模拟实际车流
在路网中的运行状况。对于交通流控制参数,如表 8.11 所示。

表 8.11　出口匝道仿真控制参数值

参数	含义	建议取值	备注
C_a/(veh/h)	出口下游辅路单车道通行能力	1500	具体情况具体确定
α/(veh/h)	临界系数	300	直接设定,允许调整
q_0	绿灯期间、出口匝道车辆释放最小流量	—	直接设定,允许调整
m_A	出口匝道下游辅路车道数	4	直接设定
N_0	允许减速车道排队车辆数	4	直接设定,允许调整

参数	含义	建议取值	备注
S_0/(veh/h)	辅路有渠化的情况下,辅路绿灯期间流量释放率	2001	直接设定,允许调整
C_{min}/s	最小周期	15	直接设定,允许调整
C_{max}/s	最大周期	90	直接设定,允许调整
l/s	损失时间	2	直接设定
A/s	黄灯时间	2	直接设定
R_{min}/s	最小红灯时间	3	直接设定,允许调整

2. 仿真结果分析

建立仿真路网后,依次将参数进行标定并进行交通仿真,仿真结果见表 8.12、图 8.14～图 8.17。

表 8.12　优化前后参数对比表

指标	主线车速/(km/h)	主线行程延误/s	辅路平均排队长度/m	辅路行程延误/s
优化控制	37.14	8.30	56.56	24.83
定时控制	34.89	9.48	46.00	23.30

对仿真输出数据进行数理统计,可以看出,采用本书提出的出口匝道优化控制策略,主线平均车速提高了 6.44%,行程延误减少了 12.44%,由此可知,采用本书提出的控制方案可以在一定程度上对主线交通运行状态进行优化,方案是可行的。由图 8.14 可知,主线交通流波动性明显减少,交通流稳定性有一定程度提高,安全系数相应增大。

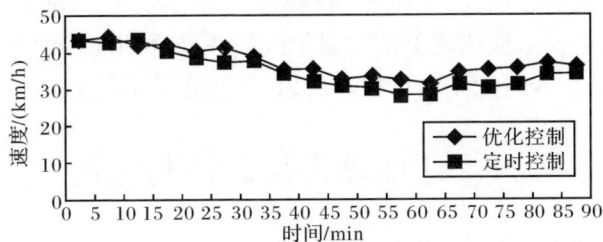

图 8.14　主线车速对比图

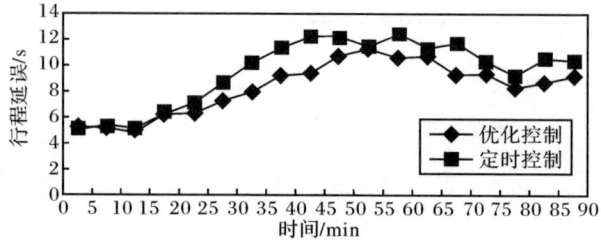

图 8.15　主线行程延误对比图

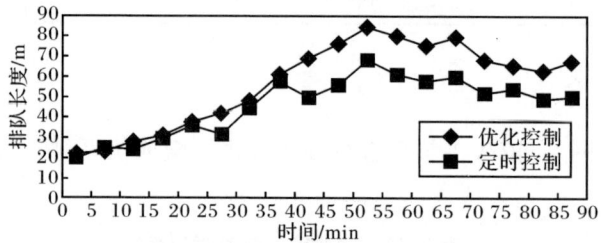

图 8.16　辅路平均排队长度对比图

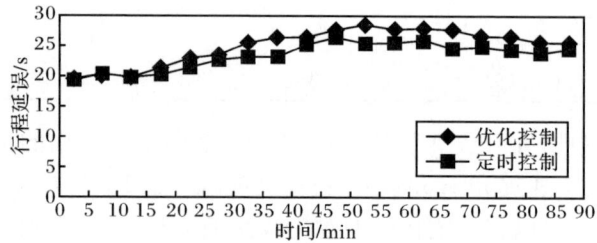

图 8.17　辅路行程延误对比图

　　辅路平均排队长度增大 22.95%,行程延误增大 6.56%,辅路交通运动状态呈现一定的下滑趋势。造成该现象的主要原因是在高峰期间,采用快速路出口采用感应控制,快速路主线有优先通行权。所以,该方案是可行的。

8.5　干线动态协调控制优化

　　在城市道路网中,合理地对交通信号控制参数进行优化,能大大缓解城市交通拥堵问题。本章将基于道路交通状态判别及道路交通信号控制策略对周期、相位相序、绿信比和相位差等信号控制参数进行优化。对相距适中的各交叉口采取动态协调控制[1],减少车辆遇到红灯的概率,缩短车辆旅行时间,提高道路服务水平。

8.5.1　周期优化

某一时刻,灯控交叉口各个方向各信号灯状态所组成的一组确定的灯色状态称为步伐,不同的灯色状态构成不同的步伐,步伐所持续的时间称为步长。而一个循环内各控制步伐的步长之和称为信号周期,通常用 C 表示。倘若信号周期取得太短,则难以保证各个方向的车辆顺利通过交叉口,导致车辆在交叉口频繁停车、交叉口的利用率下降。信号周期是决定交通信号控制效果优劣的关键控制参数。倘若信号周期取得太长,则会导致驾驶人等待时间过长,大大增加车辆的延误时间。一般而言,对于交通流较小、相位数较少的小型交叉口,信号周期取值在 60s 左右;对于交通流较大、相位数较多的大型交叉口,信号周期取值则在 160s 左右。

1. 单交叉口周期优化

通过现场观察交叉口的运行情况,根据排队车辆数来初步判断交叉口的拥堵情况,具体方法为:

(1) 如果交叉口一个进口道的所有排队车辆不能在一次绿灯时间内完全通过,则该相位的绿灯时间需要增加,具体增加的数值可以按照每辆 2s 增加,即假设绿灯末尾所有排队车辆中有 X 辆车没有通过交叉口,则该车流对应相位需增加 2s。

(2) 如果交叉口一个进口道的所有排队车辆不仅能在一次绿灯时间内完全通过,而且相位绿灯时间出现富余的情况,则该相位的绿灯时间需要减少,具体减少的数值可通过观察得到。

同理,交叉口所有相位都可以按照上述方式观察,从而得到每个相位应当增加或者减少的绿灯时间,将每个相位需要增减的时间求和,得到的结果就是交叉口周期需要增加或者减少的时间。

以上计算周期的方法仅仅是初步判断交叉口周期情况,最终确定交叉口的周期还需要考虑参与协调的其他路口周期情况。

2. 新建交叉口

新建交叉口各向车流量一般都较少,建议先配置小周期(60～80s),尽量少相位,然后按照改建交叉口情况调整周期。

3. 控制子区公共周期优化

以上介绍了单个交叉口周期的初步判断,当对多个交叉口进行协调控制时,需要综合考虑子区内的多个交叉口的周期情况,通常选择子区中周期最大的交叉口作为关键交叉口,此交叉口周期作为子区公共周期。如图 8.18 所示,选择 105s 作为子区公共周期。

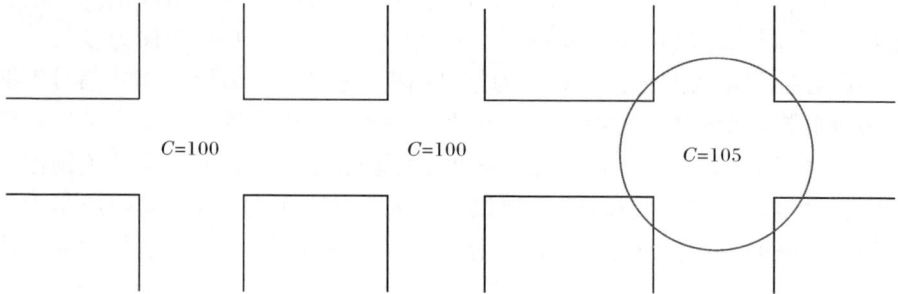

图 8.18　公共周期优化图(单位:s)

8.5.2　相位相序优化

在交通信号控制中,为避免平面交叉口各方向交通流之间的冲突,通常采用分时通行的方法,即在一个周期的某一个时间段,交叉口上某一支或几支交通流具有通行权,而与之相冲突的其他交通流不能通行。在一个周期内,平面交叉口上某一支或多支交通流所获得的通行权称为信号相位。一个周期内有几个信号相位,则称该信号系统为几相位系统。平面交叉口上某一支或多支交通流所获得的通行权的先后顺序称为信号相序,即信号相位的通行顺序。

交叉口相位相序设计是执行信号控制的基础工作,科学合理的相位相序对避免车辆交织冲突、提高道路通行效率具有重要意义。交叉口相位相序设计一般遵循减少冲突,保证交叉口的通行能力,保证行人过街安全和尽量避免给行人单独设置相位等四个基本原则。本部分相位相序的优化以机动车为主,非机动车暂时不单独设立相位,非机动车相位在工程中需根据实际情况单独考虑。

1. 基本相序的选择

交叉口的基本相序为对向放行和单口放行,如图 8.19 所示。

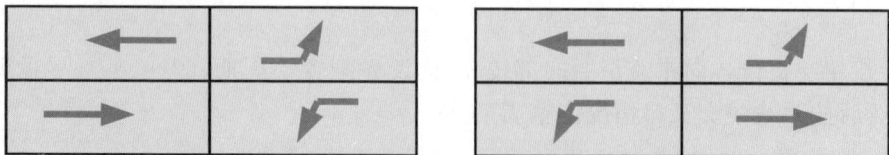

(a) 对向放行　　　　　　　　(b) 单口放行

图 8.19　基本相序图

　　对向放行可以分为：先直行、后左转和先左转、后直行两种。选择相序的基本原则有：有左转待转区的路口，不能采用先左转后直行相序；存在"直左车道"的路口宜采用单口放行相序；左转车道为渠化车道且长度较短时，不应采用先左转后直行相序，如图 8.20 所示。

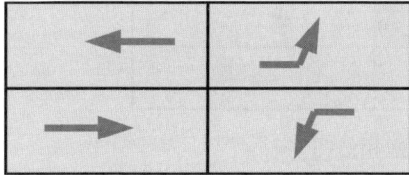

　　　　　（a）对向放行——先直行后左转　　　　　　（b）单口放行——先左转后直行

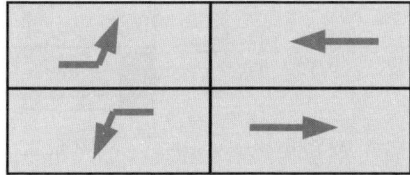

图 8.20　对向放行图

2. 相位搭接——流量不均衡

　　现实交叉口各进口道的流量往往不是均衡的。为了提高大流量相位的通行能力以及交叉口相位绿灯利用效率，可采用相位搭接的处理方法。

　　下面是对向放行时相位搭接、单口放行时相位搭接的两个例子，如图 8.21 所示。

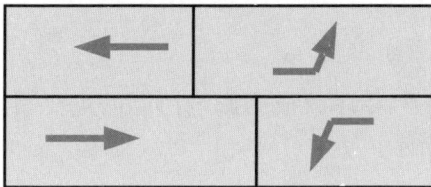

　　　　　（a）对向放行——搭接　　　　　　　　　　（b）单口放行——搭接

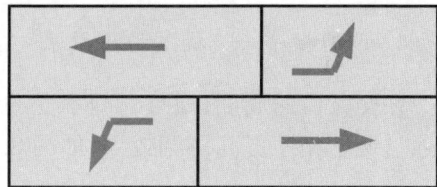

图 8.21　对向放行图

3. 增加相位提高通行效率

　　双向圆灯路口，同时放行直行和左转，当左转车辆较少时，左转车与直行车交织降低交叉口通行能力，此时可以通过增加"虚相位"将双向车辆放行时间适当错开，如图 8.22 所示。

　　箭头灯路口，同时放行直行和左转，当左转车辆较少时，左转车与直行车辆交织降低交叉口通行能力，此时可以通过增加"左转相位"，将直行车辆和左转车辆分离，如图 8.23 所示。

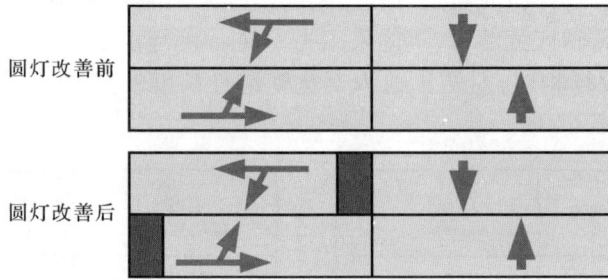

图 8.22　增加虚相位图

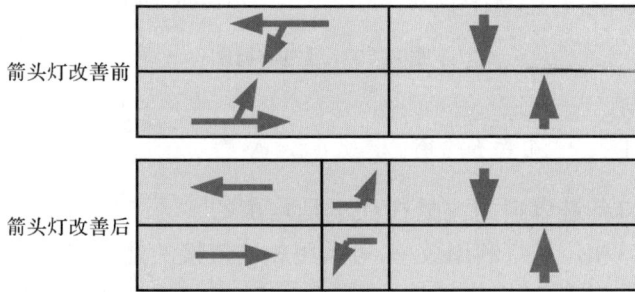

图 8.23　增加左转相位图

4. 调整相序——提高协调效果

在交叉口的周期、绿灯时间不变的情况下,相序就成为影响协调的重要因素,可通过调整相序提高协调效果,如图 8.24 所示。

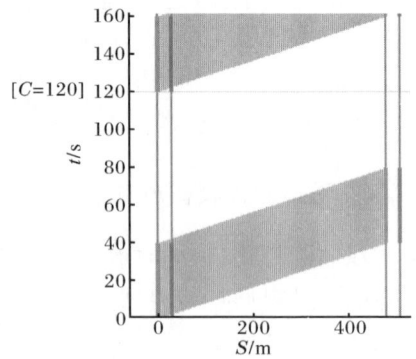

(a) B 路口方案调整前

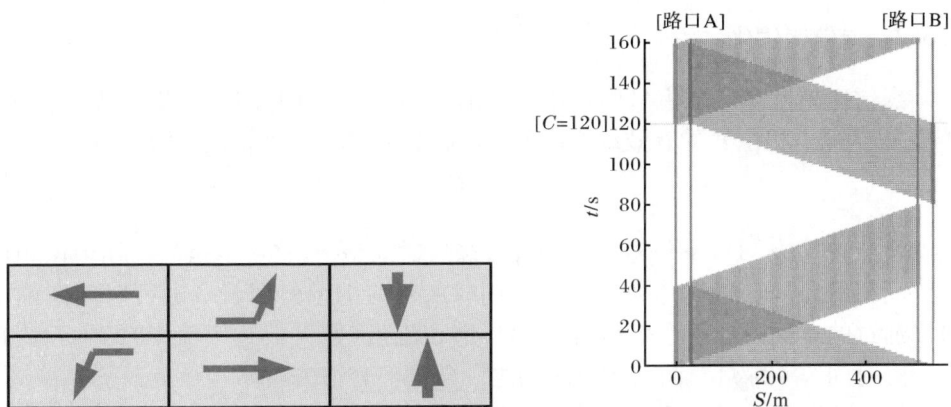

（b）B 路口方案调整后

图 8.24　相序调整前后协调效果对比图

由图 8.24 可知,当 B 交叉口的相序由对向放行调整为单口放行后,A、B 交叉口由单向绿波协调变成了双向绿波协调。

5. 特殊相序处理

交叉口附近有停车场等车辆集中出入的设施时,连续的两个相位如果有相同流向的车流,比如十字交叉口中西进口单放相位中有西向东直行车流,北进口单放相位中有北向东左转车流,因此,东出口将会连续两个绿灯时间内有车辆通过,此时在东出口附近如果有停车场等车辆集中出入的设施时,将会造成拥堵,直接影响交叉口的正常运行。应该将西进口单放相位和北进口单放相位分离开,使之不连续放行,以减少东出口交通压力,如青岛市香港路-福州路路口(图 8.25)。

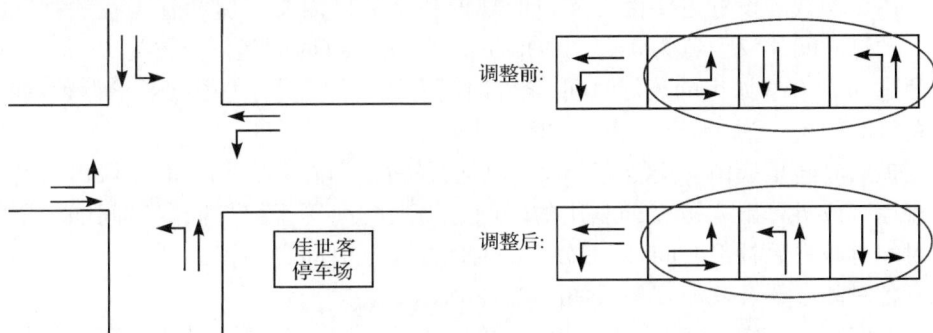

图 8.25　特殊相序调整前后对比图

8.5.3　绿信比优化

绿信比是指在一个信号周期中,各相位的有效绿灯时间与周期长度的比值。若设 g_{ei} 为第 i 相位号的有效绿灯时间,C 为周期长度,则该相位号的绿信比 λ_i 为

$$\lambda_i = \frac{g_{ei}}{C} \qquad (8.3)$$

显然,$0 < \lambda_i < 1$。某信号相位的有效绿灯时间是指,将一个信号周期内该相位能够利用的通行时间折算为被理想利用时所对应的绿灯时长。通行时间内最多可以通过的车辆数等于有效绿灯时间与饱和流量(最大放行车流率)的乘积。有效绿灯时间等于绿灯时间与黄灯时间之和减去部分损失时间。

第 i 相位号的有效绿灯时间为

$$g_{ei} = g_i + Y_i - l_i \qquad (8.4)$$

式中,g_i 为第 i 相位号的绿灯时间;Y_i 为第 i 相位号的黄灯时间;l_i 为第 i 相位号的部分损失时间。

部分损失时间等于前损失时间加上后补偿时间。前损失时间是指绿灯信号开启时,排队车辆需启动加速而导致的损失时间。黄灯时间等于后补偿时间与后损失时间之和。后补偿时间是指绿灯时间结束时,黄灯初期已越过停车线的车辆可以继续通行所带来的补偿时间;后损失时间是指绿灯时间结束时,黄灯期间停车线后的部分车辆已不允许越过停车线所造成的损失时间。在黄灯期间车流量由大变小,由最大放行车流率逐渐下降到零,起到了过渡作用。

绿灯间隔时间是交叉口通行权转换时保证车辆安全的重要参数,通常为相位黄灯时间和全红时间之和。黄灯时间允许相位绿灯末尾无法安全停在停车线以前的车辆通行。全红时间确保进入交叉口内的车辆、行人已全部离开交叉口,保证交叉口安全。

两个参数的设置主要由交叉口的规模和交叉口内交通流相互干扰的程度而定。黄灯时间建议设置为 3~5s,一般不低于 3s;全红时间建议设置为 1~3s,一般不超过 3s。有些城市的黄灯时间、全红时间有统一的要求,可根据要求设置,如北京黄灯时间统一为 4s,全红为 1~2s。

损失时间是指由于交通安全及车流运行特性等,在整个相位时间段内没有交通流运行或折算出未被充分利用的时间。损失时间等于绿灯间隔时间加上前损失时间再减去后补偿时间,即部分损失时间与全红时间之和。

各时间参数及其相互关系如图 8.26 所示。

在实际工程中,通常用某一相位的绿灯时间代替其有效绿灯时间,于是得到绿信比的近似计算公式为

$$\lambda_i = \frac{g_i}{C} \qquad (8.5)$$

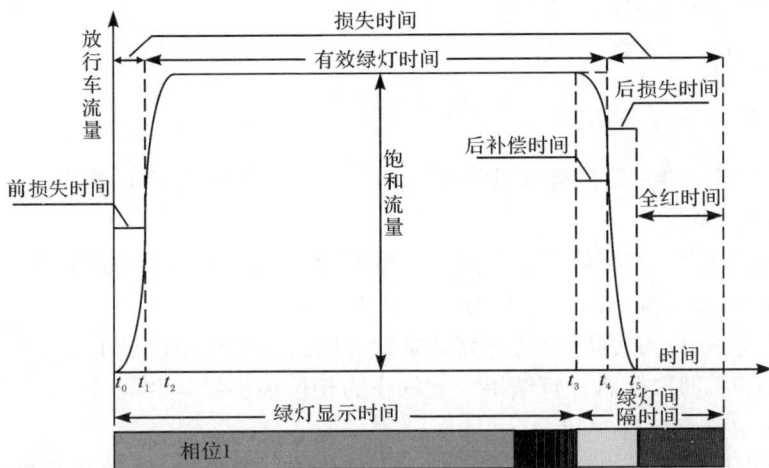

图 8.26　获得通行权的车流在其相位期间通过交叉口的流量图

绿信比对于疏散交通流、减少车辆在交叉口的停车次数和延误时间都起着举足轻重的作用,是进行信号配时设计最关键的时间参数。绿信比反映了该信号相位交通流在一个周期中需要绿灯时长的大小。经过优化的绿信比能够恰当地把绿灯时间分配给各相位的交通流,从而使总停车次数和总延误时间最小。

1. 交叉口不参与协调控制时

当交叉口不进行协调控制时,依据现场勘察得到的交通需求,并基于相位最小绿灯时间和相位最大绿灯时间的原则对绿信比进行优化。

1) 相位最小绿灯时间

相位最小绿灯时间的设置主要用于当交叉口车辆和行人都非常少时,需要配置的相位绿灯时间。一般需要同时考虑以下两种情况:

(1) 相位最小绿灯时间需要能够保证行人过街所需的最少时间。行人过街时间为行人放行时间和行人清空时间之和,没有特殊要求情况下,行人过街时间为对应机动车相位绿灯时间与绿闪时间的差值。行人清空时间为行人信号灯绿闪的时间,主要用于保证位于马路中央的行人安全穿过马路,通常为 5s。

行人过街时间通常可根据式(8.6)计算:

$$t_人 = \frac{3w}{4v_步} \tag{8.6}$$

式中,w 为人行横道长度,m;$v_步$ 为行人过街步速,一般取 $1.0 \sim 1.2$m/s。

实际设置行人过街时间时可以观察记录交叉口行人需要的时间,设置行人过街时间的数值应当不小于观测值。

(2) 相位最小绿灯时间需要保证在感应检测器和本方向停车线之间的车辆按

正常车速能够全部通过交叉口。

可按式(8.7)计算：

$$G_x = 2\frac{L_1}{\bar{I}} + 3 \tag{8.7}$$

式中，L_1 为感应检测器到停车线的距离，m；$\bar{I}$ 为车辆停止后的平均车头间距，小汽车一般取 6m。

通常感应检测器到停车线之间的车辆最多约为 5 辆，按每辆车需要 2s，头车启动需要 3s，最小绿灯时间一共为 $5 \times 2 + 3 = 13s$。

根据式(8.6)和式(8.7)的计算结果就可以最终得到相位最小绿灯时间 $G_{min} = \max[G_x, t_人]$，即取两者计算结果较大的作为相位最小绿灯时间。

2) 相位最大绿灯时间

最大绿灯时间的设置主要考虑相位需要的最长绿灯时间和冲突相位的最大红灯忍受时间。根据经验值，通常主干道直行相位设置为 60s 左右；主干道左转相位设置为 35s 左右；次干道直行相位设置为 45s 左右；次干道左转相位设置为 30s 左右；行人过街最大红灯忍受时间为 90s 左右。

在满足相位最小绿灯时间和相位最大绿灯时间的原则后，依据交叉口各进口道的实际交通流量来确定各信号相位的最终绿信比。各相位绿信比确定后便得到交叉口信号方案。对单个交叉口进行定时交通信号配时设计时，需根据不同的交通流量时段来划分信号配时时段，在对应的时段内配置相应的配时方案。信号配时设计流程如图 8.27 所示。

定时信号配时完成后还需根据绿灯相位的车辆到达情况和其他相位的车辆排队情况进行调整。

2. 交叉口参与协调控制时

交叉口参与协调控制时，绿信比设置不仅要采用交叉口不参与协调控制的方法进行设置，同时还应当考虑至少两种情况，通过人工调整，保证子区总体协调效果。

1) 子区上下游交叉口之间

如果子区协调的车流为上游路口直行车流和下游路口的直行车流，而且假设上游路口直行车流全部作为下游路口的直行车流通过，其他车流均很小，那么应当考虑上游路口的直行车道数与下游路口的直行车道数，总体上应当满足：

$$\lambda_1 k_1 \approx \lambda_2 k_2 \tag{8.8}$$

式中，λ_1 为上游路口直行绿灯时间，s；k_1 为上游路口直行车道数；λ_2 为下游路口直行绿灯时间，s；k_2 为下游路口直行车道数。

使上下游路口之间的总需求近似，才能避免上下游路口之间出现拥堵。

确定多段式信号配时的时段划分

确定配时时段内各进口道各流向的设计交通量

确定各进口道出道趋化方案　　　　　确定信号相位方案

估算各相位各类车道的设计饱和流量　　　确定绿灯间隔时间

各类车道设计交通量　　　确定周期总损失时间

确定各相位各类车道设计流量比

设计各相位最大设计流量比总和

否　　　$Y \leqslant 0.9$

是

计算最佳周期时间(G_o)

计算总有效绿灯时间(G_e)

计算各相位有效绿灯时间

计算各相位绿信比及显示绿灯时间

满足信号配时各项约束条件　　　否

是

计算延误(D)

服务水平满足要求　　　否

是

画出信号配时图

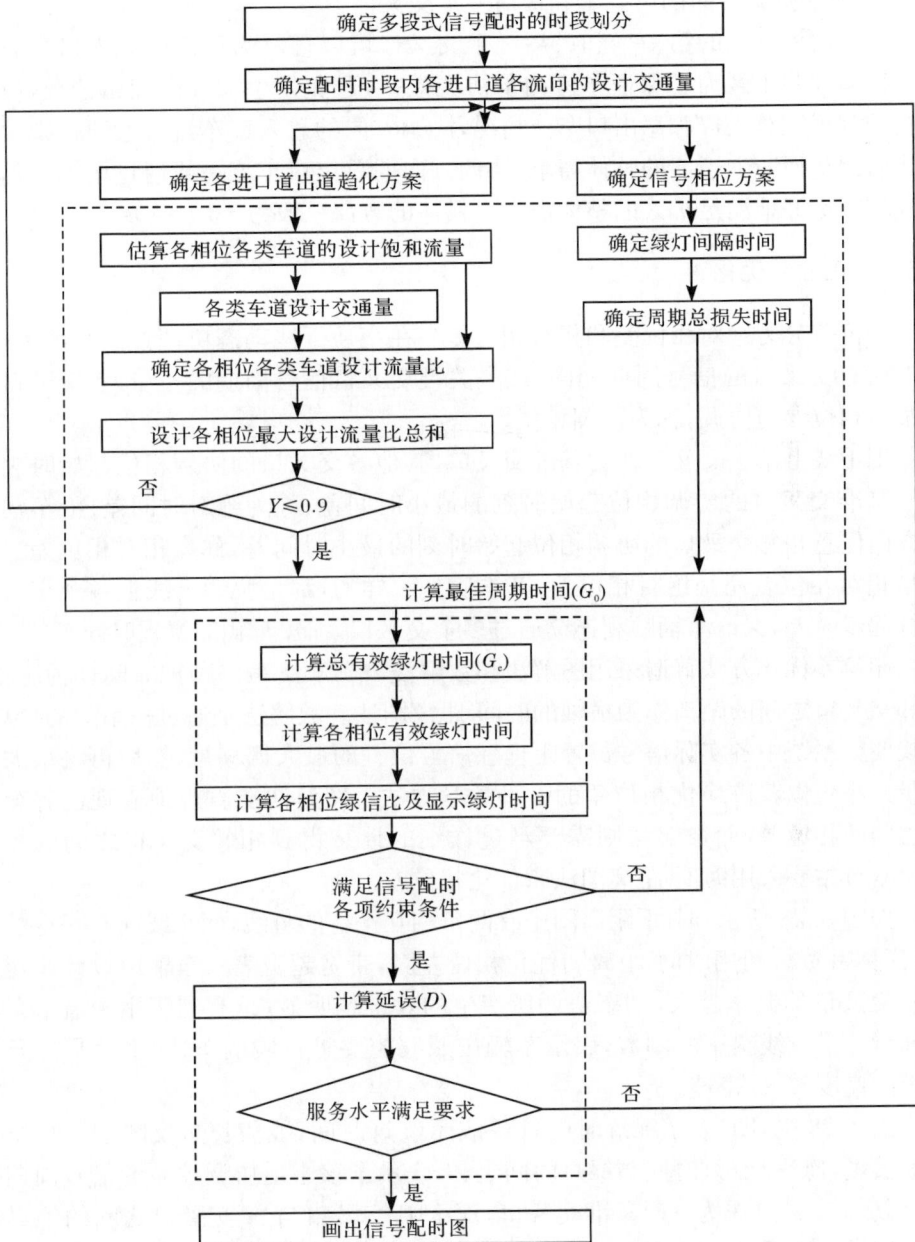

图 8.27　定时信号配时设计流程图

2) 子区协调方向的第一个和最后一个交叉口

子区协调方向的第一个和最后一个交叉口可以理解为子区的总入口和总出口。协调控制子区为了保证子区内部协调效果,避免发生大规模拥堵情况,应当严格控制子区总入口和总出口车流情况,协调方向的总入口车流一般通过减少绿信比时间从而减少子区的整体需求,协调方向的总出口车流一般通过增加绿信比时间从而更好地满足子区的整体需求。具体的数值一般为 $-10 \sim 10\mathrm{s}$。

8.5.4　相位差优化

相位差分为绝对相位差和相对相位差。在交通干线动态协调控制系统中,干线上所有交叉口的信号周期相同,或是关键交叉口信号周期的一半,各交叉口规定某一相位参与协调,称为协调相位。

把干线上某一交叉口作为基准交叉口,其他各交叉口的协调相位起始时刻滞后于基准交叉口的协调相位起始时刻的最小时间差,称为绝对时间差;沿车辆行驶方向任意相邻交叉口的协调相位起始时刻的最小时间差,称为相对相位差。不论是相对相位差还是绝对相位差,其本质是一样的,都是协调干线上各个交叉口绿灯起步时差,保证车辆顺利连续通过多个交叉口,缩短车辆的行程时间[2~4]。

相位差优化方法普遍采用图解法和数解法。图解法是一种把时间作为纵轴,相邻交叉口之间的距离作为横轴的时间-距离图法。数解法是通过一系列的计算,寻找使得系统中各实际信号位置距理想信号位置的最大挪移量,然后再将最大挪移量最小化以获得最优相位差的一种数学方法。图解法能直观地表现出各交叉口之间的相位差,而数解法则需要经过详细的计算得到相邻交叉口之间的相位差。本节主要采用时间-距离图法来优化相位差。

如图 8.28 所示,时间-距离图中有两条相互平行的直线,两直线间有一定的宽度,简称带宽。利用时间-距离图优化相位差时,带宽越宽表示车辆以设计车速通过各交叉口的概率越大,动态协调所产生的效果越明显,越有利于主干道上车辆的通行。平行线斜率的倒数,表示车辆按照线控要求行驶的车速,也就是这条通过带的速度,简称带速。

图 8.28 中,EF 表示绿灯时间,FG 表示红灯时间,线段长短反映了各相位的时间长短,EG 是红灯时间与绿灯时间之和,表示了该干道协调控制的信号周期时长。以 A 交叉口作为计时基准交叉口,那么 B 交叉口与 A 交叉口之间的绝对相位差则是 HI,同理 GM 表示 C 交叉口相对于 A 交叉口的绝对相位差,而 LM 是 C 交叉口相对于 B 交叉口的相对相位差。斜率 k 的倒数表示设计速度,即带速。

由于交叉口以及子区一天中早晚高峰、平低峰期交通情况不同,因此,需要根据一天中不同时段的周期、相位、相序和绿信比等控制参数,分别选择不同的绿波控制手段。例如,城市干线可能在早晚高峰期根据潮汐交通现象,分别采用两个

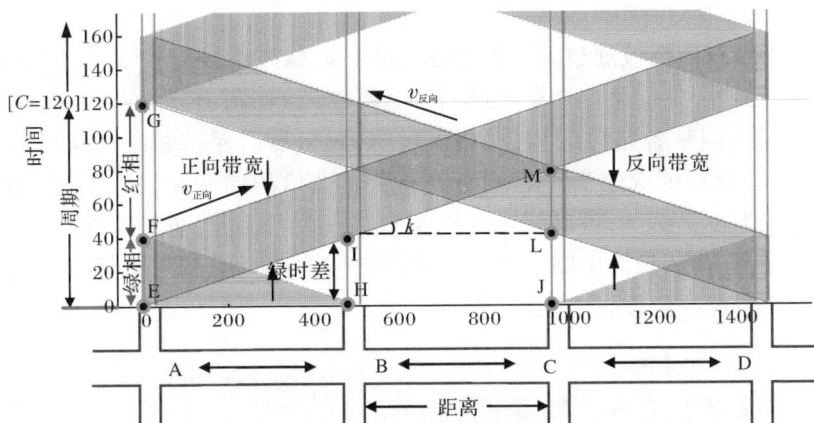

图 8.28　时间-距离图

方向的单向绿波控制手段,在平低峰期可以根据实际情况采用双向绿波控制。

1. 单向绿波

单向绿波是最容易实现和最常用的一种协调控制手段,城市干线在以下两种情况下应当使用单向绿波控制:

(1)当城市干线一个方向的车流量是另一个方向的 1.5 倍以上或者城市干线在不同时段存在较明显的潮汐现象时,采用重交通流方向的单向绿波协调控制手段,用以疏导、缓解重交通流方向的交通压力。

(2)协调控制情况下无法实现双向绿波或者双向绿波总行程时间大于单向绿波总行程时间时,应当采用单向绿波协调控制手段,用于提高总体控制效果。

城市干线单向绿波通过设置单向相位差实现,单向相位差经验计算公式为

$$O = \frac{L+L_{\mathrm{j}}}{\overline{V}} - \frac{L_{队}}{\overline{V}} - \frac{L_{队}}{2} \tag{8.9}$$

式中,O 为下游交叉口相对上游交叉口的相位差,s;L 为路段长度,m;$L_{队}$ 为下游交叉口排队长度,m;L_{j} 为上游交叉口长度,m;$\overline{V}$ 为路段平均车速,m/s。

路段平均车速一般通过实测或者观察估计得到,如果实际车速高于此值,则可以适当减小相位差数值,如果实际车速低于此值,则可以适当增大相位差数值。

2. 双向绿波

双向绿波的实现通常非常困难,通常无法实现。要求交叉口间距在 500m 左右,同时能够调整交叉口的周期、相位相序和绿信比等控制参数。

满足条件的子区如果干线两个方向的车流量近似时,可考虑采用双向协调

控制。

城市干线双向绿波通过 CAD 绘图工具或者绿波带设计及展示工具实现,基本思路为:先统一各交叉口周期,画出正向绿波带设计图,在保证一定正向绿波带宽度的情况下调整各路口的相位、相序及绿信比,然后保持基准交叉口的周期起始时刻不变,分别依次改变与之相邻上下游交叉口的周期起始时刻,直到最终实现双向绿波为止。例如,黄岛开发区长江中路—太行山路、长江中路—庐山路、长江中路—井冈山路、长江中路—武夷山路和长江中路—阿里山路等 5 个交叉口平峰双向绿波协调控制设计时距图(图 8.29)。

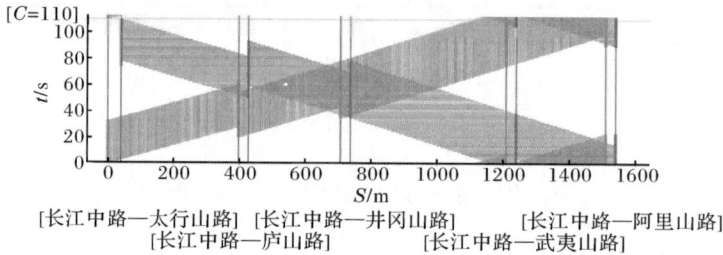

图 8.29　双向绿波协调时距图

3. 半周期绿波

城市干线动态协调控制并不一定使同一子区内各交叉口的周期完全相同,部分交叉口车流量相对较少,可考虑其为关键交叉口周期的一半,通过调整相位差,使从关键交叉口驶出的车辆都能够连续通过相邻交叉口,而从相邻交叉口向关键交叉口驶入的车辆能每半个周期协调一次,即为半周期绿波协调控制。如黄岛开发区长江西路—石油大学北门、长江西路—石油大学体育馆、长江西路—江山南路和长江西路—峨眉山路等 4 个交叉口平峰半周期绿波协调控制设计时距图,其中,长江西路—石油大学体育馆交叉口为黄闪控制,长江西路—江山南路交叉口为关键交叉口,周期为 120s。半周期绿波协调时距图如图 8.30 所示。

城市干线并不一定只能全部实现单向绿波、双向绿波或半周期绿波,可以对城市干线分成几条连续的子区路段,分别实现单向绿波控制、双向绿波控制或半周期绿波控制,以便提高整体协调控制效果。

8.5.5　干线协调控制动态优化

目前的协调控制有两种策略,一种是平低峰执行绿波协调控制,另一种是高峰期执行拥堵联动控制。绿波协调控制使车辆从协调道路的第一个路口绿灯驶过后,可一路绿灯通过后续多个路口,而拥堵联动控制则使车辆从协调道路的第

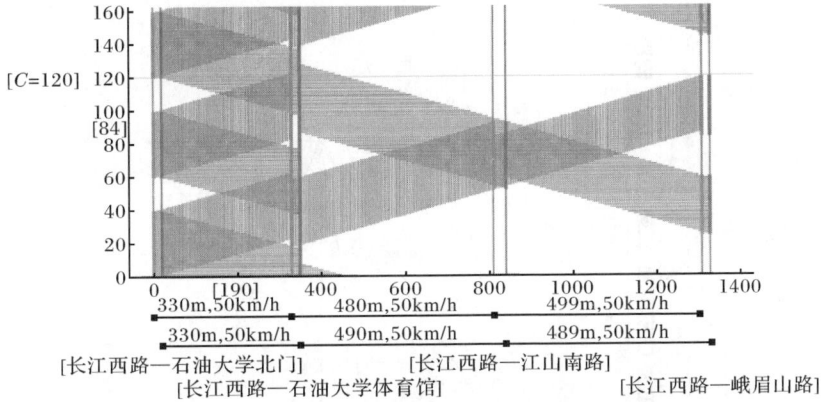

图 8.30　半周期绿波协调时距图

一个路口绿灯驶过、进入下游路段后,跟随前方机动车排队队尾几乎可以不停车行驶至停车线,路段排队不溢出。当检测出路段排队较长有溢出风险时,拥堵联动控制的方式是让前一波车先走,然后下一波车再进。基于交通波理论[5]分析,拥堵联动控制和绿波协调控制的原理是相通的。

如图 8.31 所示,假设交叉口的进口道在之前的 $n-1$ 个信号周期里没有滞留车辆,即在第 $n-1$ 个信号周期的绿灯时间内已把进口道所有车辆清空。则当第 $n-1$ 个信号周期的绿灯结束,第 n 个信号周期的红灯启亮时,驶向交叉口的车辆开始减速停车,形成排队,并以速度为 v_1 的停车波向上游交叉口蔓延。设排队检测器距下游交叉口停车线的距离为 L_s,排队车辆蔓延至排队检测器位置时的时刻为 T_A,排队车辆蔓延至排队检测器位置后会继续向上游交叉口蔓延。倘若在 T_n^r 时刻红灯结束,绿灯启亮,此时排队在停车线位置处的车辆开始加速启动,形成以速度为 v_2 的启动波向上游交叉口传播。设排队在排队检测器位置处的车辆开始加速启动的时刻为 T_B。

分析可知,当行驶车辆既要减速停车又要加速启动时,即停车波和启动波到达同一位置时,车辆排队长度达到最大值[6,7],设为 L_n^{max},对应的时刻为 T_n^{max}。此后,车辆排队长度开始消散,设消散波速为 v_3,消散波达到排队检测器位置时的时刻为 T_C,消散波达到下游停车线位置时的时刻为 T_S,本周期绿灯结束时刻为 T_n^g。通常有 $T_S < T_n^g$,即确保排队车辆顺利通过交叉口,而高峰期间,车流量增大,往往会导致队尾车辆不能顺利通过交叉口。假设在第 n 个信号周期的绿灯结束时刻,队尾车辆没能顺利通过交叉口,则队尾车辆开始减速停车排队,自停车线位置处形成以速度为 v_4 的停车波向后蔓延。当车辆排队蔓延至消散波位置时,即停车波和消散波重合时,车辆排队长度达到最小值,记为 L_n^{min},对应的时刻为 T_n^{min}。

由图 8.31 可知,从排队检测器处引出的横线分别与停车波速度线、启动波速

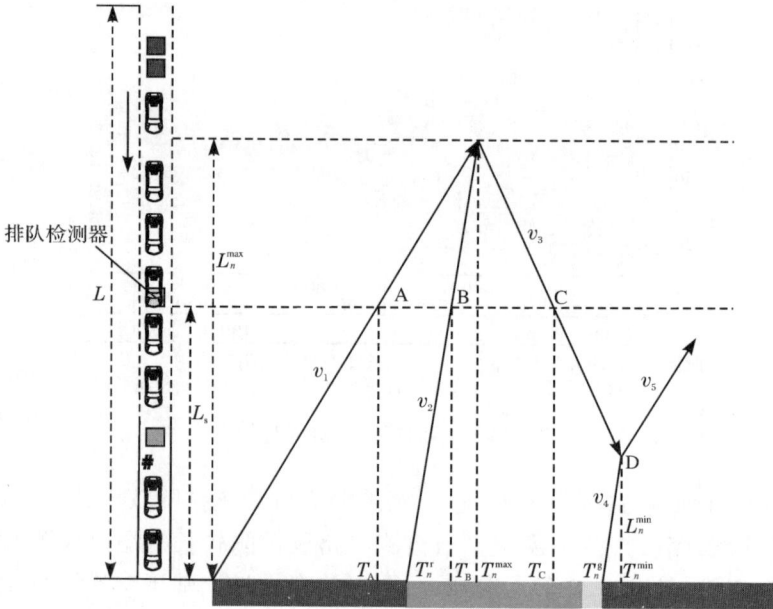

图 8.31　滞留排队长度预测时距图分析

度线和消散波速度线相交于 A、B、C 三点。这三个点,可以通过对排队检测器检测到的数据进行分析得到,如图 8.32 所示,横坐标表示时间,纵坐标表示车辆占用排队检测器的时间,当车辆保持一定速度通过排队检测器时,车辆占用排队检测器的时间都较小,但当车辆以较小速度通过排队检测器甚至停留在排队检测器位置上时,车辆占用排队检测器的时间都较大。分析可知,当停车波蔓延至排队检测器位置时,车辆占用排队检测器的时间会变得很大,即车辆占用排队检测器的时间会在 A 点陡增,同理可知车辆占用排队检测器的时间会在 B 点陡降。对车辆之间的车头时距进行分析,同样可以得到以上结论。

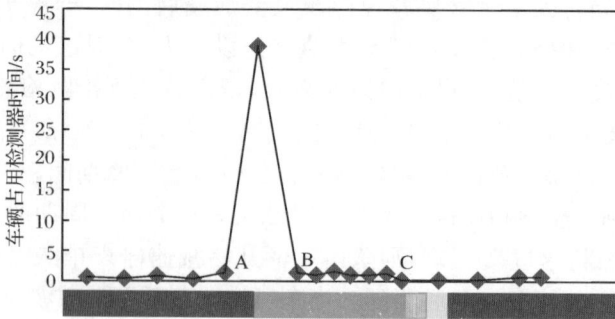

图 8.32　车辆占用排队检测器的时间分布图

分析图 8.33 可知,车头时距在绿灯启亮的一段时间内都较一致且均偏小,在绿灯将要结束的一段时间内时大时小。说明车辆在绿灯启亮的一段时间内以饱和流率连续通过排队检测器,在绿灯将要结束的一段时间内间断性地通过排队检测器,即车流为自由流。C 点为饱和流和自由流的转变点。

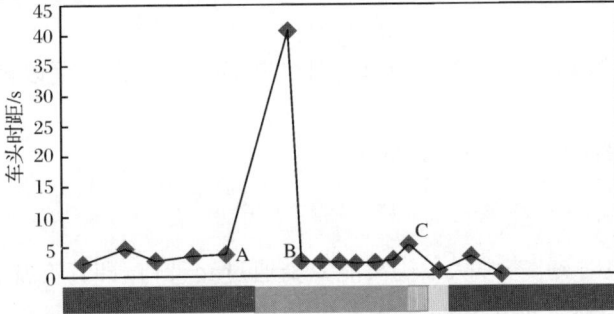

图 8.33 车头时距分布图

根据交通波理论,计算不同断面处的交通波传播速度,可知交通状态 1 和交通状态 2 间的交通波传播速度为

$$v = \frac{q_1 - q_2}{k_1 - k_2} \tag{8.10}$$

排队检测器可以检测到 A、B、C 三个转变点的交通参数,代入式(5.8)得到 v_1、v_2、v_3。

车辆最大排队长度为停车波和启动波到达同一位置,计算公式为

$$L_n^{\max} = L_s + \frac{(T_C - T_B)v_2 v_3}{v_2 + v_3} \tag{8.11}$$

车辆最大排队长度对应的时刻为

$$T_n^{\max} = T_B + \frac{L_n^{\max} - L_s}{v_2} \tag{8.12}$$

当满足以下条件时,下游交叉口进口道没有滞留排队车辆:

$$\frac{L_n^{\max}}{v_3} + T_n^{\max} \leqslant T_n^{g} \tag{8.13}$$

当有滞留排队车辆时,则

$$\frac{L_n^{\max}}{v_3} + T_n^{\max} > T_n^{g} \tag{8.14}$$

本周期车辆最小排队长度为本周期滞留的排队车辆,其计算公式为

$$L_n^{\min} = \left(\frac{L_n^{\max}}{v_3} + T_n^{\max} - T_n^{g}\right) \frac{v_3 v_4}{v_3 + v_4} \tag{8.15}$$

车辆最小排队长度对应的时刻为

$$T_n^{\min}=T_n^{g}+\frac{L_n^{\min}}{v_4} \tag{8.16}$$

早晚高峰期间,交通流量大幅增加,车辆在绿灯时间内以将饱和流率通过交叉口。此时,C 点不是交通转变点,车辆最大排队长度无法利用以上公式计算,需利用排队检测器测量绿灯时间内通过的车辆数来计算最大排队长度,计算公式为

$$L_n^{\max}=l_{gap}N+L_s \tag{8.17}$$

式中,N 为排队检测器在一个周期里统计的车辆数;l_{gap} 为车辆以饱和流率通过交叉口的车头间距。

车辆最大排队长度对应的时刻为

$$T_n^{\max}=T_n^{\gamma}+\frac{L_n^{\max}}{v_2} \tag{8.18}$$

在绿灯结束时刻,若排队车辆没能完全通过交叉口,即存有滞留车辆,则需在下一波主车流到达之前把滞留车辆给以消散,即在下一波主车流到达之前,绿灯已启亮用于消散滞留车辆,以免影响下一波主车流的通行。早晚高峰期间,下游交叉口滞留车辆过长,上游交叉口车辆行驶到下游交叉口滞留车辆队尾时,若队尾车辆还没有启动则会导致从上游交叉口行驶过来的车辆再次停车,由此产生连锁反应,导致短路段车辆排队上溯至上游交叉口,造成上游交叉口溢出。设车辆在上述情况下再次排队的最大排队长度为 $L_{n+1}^{\max}$,每个周期的车流量保持相同,则 $L_{n+1}^{\max}=L_n^{\max}+L_n^{\min}$,若 $L_{n+1}^{\max}>1$,则车辆排队上溯溢出至上游交叉口。

为避免高峰期间车辆排队溢出,需有足够一部分绿灯时间用于消散滞留车辆,设自绿灯亮起到滞留车辆完全消散所需时间为 t_x,滞留车辆排队长度为 L_z,则

$$t_x=\frac{L_z}{v_2}+\frac{L_z}{v_3} \tag{8.19}$$

当下游交叉口相对上游交叉口的相位差满足以下条件时,下一波主车流无需停车:

$$\frac{L+L_j-L_z}{\bar{V}}-\frac{L_z}{v_2}\leqslant O\leqslant\frac{L+L_j}{\bar{V}}-\frac{L_z}{v_2}-\frac{L_z}{v_3} \tag{8.20}$$

式中,O 为下游交叉口相对上游交叉口的相位差,s;L 为路段长度,m;L_z 为下游交叉口滞留车辆排队长度,m;L_j 为上游交叉口长度,m;$\bar{V}$ 为路段平均车速,m/s。

式(8.20)为干线动态协调控制的相位差范围。根据上述相位差范围及各交叉口实际交通流量来确定最终配置的相位差。相位差可反映在时间-距离图中,如青岛市重庆南路—南京路、重庆南路—清江路、重庆南路—德丰路和重庆南路—萍乡路等 4 个交叉口晚高峰双向拥堵联动控制设计时距图(图 8.34)。

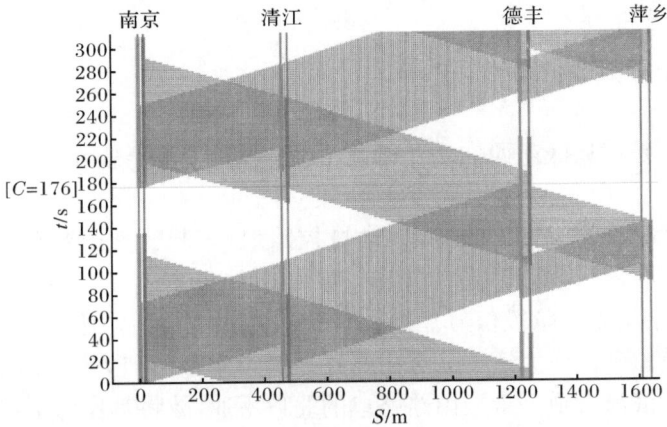

图 8.34　双向拥堵联动控制时距图

上述各交叉口晚高峰双向拥堵联动控制设计绝对相位差见表 8.13。

表 8.13　设计绝对相位差表

编号	子区	交叉路段	距离/m	绝对相位差/s
1		南京路	0	0
2	重庆南路子区	清江路	440	15
3		德丰路	742	74
4		萍乡路	359	90

当路段十分拥堵时，拥堵联动控制主要目的为均衡各路段车辆排队长度，防止排队车辆上溯溢出至上游交叉口，同时需开启拥堵检测器，以防车辆排队溢出至上游交叉口，造成上游交叉口瘫痪。

8.6　技术案例分析

前面章节通过对城市道路交通信息采集及特性参数分析，并基于模糊综合层次分析法对交通状态给予判别，结合实际道路交通现状问题，提出城市道路交通信号控制策略和干线动态协调控制优化方法。本章将以黄岛开发区滨海大道动态协调控制优化策略为例，对书中提出的动态协调控制方法进行研究分析，通过对比动态协调控制优化前后的效果指标数据，验证动态协调控制优化策略的准确性与实用性。从而为城市道路提供合适的信号动态协调控制策略，以达到提高道路交通运行效率和服务水平，缓解交通拥挤的目的。

8.6.1 现状分析

1. 概况

滨海大道是黄岛区东西向主干道之一,承载过境交通需求十分明显,且全天交通状况稳定。

黄岛开发区滨海大道沿线有 13 个灯控路口,东起云雾山路路口西至江山南路路口,优化前各路口均采用单点控制,除滨海大道-嘉陵江东路路口为四阶段信号控制外,其余均为三阶段信号控制。其中滨海大道-天目山路路口、滨海大道—嘉陵江东路路口和滨海大道—云雾山路路口为十字形路口,其余各路口均为丁字形路口。因为滨海大道—青云山路路口的北口不通,故将其作为丁字路口。

2. 现状问题分析

如图 8.35 所示,滨海大道全天交通流适中,且交通状况稳定,然而车辆在道路沿线间歇性停车现象严重,道路沿线的阿里山路口、青云山路口以及嘉陵江东路路口等各相位绿灯损失现象明显。不合理的信号控制方案周期、相位相序和配时是导致以上问题的主要原因。

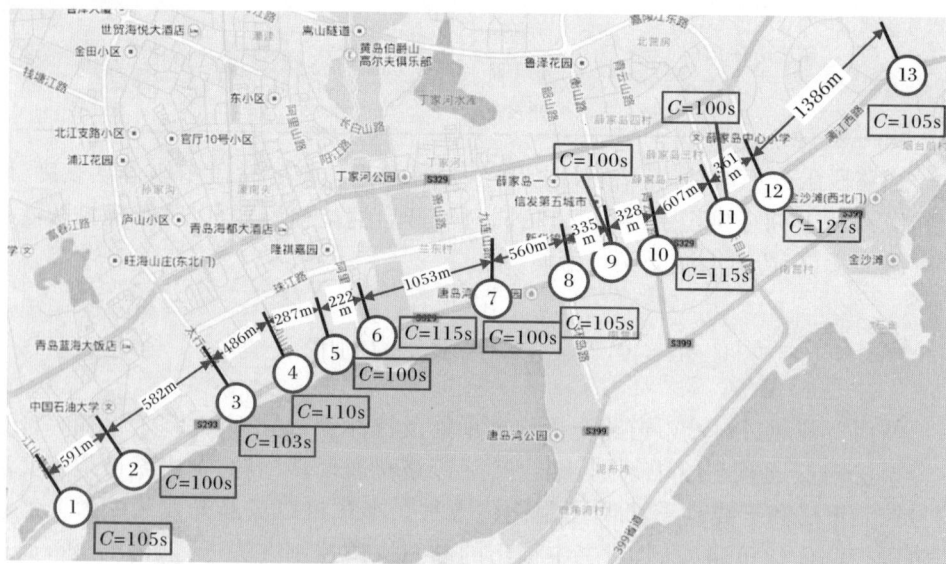

图 8.35　滨海大道各路口信号控制现状图

①滨海大道—江山南路;②滨海大道—石油大学南门;③滨海大道—太行山路;④滨海大道—井冈山路;⑤滨海大道—武夷山路;⑥滨海大道—阿里山路;⑦滨海大道—九连山路;⑧滨海大道—罗浮山路;⑨滨海大道—衡山路;⑩滨海大道—青云山路;⑪滨海大道—天目山路;⑫滨海大道—嘉陵江东路;⑬滨海大道—云雾山路

3. 控制策略

如图 8.40 所示,滨海大道路况稳定,各个路口信号放行方式类似、距离适中,且各个路口信号周期接近,具有较强的相互关联性,适合双向绿波协调控制。除此之外,现状信号周期和相位绿灯时间能够满足各个方向车辆的通行能力,若采取双向绿波协调控制策略,能够达到更好的控制效果,可以减少机动车的停车次数和排队延误。根据滨海大道交通状况,将道路沿线各灯控路口纳入一个控制子区,对该子区采取双向绿波协调控制策略,从而使过境车辆快速通过。

图 8.36　滨海大道各路口信号优化控制策略图

①滨海大道—江山南路;②滨海大道—石油大学南门;③滨海大道—太行山路;④滨海大道—井冈山路;⑤滨海大道—武夷山路;⑥滨海大道—阿里山路;⑦滨海大道—九连山路;⑧滨海大道—罗浮山路;⑨滨海大道—衡山路;⑩滨海大道—青云山路;⑪滨海大道—天目山路;⑫滨海大道—嘉陵江东路;⑬滨海大道—云雾山路

8.6.2　绿波协调控制方案设计

滨海大道夜间车流量稀少,几乎没有行人过街,故在 0:00~6:00 时段设计黄闪方案,6:00~24:00 时段设计信号协调控制方案。根据对滨海大道全天交通量的持续调查及相关计算,对各交叉口的周期、相位相序、绿信比和相位差等控制参数进行优化,如周期统一为 110s,为提高协调效果调整相序等。各交叉口协调方案设计前后的信号周期、相位绿灯时间及车流相位相序放行方式如图 8.37 所示。

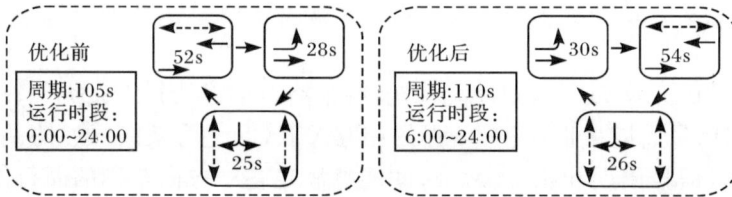

（a）滨海大道—江山南路信号方案

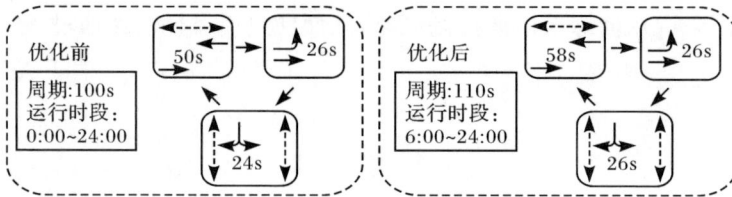

（b）滨海大道—石油大学南门信号方案

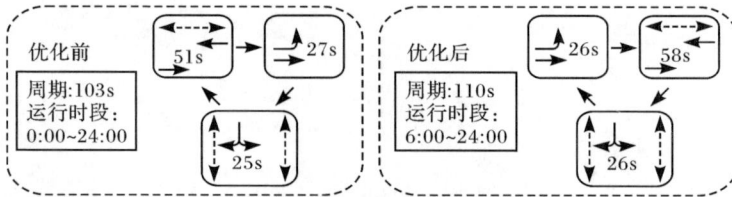

（c）滨海大道—太行山路信号方案

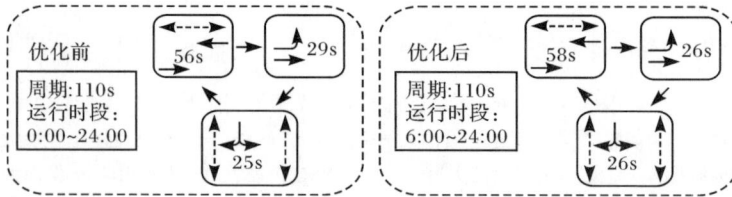

（d）滨海大道—井冈山路信号方案

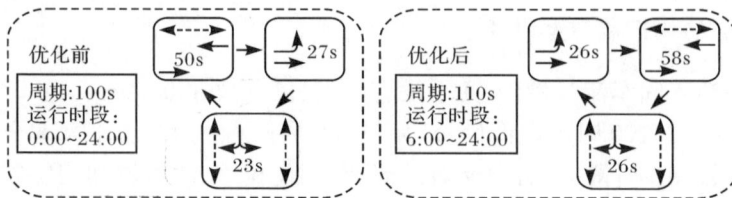

（e）滨海大道—武夷山路信号方案

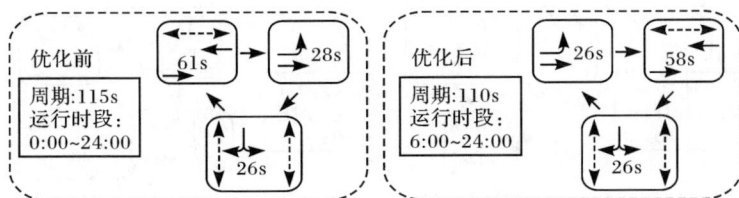

（f）滨海大道—阿里山路信号方案

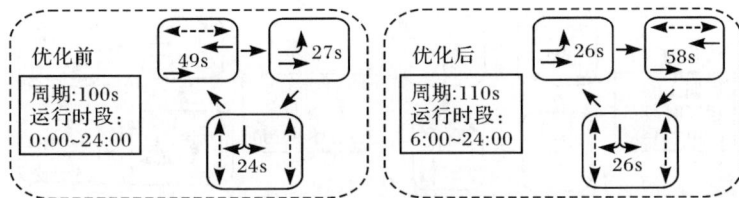

（g）滨海大道—九连山路信号方案

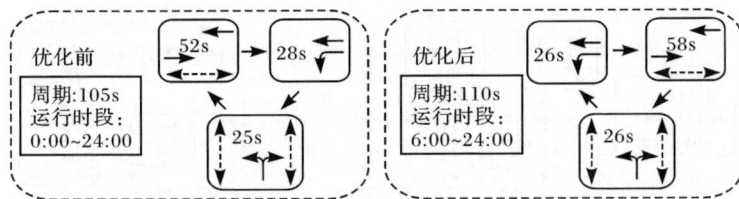

（h）滨海大道—罗浮山路信号方案

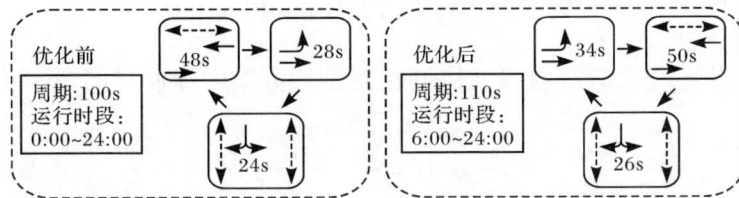

（i）滨海大道—衡山路信号方案

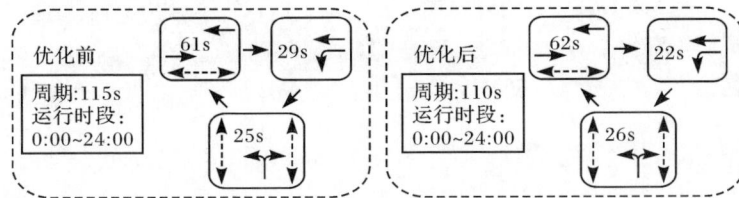

（j）滨海大道—青云山路信号方案

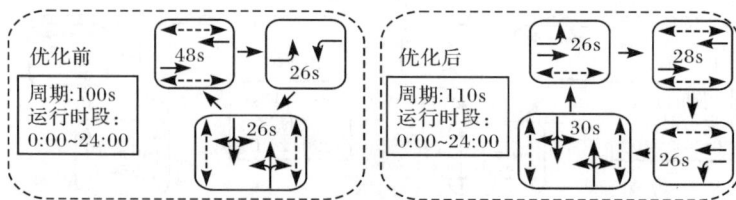

(k) 滨海大道—天目山路信号方案

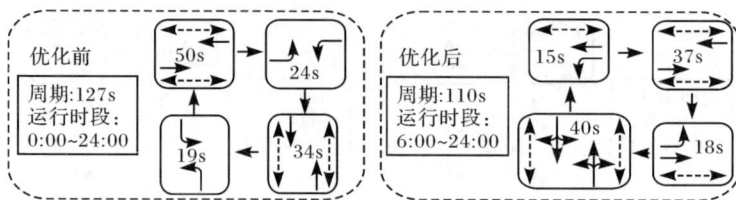

(l) 滨海大道—嘉陵江东路信号方案

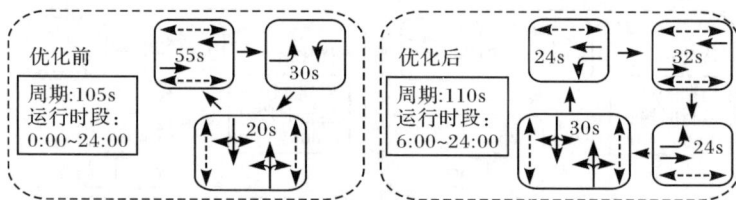

(m) 滨海大道—云雾山路信号方案

图 8.37　各路口信号方案优化前后对比图

　　滨海大道各交叉口双向绿波协调控制设计方案的绿波时间-距离如图 8.38 所示。

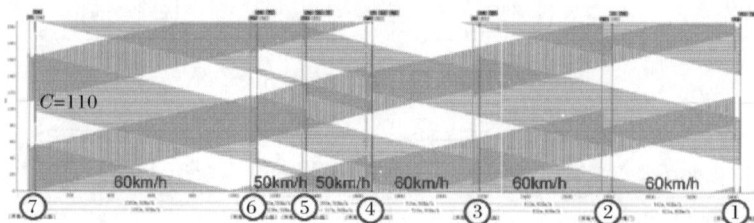

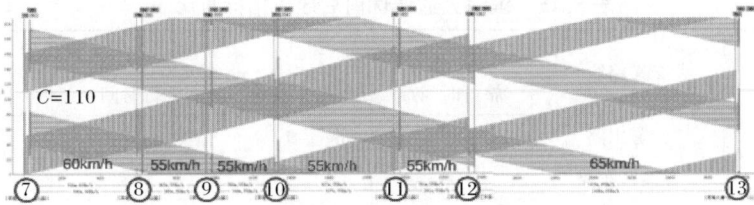

图 8.38 滨海大道双向绿波协调时距图

滨海大道各交叉口双向绿波协调控制设计方案的基础信息见表 8.14。

表 8.14 滨海大道设计方案基础信息表

编号	子区	交叉路段	距离/m	信号周期/s		设计速度/(km/h)		绝对相位差/s
				优化前	优化后	正向	反向	
1		江山南路	0	105	110	60	—	64
2		石油大学南门	591	100	110	60	60	45
3		太行山路	582	103	110	60	60	8
4		井冈山路	486	110	110	50	60	96
5		武夷山路	287	100	110	50	50	76
6	滨海大道子区	阿里山路	222	115	110	60	50	60
7		九连山路	1053	100	110	60	60	0
8		罗浮山路	560	105	110	55	60	29
9		衡山路	335	100	110	55	55	54
10		青云山路	328	115	110	55	55	72
11		天目山路	607	100	110	55	55	4
12		嘉陵江东路	361	127	110	65	55	24
13		云雾山路	1386	105	110	—	65	82

8.6.3 绿波协调控制优化效果

在双向绿波协调信号控制实施后,滨海大道过境机动车通行效率得到明显改善。主要体现在车辆在滨海大道运行的旅行时间和停车次数指标上。

采用浮动车法对滨海大道调优前后的双向旅行时间和双向停车次数指标进行跟踪调查,见表 8.15。

表 8.15　滨海大道调优前后效果指标对比表

子区方向	交叉路段	调优前		调优后	
		旅行时间/s	停车次数	旅行时间/s	停车次数
滨海大道 东向西	云雾山路	0	0	0	0
	嘉陵江东路	90	0	88	0
	天目山路	145	1	116	0
	青云山路	200	0	153	0
	衡山路	245	1	174	0
	罗浮山路	267	0	196	0
	九连山路	323	1	230	0
滨海大道 东向西	阿里山路	443	1	333	1
	武夷山路	470	0	352	0
	井冈山路	510	1	372	0
	太行山路	598	0	410	0
	石油大学南门	680	1	510	1
	江山南路	779	0	564	0
滨海大道 西向东	江山南路	0	0	0	0
	石油大学南门	54	1	38	0
	太行山路	132	0	96	0
	井冈山路	188	0	153	1
	武夷山路	213	1	178	0
	阿里山路	261	0	205	0
	九连山路	335	1	275	0
	罗浮山路	398	0	315	0
	衡山路	456	0	347	0
	青云山路	559	1	420	1
	天目山路	678	0	470	0
	嘉陵江东路	710	0	499	0
	云雾山路	806	1	592	0

　　由图 8.39～图 8.41 可以更加清楚地了解动态协调控制调优前后的效果情况。

　　以上数据清晰地表明实施双向绿波协调控制方案后:滨海大道东向西方向的总旅行时间由 779s 变为 564s,减少 27.5%,总停车次数由 6 次变为 2 次;西向东的总旅行时间由 806s 变为 592s,减少 26.5%,总停车次数由 5 次变为 2 次。

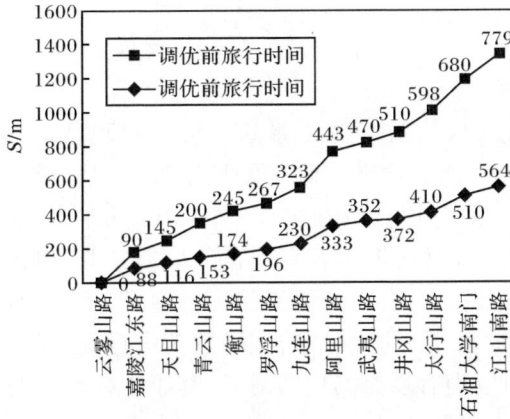

图 8.39　滨海大道东向西方向调优前后旅行时间对比图（单位:s）

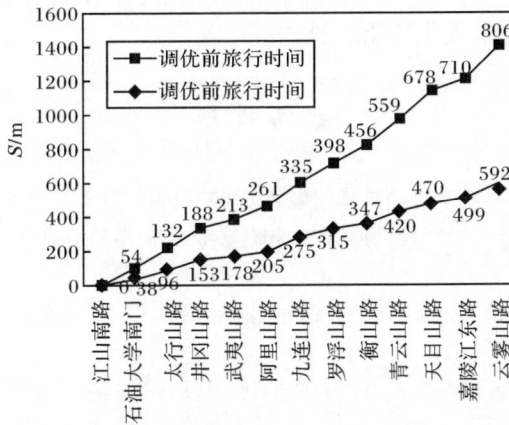

图 8.40　滨海大道西向东方向调优前后旅行时间对比图（单位:s）

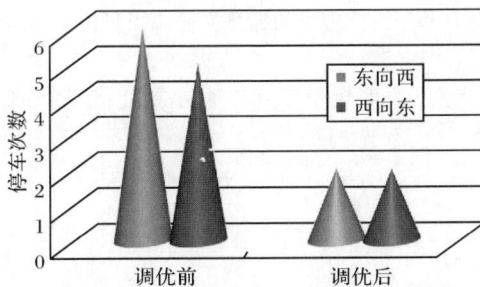

图 8.41　滨海大道调优前后停车次数对比图

8.7 本 章 小 结

本章运用实例交叉口的调查数据,验证了分子跟驰理论的正确性。进而以数据剖析了单点自适应控制方法在实际中的控制过程,从分析过程看,本文所阐述的自适应控制方法是切实可行的;利用 Vissim 仿真软件对城市快速路匝道出入口控制进行了仿真,通过对比控制方案优化前后参数值,得出采用本文提出的控制方法可以一定程度上提高主线交通流的运行效率,增强交通流稳定性,减少交通冲突发生,进一步验证了控制模型的准确性与可行性,对我国城市快速路匝道出入口控制的研究与应用有重要的现实意义;基于干线动态协调控制优化方法的研究,详细对黄岛开发区滨海大道现状进行分析,提出双向绿波协调控制策略。通过对各交叉口的周期、相位相序、绿信比和相位差等控制参数进行优化,设计协调信号方案。最后以车辆旅行时间和停车次数指标给予优化前后效果对比,说明城市干线动态协调控制优化的重要性。

参 考 文 献

[1] 高云峰. 动态交叉口群协调控制基础问题研究[D]. 上海:同济大学,2007.
[2] 高云峰,胡华,杨晓光. 交叉口群协调控制相位差优化模型研究[C]//第二届中国智能交通年会,北京,2006.
[3] 牟海波,俞建宁. 城市交叉口群交通信号控制研究[J]. 兰州交通大学学报,2011,(6):106−110.
[4] 徐建闽,周沛,刘轼介. 区域交叉口群协调控制方法研究[C]//第七届中国智能交通年会,北京,2012.
[5] 王殿海,景春光,曲昭伟. 交通波理论在交叉口交通流分析中的应用[J]. 中国公路学报,2002,15:93−96.
[6] 姚荣涵,王殿海,曲昭伟. 基于二流理论的拥挤交通流当量排队长度模型[J]. 东南大学学报(自然科学版),2007,3:521−526.
[7] 姚荣涵,王殿海. 最大当量排队长度模型及其时空特性[J]. 大连理工大学学报,2010,(5):699−705.